Jiang Jieshi
and
Li Zongren

蒋介石

与

李宗仁

郭彬蔚 —— 著

团结出版社

图书在版编目（ＣＩＰ）数据

　　蒋介石与李宗仁 / 郭彬蔚著. -- 北京 ：团结出版
社，2018.1
　　ISBN 978-7-5126-5755-7

　　Ⅰ．①蒋… Ⅱ．①郭… Ⅲ．①蒋介石（1887-1975）
一传记②李宗仁（1891-1969）一传记 Ⅳ．①K827=7

　　中国版本图书馆 CIP 数据核字(2017)第 271055 号

出　　版：团结出版社
　　　　　（北京市东城区东皇城根南街 84 号　邮编：100006）
电　　话：（010）65228880　65244790　（出版社）
　　　　　（010）65238766　85113874　65133603（发行部）
　　　　　（010）65133603（邮购）
网　　址：http://www.tjpress.com
E-mail：zb65244790@vip.163.com
　　　　　fx65133603@163.com（发行部邮购）
经　　销：全国新华书店
印　　装：三河市东方印刷有限公司

开　　本：170mm×240mm　　　16 开
印　　张：17
字　　数：254 千字
印　　数：4045
版　　次：2018 年 1 月　第 1 版
印　　次：2018 年 1 月　第 1 次印刷

书　　号：978-7-5126-5755-7
定　　价：48.00 元

目录
Contents

一　北伐与结盟

谱金兰一厢情愿

蒋介石和李宗仁，在旧中国都不是无名之辈。而且他俩的名字还往往连在一起：北伐之初，蒋介石是总司令兼第一军军长，李宗仁是第七军军长；北伐军行至长沙，两人互换兰谱，成了异姓兄弟；十年内战期间，蒋、冯、阎、李四大派，各抱地势，钩心斗角；解放战争时期，国民党政府玩弄"还政于民"的把戏时，蒋介石任总统，李宗仁是副总统；其后中共权威人士评战犯名单时，蒋介石名列榜首，李宗仁紧随其后。

具有讽刺意味的是，别看这两人总是一前一后、如影随形，实则貌合神离，有时甚而彼此翻脸、兵戈相见。他们从相识那天起，到彻底决裂前，始终存在着不大不小的缺口、又疼又痒的矛盾。1965年李宗仁回大陆后，两人终于泾渭分明。

如今，李宗仁安息在大陆，蒋介石处在海峡另一面，站在望乡台上，翘首看故园。两人隔海待统一。

蒋、李两人之事，还须从义结金兰说起。

人们还能记得《三国演义》开卷第一回便是"宴桃园豪杰三结义"，说的是一千八百多年前刘备、关羽、张飞为匡扶汉室，在花开正盛的季节，在张飞庄上，用三牲祭告天地，发誓：同心协力，救困扶危，上报国家，下安黎庶，共图大事。

蒋介石对桃园结义的故事，深感兴趣，几至成癖。因此，他的结义弟兄多到连他本人也数不清。翻开他的金兰谱，下肢瘫痪、腰缠万贯的张静江，亲日派政客黄郛，北伐进军中逃跑的王柏龄……都名列其中。蒋介石和他们结义，不是为了"匡扶"谁，而是要这些人扶保自己。

一些人和蒋介石结拜，是否出于自愿，无从查考，而且也没有必要专为此浪费时间。不过笔者确知蒋介石和李宗仁结义，纯属一厢情愿。说来令人捧腹。

1926年炎夏8月，北伐军雄赳赳地大步前进，北伐军总司令部也随即进驻长沙。这时，蒋介石和李宗仁还没有发生什么严重裂痕。李时常到总司令部来，谈公务，有时也聊天；有一天，蒋坐在办公桌上，李靠在椅子上。兴致正浓之时，蒋介石的话锋一转，亲切地问李宗仁："你今年多大岁数了？"

李宗仁答："三十七岁。"

"我大你四岁，我俩换帖吧！"蒋介石说。

"我是你的部下，我不敢当啊！再说我们革命也不应再讲旧的那一套啊！"李宗仁说。

"没关系，没关系，你不必客气。我们革命，和中国旧传统并不冲突。换帖之后，使我们更能亲如骨肉。"蒋介石边说边打开抽屉，取出兰谱，看来早有准备。这时李宗仁也站起来，边说："我惭愧得很，实在不敢当。"边连连后退，似乎很不想收这兰谱。

"你不要客气，你人好，又很能干……"蒋介石边说话边抢前两步，把兰谱塞在李宗仁军服口袋里，还一再嘱咐李宗仁，也写一份给他。

李宗仁回到自己营中，看看兰谱，只见上面除写有蒋的生辰八字外，还有四句誓词："谊属同志、情切同胞、同心一德、生死系之"。词后落款："蒋中正""妻陈洁如"。

蒋李结义，不仅没有青牛白马祭天，也没有欢宴小酌，简单得不能再简单，如同放牛娃间的结拜。

令人纳闷的是李宗仁，因为身任北伐军总司令的蒋介石，当时是位炙手可热、想高攀唯恐不及的人物，如今他亲手将兰谱塞进李的衣袋，何以拒绝？

原来李也有自己的观点主张：他认为当时南北军政要人，相互拜把，甚而结成儿女亲家的不知多少。可是他们往往今日结拜，如兄如弟，海誓山盟，岂料明日成仇，兵戎相见，必欲置对方于死地而后快，金兰之谊，亲戚之情，早都抛诸九霄云外。人们也许能记得，直奉战争时，曹锟给他的大将、前线指挥吴佩孚的密电说："亲戚（曹锟、张作霖是儿女亲家）虽亲，不如你亲，你说咋办就咋办。"谁能从这电文中看到情与谊。

更重要的是李宗仁看穿了蒋介石此举是要别人为他个人效忠，而李宗仁又非等闲之辈，怎能轻易上当、踏入误区？稍后，李宗仁虽也勉强给蒋介石一份兰谱，算作换帖，但权作应付，所以未对外人讲过。

须知蒋介石要称霸神州，李宗仁又何尝不想问鼎中原。

看看李宗仁的简历，便知他是少年得志之人。他1908年考入广西陆军小学堂，1912年转入老桂系陆荣廷办的广西陆军速成学校，毕业后经人延揽进入滇军，之后再到桂军中任职，很快由排长升至营长。正在他官运亨通之际，1920年8月，粤桂之战爆发，李宗仁乘桂系战败之机，拉出一批军校出身的桂籍下级军官和十一个连的兵力，退往玉林。不久，李被粤方委任，当上了粤桂边防军第三路司令。于是，李以玉林为地盘，整军经武，为新桂系的形成奠定了基础；再稍后，又接受孙中山派往广西的省长马君武的委任，当了玉林警备司令。马君武及粤军退出广西后，李自行通电，就任"广西自治军第二路总司令"。

诚如李宗仁自己回顾的那样，他不是演义小说、名人传记中描绘的"少有大志""以天下为己任"的超常脱俗的伟人，然也确有与众不同之处。就在他任"广西自治军第二路总司令"时，桂军黄绍竑率部来归，不料转年3、4月间，又自行开拔，投向广东方面。李的部下对黄的不辞而别气愤不已，要去追杀，李深知黄某非池中物，不会久居人下，遂力排众议，不去追击，从而使日后李黄再次合作，统一广西成为可能。

李宗仁驻军玉林前后，广西几乎是处在无政府状态，诸多小军阀遍布广西全境，各不相属。人枪较多者，自封什么"总司令"、师长、旅长；人枪较少的自称为"司令""帮统"不等，总之都是各行其是的草头王、京剧《沙家浜》中胡传魁式的人物。大大小小，屈指算来十一二个。他们先后被李宗仁荡平。

到了1923年，李宗仁所部改称桂军。经李济深、陈铭枢介绍，李宗仁加入国民党。1924年，与黄绍竑所率讨贼军合兵一处，称为"定桂讨贼军"。李任总指挥，黄任副总指挥，在不到两年光景，先后击败了老桂系的陆荣廷和沈鸿英。陆、沈在广西，资历深势力大，谁也没想到会败在25岁的年轻人手下。人们自然也由此对李宗仁刮目相看。1926年1月，李宗仁在国民党"二大"上居然当选为候补中央监察委员。

不难看出，李宗仁的亨通官运，是闯出来的，且在闯的过程中，他的势力虽膨胀迅速，但头脑冷静，拒绝与旧军阀为伍。他不安于广西一隅，也不随意投靠。他非池中之物，不会久居人下。他既有问鼎中原之心，自然不愿为蒋介石称霸效命。

一纸兰谱，在李宗仁心目中能值几何？

李宗仁没把蒋介石放在眼里，当然还有更多的理由。我们且看北伐中的蒋李关系。

难和蒋介石共患难

局外人表面上看去，李宗仁对蒋介石毕恭毕敬，可在骨子里却完全是另一回事。

1925年5月11日，蒋、李第一次见面时，李对蒋的印象就很不佳，说他"劲气内敛""心狠"。后来，李宗仁和白崇禧在广州珠江颐养园聊天时，又对白说："古人有句话，叫做'共患难易，共安乐难'，像蒋先生这样的人，恐怕共患难也不易！"

李对蒋的这些评语，显然是来自切身体会，发自内心。

前文说过，李宗仁有问鼎中原之志，他在统一广西、参加国民党之后进而提出北伐，这是他思想发展的必然逻辑。然而在中国，自袁世凯死后，喊出统一中国口号的人，既有文官也有武将，既有爱国志士，也有以统一为借口、扩充地盘、搜刮人民、涂炭百姓的民贼。在中国共产党出世前，只有孙中山真正为救中国、铲除军阀、澄清玉宇不懈奋斗。遗憾的是出师未捷身先死，致使蒋介石夤缘时会，当上了北伐军总司令。

北伐时期的蒋介石

谈到北伐，在当时谁都议论，是相当时髦的话题。动真的，要行动，要胆略，非同小可，各路英雄，各色人等，都纷纷登台表演。蒋介石在北伐的舞台上表演出色。请看李宗仁从不同角度、不同侧面，认真观察的几个镜头：

镜头一，无意北伐：1926年3月，"中山舰事件"刚刚过去，李宗仁来到广州，和国民党要员商谈北伐大计，蒋介石就是不赞成北伐者之一。这位手握重兵的将军对李宗仁说，广州情况复杂，现在如何能谈北伐呢？据李宗仁说，后来是由于他的反复游说、鼓动，到5月才命叶挺率领独立团，挥戈北上，师出肇庆；他一路夺关斩将，很快打到攸县。6月2日，李宗仁的第七军也传来北伐捷报。在这种形势下，唐生智感到事有可为，宣布就任早该就任的第八军军长。蒋介石比唐沉着，6月5日，国民政府发表声明，任命蒋介石为北伐军总司令，到7月9日，他才通电就职。李宗仁对蒋介石如此踟蹰不前，颇有想法。

镜头二，阅兵出丑：北伐师出，将士披坚执锐，所向披靡，很快打到长沙。蒋介石、李宗仁、唐生智等人，自是喜笑颜开。兴之所至，心血来潮，不知是谁提议举行阅兵式，时间安排在1926年8月14日。这日天公作美，雨季的长沙，竟然天朗气清、熏风微动。受检阅的两万多人，军械整齐，旗帜鲜明。蒋介石等一行，分乘骏马出现在检阅场，在军乐声中缓缓前进。蒋介石在马上举手答礼，颇有一点大将风度。不料检阅到第八军时，由于军号声刺耳，使蒋的坐骑受惊，这马大嘶一声，前蹄高扬，向校场中心狂奔。不善骑马的蒋介石，顿时滚鞍落马，而右脚却仍套在镫里，被拖出两丈多远。由于蒋穿的是马靴，经马一拖，从脚上脱落，蒋才卧在地上，未受重伤。当众人将他扶起时，只见蒋仍气喘吁吁，新哔叽军服和白手套都染满了污泥，勉强一颠一跛检阅下去。这和李宗仁的骑术简直无法相比，李能在马疾驰奔跑时，据鞍跃上跃下，反复十余次，气不长出，面不改色，师友们都为之赞叹，送他一个"李猛仔"的绰号。李见主帅不善骑马，连他都有些汗颜。

读过《湖南农民运动考察报告》的人想必还能记得，该文"注释"〈五〉中说："……蒋介石的反革命面目还没有充分地暴露出来……地主富农则不高兴他，造出了……蒋介石伤脚的谣言。"其实这不是谣言，是真事。

镜头三，言而无信：北伐战争的炮声打响之后，进来一批苏俄援助的军火，蒋介石主动表示要拨给李宗仁部队一部分。蒋介石说这些话，原只是对李讨好一番，并无真给之意，可是李宗仁却认真起来，几次派人去领，都碰了钉子。管发放枪支的人说：未奉蒋总司令条谕，不能给。某日，李宗仁向蒋介石辞行，就便重提蒋许诺拨枪之事，蒋不肯正面答复，只是顾左右而言他。李实在按捺不住，对蒋说："我领了这些武器，是去打敌人啊！"在这种情况下，蒋再也难以用托辞应付，不得不拨给李宗仁部队一千支七七口径步枪，四挺机枪。枪虽到手，气实难消，多年之后，李宗仁提起此事，仍有愤慨之情。

镜头四，鼠肚鸡肠：李宗仁说，蒋介石刚愎黩傲，猜忌嫉妒，偏私狭隘，实在令人看不惯、气不过。1926年深秋时节，江西已见严霜。长期生活在岭南的两广战士，冻得瑟缩难耐，恰在这时，军毯从后方运来，蒋介石指示俞飞鹏（兵站总监）优先发给第一军伤兵。发放慰劳银圆时，也照此办理。俞飞鹏说："每一医院中都住有各军伤兵，怎么办？"蒋说："不管，不管！他们自有他们自己的军长！"

蒋介石说这番话时，忘记了他的北伐军总司令身份。

蒋介石的这种做法，人们不仅不会因此而羡慕第一军的特殊化，相反会招致友军的怨忿、部众的离心。难怪李宗仁说他只是偏将之才，不具有主帅之尊。

镜头五，诿罪他人：翻开中国廿四史，帝王做了错事，下诏罪己者，不乏其人。在景山上吊殉国的朱由检（崇祯帝）就多次下罪己诏。"四一二"之前，北伐军所向无敌。蒋介石反共，发动"四一二"政变之后，北伐军因失去政治工作而丢了灵魂。所以当蒋介石继续"北伐"时，便多次受挫。临城一战，损失很大。蒋任命的前敌总指挥王天培，被迫率部退到安徽宿州。为此蒋介石在南京召开紧急会议，研究作战方案。蒋介石在会上表示：要反攻，夺回徐州。李宗仁说，徐州为四战之地，无险可守，不如守住淮河天险，待武汉反共局势有了眉目再作打算。这让蒋介石感到难堪，他表示一定要拿下徐州，否则不回南京。李宗仁对此不再表示异议，但他心里不服。在李看来，主帅这样意气用事，怎能不败，遂向蒋告别。

李走之后蒋挥军反攻，与孙传芳军队大战于淮河、徐、蚌之间，先是蒋军进展迅速，孙军连续后撤。蒋心中很高兴。岂知是中了孙传芳的诱敌之计，在徐州城下，被孙军迂回包抄，蒋军全线溃败，仓皇退回南京。他羞怒之余，把败军之责全部发泄到前敌总指挥王天培头上，王天培便成了蒋介石的枪下鬼。

三国时，袁绍兵败冀州，在退军途中他说："吾不听田丰之言，致有此败，今吾归去，羞见此人。"因而杀了田丰。蒋介石的风格远不如袁绍，更不如下诏罪己的帝王。

蒋介石只会下诏罪人。

这一系列镜头，映入李宗仁的眼帘后，使他看穿了蒋介石，所以他不愿和此人为伍，更不愿和此人称兄道弟。

历史是很会捉弄人的，蒋李二人越是不合，却又总是使他们在人生的旅程中难解难分。他们有时合作，在合作中对立，有时貌似合作，却又暗中作梗，有时外似尊重，而默默中又极力排挤对方，直至兵戈相向。俗话说"不是冤家不聚头"，信之有也！

蒋桂结盟伊始便斗法

在北伐过程中，蒋桂之间，除了在反共问题上完全一致之外，在其他方面，都是貌合神离。随着时间的推移、形势的发展，矛盾也日益增大。

其经过情形是这样：紧接着"四一二"大屠杀之后，4月18日，蒋介石在南京成立了"国民政府"，这个自封的政府第一个号令竟是"清党"，明令对共产党和国民党内的亲共者格杀勿论。

在武汉的国民政府，先是发表声明，开除蒋的国民党党籍，下令对他通缉，并实行征讨。没过多久，武汉的国民政府，边"分共"边讨蒋，汪、蒋势不两立。武汉的唐生智以拥护中央为名，指挥"东征军"蔽江而下，直达芜湖。这时守在南京的蒋介石，和桂系李宗仁、白崇禧，因争地盘和军饷，闹得不亦乐乎。蒋介石情知此时搞不倒桂系，更何况唐生智大军将临，孙传芳也在虎视眈眈，真有点四面楚歌的味道。不过，蒋介石不是项羽，他不想走垓下之路，他要下野去奉化见"江东父老"。蒋对李宗仁说："我下野后，军事方面有你和白崇禧、何应钦三人，可以对付得了孙传芳。而武汉方面的东进部队，至少可因此而延缓！"

在历史上，这一幕下野剧，还有"逼宫"之说，即：蒋介石要讨伐武汉时，桂系暗联胡汉民，从旁掣肘。一天，蒋召白崇禧、何应钦，力言非先平定武汉不可，而白崇禧力持异议。蒋很生气地说："这样，我就走开，让你们去和好了。"

北伐时期的白崇禧（左）与李宗仁（右）

白崇禧毫不客气地说："我看此时为团结本党，顾全大局，总司令离开一下也好。"蒋看着何应钦，而何默不作声。蒋遂站起身来说："好，好，我就走吧！"说完便拂袖而去，决然下野。其后，李宗仁始终否认"逼宫"之说。

总之，蒋介石下野属实，原因在于内外交困。

下野后的蒋介石，于8月13日在上海发表了陈布雷为他起草的《辞职宣言》，申明他下野是为解决党内纠纷，随后就带着邵力子、张群等来到溪口，这次蒋在溪口一共住了48天。

蒋介石在溪口和往常不同，脾气很躁，对亲信副官也妄加指责。有次蒋吃厨师烧的鸡汁芋艿，味道甚美，不觉贪口多吃了一点，回到卧室时顿感肚胀难受，立刻将给他盛饭的副官孟超然叫来骂道："你是个饭桶！我叫你添饭你就只添，难道你没发觉我已吃饱了吗？"孟被骂得有口不敢分辩。有时蒋心里不高兴就戴白手套去抚摸窗栏门槛角落，发现白手套沾染灰尘，对侍者们就是一顿"娘希匹"的臭骂，以此泄胸中无名之火。

10 月下旬，蒋介石又和张群等到上海拉都路本宅住了半个月之后前往日本。同行者有张群、宋子文、宋美龄、孟超然和留日同乡孙鹤皋、机要秘书陈舜耕。据说宋美龄是到东京探望她在那里治病的母亲。

蒋介石到日本办了三件事：

一是研究日本国情及其对华政策。在研究中，他感到日本建设猛进，不知中国何时能达到这种地步！蒋在 10 月 23 日发表的《告日本国民书》中说：不能利用军阀解决中日亲善这一根本问题，他切望七千万日本人了解中国革命，给予道德及精神上的援助。

二是取得日本政府的支持，贷予巨款资助他重新上台。为此和日本首相田中义一、陆军大臣白川义则、参谋总长金井范三及参谋次长南次郎进行秘密商谈。李宗仁曾回忆，蒋介石同日本商谈的内容，据日本少壮军人透露的秘密报告，约为：（一）蒋氏承认日本在"满洲"有特殊权益。履行中山先生早年对日本的诺言（据日本传说，孙中山在辛亥革命前，曾以"满洲特殊权利"作为日本援助中国革命的交换条件）。（二）蒋决定反共到底。（三）日本支持蒋政权。（四）日本借予蒋氏四千万日元，以助蒋安定中国。中日两国进行经济合作等项。密约签字后，蒋携巨资回国。

三是征得宋太夫人同意，要和宋美龄结婚。由于宋家成员知道蒋介石与其他女人有关系的丑闻，加上他不是基督教徒，所以宋老夫人极力反对小女儿同蒋介石结婚。她向美龄表明，她决不允许这样的结合。所以宋夫人听说蒋介石已来日本时，几次有意躲避他。大多数的中国男子汉，如果碰上这样明显的冷遇，都会泄气，可是蒋介石仍知难而进，他决心要和这位国色天香的美龄女士结婚。美龄知道，他的决心已持续五年了。也许是这种苦苦追求打动了美龄的芳心，她和大姐霭龄轮番向母亲发动攻势，劝说母亲。老夫人终于同意见见蒋介石，见面时对他说，她之所以反对，是因为他已有元配，反对他讨乱七八糟的小老婆，尤其反对他不是基督教徒。

蒋介石逐一回答了老夫人的问题。他拿出一份证件，说明由于志趣不合，他已同少年时代的配偶离婚。他已将最出名的如夫人陈洁如送往美国，还给了她一笔为数可观的钱，足以使她后半生无忧无虑。此外他郑重否认还有什么情妇。是否皈依基督教？他没立刻回答。他答应将以虚心的态度去研究，希望通晓这个宗教，在他想要接受时，会成为信徒的。他这种得体的回答，使老夫人认为这个男子有诚意。接见结束时，她给这位未来的女婿一部《圣经》，并向他祝福。

老夫人毕竟是老夫人，蒋没费吹灰之力，就蒙蔽了她。读者请看事实：

蒋介石遇到陈洁如是在张静江家中。因为陈洁如的好友朱逸民嫁给张静江做续弦，陈洁如常常去看望她。1919 年暑假的一天，孙中山和蒋介石、戴季陶去看望张静江，在张府首次遇到陈洁如。她当时才十三岁。

蒋介石对陈洁如很感兴趣，在张家大门口等着陈洁如并要陈的地址以便去看望她。陈洁如故意说错地址，但蒋是个有心计的人，居然找到了陈家。在陈洁如母亲的干预下，蒋介石没能和陈洁如交上朋友。也许是对自己十四岁初婚的联想，蒋介石竟对陈一见钟情。一次，两人在张家再次相遇，蒋介石逼着陈洁如表态，陈终于答应和蒋约会。不久二人便举行了订婚仪式，订婚翌日，他们坐在南京路一家巧克力店中吃点心。蒋介石对陈洁如说："陈凤是你的乳名，应当只供你母亲使用。依照中国礼节，乳名是不宜给朋友叫的。因此，我已为你选了一个新名字，我想它恰合你的性格。这个名字是'洁如'，意思是'如同纯洁'或'如同未受世间污染'，在我看来，你真是纯洁无瑕的。"

蒋陈的结婚典礼于 1921 年 12 月 5 日在上海永安大楼大东旅馆的大宴会厅内举行。当年，这里是举办正式结婚典礼的最常用场所之一。蒋陈的婚礼是半西半中式的。蒋介石送给陈洁如的礼物是一部明信片大小的柯达照相机，陈洁如送给蒋的是一只 waltham 牌金质怀表，带有金链。婚后第三天，蒋介石和陈洁如依照中国传统，带着礼物去拜

蒋介石与陈洁如

望陈的母亲，然后去蒋的老家浙江溪口。下轿时，陈洁如看见在一座很大的老式房屋的门前，立着位略矮的温雅妇人。蒋介石忙向她介绍说，她就是元配毛福梅。陈洁如见过她后，很快梳洗一下，换上较为正式的服装，去参加祭拜仪式。

1922年，正当蒋陈在溪口度蜜月的时候，蒋介石接到孙中山要他速返广州的电报。陈洁如含泪向毛福梅道别，和蒋介石乘船去上海。在上海，陈洁如第一次见到蒋经国。蒋经国称陈洁如为"上海妈妈"，陈洁如对蒋经国特别钟爱，视同己出。蒋纬国有时也去陈氏住处，称她为"庶母"。在这以后的几年中，每逢蒋介石从广州回到家乡时，总是带着陈洁如，她同时以秘书的身份随侍左右。

陈洁如是个知书识礼的人，对毛福梅尊敬，对孩子也很疼爱，不时买些衣物玩具馈送。孩子们非常喜欢这位陈家妈妈，毛福梅对陈也十分礼让。

早在蒋陈感情火热之际，蒋"在国父宅中"就认识了宋美龄。蒋和宋联姻的原因，主要出于政治的动机。蒋介石为了达到稳住陈洁如，不让她干扰自己大事的苦心，曾在孔祥熙宅中安排"鸽子宴"，请陈洁如和宋家姐妹见面，由宋霭龄吹风，试图让宋美龄取代陈洁如的地位。1926年，当蒋介石在南昌再度陷入困境之时，宋霭龄为了孔宋利益，向蒋再次献计娶宋美龄为妻，以争取西方支援。蒋只好将这桩政治婚姻告诉陈洁如，陈洁如气得一时说不出话来。

蒋让陈出洋进修五年，回来再说，否则，蒋以死相胁。在蒋的花言巧语和威逼下，陈洁如只好表示退让。

陈洁如和蒋介石关系破裂，是1927年8月蒋东渡日本前夕。8月1日晨，蒋单独来到陈洁如母亲家，以作告别。蒋让陈与张静江女儿一起坐船去美国。陈洁如开始不答应。蒋介石说："你必须去美国，这是宋霭龄的条件之一。我明知这样做是过分了，但你如留在上海，这个全盘交易就会告吹。你还不了解我的苦心？"蒋介石发誓以五年为限，必定恢复与洁如的婚姻关系，否则天打雷劈，放逐海外，永不回来。不料这誓言，48年后真的应验了，是天意哉。

1927年8月19日，陈洁如在张静江女儿黛瑞莎和海伦陪同下，乘杰克逊总统号轮船去美国。船到日本神户时，日报还登"蒋夫人搭轮赴美"的新闻，但当轮船航行在太平洋上时，无线电广播了上海各报刊载的《蒋中正启事》：

> "各同志对于中正家事，多有来函质疑者，因未及启蒙复，特此奉告如下——民国十年，元配毛氏与中正正式离婚。其他两氏，本无婚约，现在与中正脱离关系。现除家有二子外，并无妻女。惟传闻失实，易滋淆惑，特此奉复。"

陈洁如听后如晴天霹雳，痛不欲生，几次要跳海，均被护送者劝阻。

陈洁如与蒋介石离婚后，杜月笙曾送她一笔巨款。因此，她出国后，生活不成问题。此后，她终身未再嫁人，以全副精力深造。留美五年多，陈洁如苦修英文、养蜂和园艺，并从哥伦比亚大学教育学院获得硕士学位。

说完蒋介石把陈洁如哄骗威逼去美国这段插曲后，书归正题：

蒋介石此次来日本，收获颇丰。他不仅将宋美龄娶到手，更获得了日本的支持，携巨款回国，准备斗败桂系，独揽国家大权。

蒋回国后，如何再斗桂系，这还须追溯至蒋介石的下野。桂系首领李宗仁，在蒋下野前，曾表示拥汪反蒋。信以为真的汪精卫，以为可以稳坐第一把交椅了。蒋下台后，早就鄙视汪精卫人格的桂系态度变了，不拥汪了，理由是：汪倚为靠山的张发奎部队，被"八一"南昌起义的中共部队打垮，汪对此负主要责任。在这种情势下，李宗仁亲自去九江，整拢在这里开会的非汪派军政要人谭延闿、孙科、李烈钧等，组成了由桂系操纵的国民党中央特别委员会，作为国民党的最高政治领导机关，由特委会重新组

蒋介石与宋美龄结婚照

留学日本时期的汪精卫

织国民政府和军事委员会。国民政府由46人组成，名义上以谭延闿、胡汉民、蔡元培、李烈钧、汪兆铭、于右任为常委，轮流担任主席；军委会由66人组成，名义上，以程潜、何应钦、白崇禧为常委，实际上这两个委员会，都要遵循李宗仁、白崇禧的旨意行事。

汪精卫美梦伴随他被桂系踢开而破灭，于是他跑到武汉，再一次去依靠唐生智。因为唐生智为夺取安徽，打出了反对特委会的旗号，而安徽是桂系的禁脔，岂容唐某染指。这样，李、白二人一怒之下，借口唐与孙传芳有勾结，发动了讨唐之战。

自1927年9月起，李宗仁、白崇禧联合程潜组成西征军，该军以准备北伐名义进行军事调动。部队都在夜间渡江，以避开侦探耳目。其军事部署之诡秘，致使唐生智毫无觉察。10月15日、16日，西征军主力，桂军第七军、第十七军、第四十四军等到达滁县和全椒后，突然向左急转，直扑合肥、安庆。这时，程潜所率第六军突袭芜湖，唐军刘兴率部仓促应战，迅即溃败。由此，七、六两军夹长江两岸向西追击，不到一个月就攻占了武汉。

桂系既已和唐军兵戎相见，由它控制的特委会免去唐生智本兼各职，则为必然。唐生智看出对他不利的形势，便悄悄地乘长江上的日清公司轮船逃亡到日本。唐军残部退回湖南。

占领武汉后的桂军，一面休整，准备略取湖南，一面改组行政机构，布置党羽，控制湖北。经过一个不太长的时期，继续进军湖南。俗话说败军之将不可言勇。在湖南，唐军一败再败，由湘北退到湘西，终于屈服，接受改编。至此，桂系控制两湖地盘的野心得以实现。

素怀问鼎之志的桂系，如今控制了国民党中央和"国民政府"之后，又打垮了唐生智，虽然他们在中央的地位还不巩固，总算摸到了"鼎"边。这样一来，不能不引起新军阀其他派系的不安。就在这时，善于抓住机遇的蒋介石出面了。他于 11 月 10 日，由日本赶回上海。他下车伊始，即电邀汪精卫北上，谭延闿、孙科等也都电汪表示其与汪合作的愿望。因唐生智失败躲到广东的汪精卫，霎时间身价看涨。

12 月 3 日，蒋、汪约集国民党在上海的部分委员，召开了四中全会预备会。到会各派代表，在会上谈到桂系时，都感到它膨胀过快，担心自己一派可能受到损害。他们用各种动听的理由，停止了桂系控制的特委会活动，这就打破了桂系在中央专权的局面。

当时的汪精卫，相当通人性。他感谢蒋介石把他从广东请来，作为报答，汪在会上亲自提出《促蒋复职案》，还在会上说：中国“今日可当中心人物的只有蒋同志一人”。桂系对这样肉麻的马屁语言，听了很不顺耳，又不便直接反驳，其后由李宗仁出面，向新闻媒体发表谈话，说李某一贯拥蒋，而汪对蒋则是时拥时反、反复无常。

不管谁拥谁反，蒋介石的复职案还是通过了。1928 年 1 月 4 日，蒋介石回到了南京。此刻他的神态，和四个月前离京时相比，判若两人。那时无精打采，而今精神抖擞。你看他，1 月 7 日发表了《总司令复职致国民政府电》，1 月 9 日发表了《致各军全体武装同志电》《致全党同志全国同胞电》和《致冯阎杨三总司令电》。蒋在这一系列电文中，表白他重新上台后，将“以全力完成北伐，肃清共逆，以安后方，巩固中央”。陈布雷给蒋提刀代笔讲的这些漂亮言辞，日后能兑现几何，只有老天知道。

如今叫苦的是汪精卫，他原想给蒋介石拍一通马屁，该能捞到第二把交椅坐坐。谁承想老天和他作对。不早不晚，1927 年 12 月 11 日，中国共产党领导的广州起义爆发了，正好被反汪势力抓住话柄，说汪精卫指使张发奎“纵容”共产党暴动，吴稚晖更能上纲上线，说汪精卫是“准共产党”。

李宗仁早就讨厌汪精卫，鄙视其为人，说“汪兆铭的为人，堂堂仪表，满腹诗书，言谈举止，风度翩翩……然汪氏黔驴之技，亦止此而已。其真正的个性，则是热衷名利……既不择手段，也不顾信义。每临大事，复举棋不定，心志不定……”

汪精卫环顾周围，只得再次出走欧洲。

鹬蚌如此相争，蒋翁自然得利。

俗话常说"福无双至"，可是蒋介石这时却走了"红运"。

他在重登大宝座前夕，1927 年 12 月 1 日，在上海大华饭店和宋美龄结婚。结婚前一日报上赫然登着蒋的结婚启事，说他当年与毛福梅、姚怡诚、陈洁如的结合，并无婚约，从今起断绝一切关系。这消息在陈洁如脑海中再掀波澜：他怎会如此薄情，他怎会……此刻的她，思绪如麻，真真是剪不断、理还乱。她想自己的前程，犹如茫茫大海，但她也相信，自己能航行到彼岸。

自武汉乘船东下的李宗仁，从报纸上看到蒋的启事。使李宗仁感到不快又不满的是其中有这样一段话，蒋说：他以前的革命是假的，今与宋女士结婚后，才是真正开始革命工作云云。不论措辞多么委婉，李宗仁也不能不想："打了一年多的仗，死伤数万人，难道都是为'假'革命而牺牲？我们此后再追随蒋总司令，冒锋镝矢石，去'真'革命，也岂视一女子为转移？"李越想越有些愠怒，一气之下决定不送贺礼。

李宗仁夫妇抵上海时，恰是蒋介石结婚的第二天。蒋在李抵上海当晚，即派人送去请帖。12 月 3 日下午，李宗仁伉俪前去道喜时，只见厅堂里各界名流、政府要员所赠厚礼琳琅满目、光彩照人，一向与蒋介石格格不入的程潜，也未能脱俗。在来贺喜之前，心情还有些不安的李宗仁，看到众多礼品后，心中反而坦然了许多，因为自感未随波逐流。

蒋桂两派的斗争，在北伐期间，始终处于潜流状态。剑拔弩张，兵戈相见，那还是以后的事，这有待下回看分晓。

二　阋墙谈祸国

两谈北伐，尔虞我诈

庆幸自己能再次上台的蒋介石，为巩固他的统治地位，不能不"痛定思痛"，他总结教训，除了坚持反共反人民的方针外，还开始动手整军。

先整嫡系第一军，这倒不是出于对嫡系部队的严格要求，而是要惩治何应钦，要牢牢掌握第一军。

1928年2月9日，国民党二届四中全会开过不久，蒋介石潜赴徐州，来到第一路军总指挥部，宣布撤销何应钦总指挥之职，当时何应钦正在外狩猎未归。

蒋在徐州将王伯群（何应钦妻兄）、李仲公（中执委书记）以及何成浚、贺耀祖、陈调元等召到徐州，当着这些人宣布将何应钦撤职，其原因有三：1. 何与白崇禧曾联合逼蒋下野；2. 此次蒋介石复职，何应钦迟不发通电表示拥护；3. 桂系在外散布蒋某指挥不了黄埔系军队。

蒋撤何应钦之职，意在向何示警，但又给何留有余地，还任命何为参谋长，示意何今后小心侍候蒋某，不得稍有差池。蒋介石掌握住嫡系，便有了立足点，有了对付其他实力派的基本队伍。蒋在"整"治何应钦的同时，何尝不想把冯、阎、李也整掉，只是形势不允许：一是张作霖尚未打倒，需要有一个暂时的团结去对付奉系军阀；二是冯、阎、李势力很大，触动他们须从长计议，妥筹良策。

蒋介石对他们有拉有防，明拉暗防，相机收拾。为此他特别注意抓住各派间的矛盾，以便充分利用。

首先是对桂系：李宗仁、黄绍竑、白崇禧三人颇为团结。尤其是李宗仁、白崇禧彼此相当亲密，人称"李白"。这二人又有一套带兵本领，当时人们叫白崇禧为"小诸葛"。为了整倒桂系，蒋介石煞费了一番苦心。先是桂系和唐生智为了争夺安徽地盘，曾联合程潜攻打唐生智，在1928年1月27日攻进长沙，唐生智大败后逃往日本，桂系得到安徽、湖北，程潜得到湖南。程潜出任湖南省主席后，凭老资格，将地方税收全部截留。桂系派人去要税，程一概不理。蒋介石看到他们间的矛盾，感到大可利用。他眉头一皱计上心来，授意吴忠信出面，怂恿李宗仁收拾程潜。于是，桂系白崇禧巧诱程潜至武汉予以软禁，之后以武汉政治分会名义，指责"程潜素行暴戾，奸乱成性。西征后更飞扬跋扈，把持湘政"，呈请中央明令免其本兼各职。蒋介石在中央政治会议上，表示同意，"着程潜听候查办"，由鲁涤平接替程潜职务。桂系给程潜一笔巨额"川资"，送程去上海做寓公，至于"查办"二字，不过是文字游戏，说说而已。

时任北伐军第三集团军总司令的阎锡山

在唐生智被打败、程潜被挤走之后，桂系进一步壮大了，有些出乎蒋之意料。

蒋介石面对桂系这样一个庞大军事集团，真是食不甘味，夜不安枕。他决不允许桂系酣睡在自己卧榻之侧。但在短期内还得容忍，因为在他面前还有张作霖等强敌。想当年汉高祖刘邦在消灭项羽之前，封韩信为齐王不也是暂忍一时吗？蒋介石也没忘记"小不忍则乱大谋"这句话。

这时，蒋介石还算计着要拉住冯玉祥，以备将来不时之需。1928年2月9日，蒋介石电邀冯玉祥、阎锡山到徐州开会。冯、阎只派代表参加，无一亲自到会，这样蒋介石只好亲去开封与冯玉祥会面。能说会道的蒋介石，一番甜言蜜语竟把冯老总哄住。蒋随即向冯提议结拜金兰，冯点头同意。他在兰谱上给蒋写道：

结盟真义，是为主义，碎尸万段，在所不计。

蒋在兰谱上给冯也写了四句：

安危共仗，甘苦同尝，海枯石烂，死生不渝。

静江同志　惠存

冯玉祥敬赠

1928 年的冯玉祥

蒋、冯结拜，是蒋介石在稳住桂系之后的又一重大举措，具有雄厚实力的冯玉祥，毕竟暂时被他拉住。

稳住桂系，拉住冯玉祥，蒋介石的前途是否就会一帆风顺还是未知数。他只能在默默中，通过技巧权术相机行事。

一次蒋在中央政治会议上，提议于广州、武汉、开封、太原设立四个政治分会，由李济深、李宗仁、冯玉祥、阎锡山分别担任

北伐时期任国民革命军
第六军军长的程潜

分会主席；又将冯、阎两支部队也改为"国民革命军"；随着名称的统一，又成立了四个集团军。第一集团军总司令蒋介石（兼任，何应钦代行），冯玉祥、阎锡山、李宗仁分任第二、三、四集团军总司令。不属于这四个集团军战斗序列的部队，由国民政府直辖，而"国民政府"中说话算数的，也只有蒋介石。

总的来看，这套安排办法还较为平衡，不过深知蒋介石诡计多端的李宗仁，还有些不托底。他猜不准蒋介石的"葫芦"里卖的什么药，他不得不对武汉政治分会主席和第四集团军总司令二职表示推辞。蒋介石却说："他们既有两个'总司令'，我们南方也应有两个'总司

令'，方为公允。"蒋还很坚定地说："你可以担任武汉政治分会主席，一定升你为第四集团军总司令，当仁不让，你不必谦辞。"

其实李之谦辞，蒋之坚持，都非出于真意。蒋介石颇知李宗仁城府很深，李宗仁又何尝不知蒋介石诡计多端。总之，谦辞是怕误中圈套，坚持是为了稳住对方。

最后，李宗仁还是半推半就地接受。因为经蒋介石这么解释后，李宗仁以为对蒋介石"葫芦"中的药，已经摸到一些了。

其实，蒋介石的"底"，李宗仁还是没摸到，蒋介石的"葫芦"里还有药。

蒋介石不是姜子牙，封了别人后自己坐在灯笼杆上。他也绝不满足于"国民革命军"总司令一职。他把军权抓在手之后，还要牢牢抓住党权。2月23日，国民党中常会推蒋介石为组织部长，蒋介石另一把兄弟戴季陶当了宣传部长，丁惟汾当了训练部长。3月7日，蒋介石又高升一步，登上国民党中央政治会议主席的宝座。

蒋介石大权在握之后，着手军事部署：第一集团军沿津浦路北上，循泰安、济南、沧州而直奔天津。第二集团军负责京汉路以东、津浦路以西的攻击任务。自新乡、大名、顺德一带北上，左翼和第四集团军，右翼和第一集团军联系，会攻京、津。第四集团军出京汉路，经郑州、新乡，向正定、望都一带集中，直捣北京。第三集团军则自太原循正太路，出娘子关，截断京汉路，北上与第四集团军会师北京。

祭中山，"信徒"谈编遣

蒋介石在兵力部署就绪之后，对张作霖发动了进攻。第一集团军沿津浦路北上，兵临济南时，日本在山东驻屯军福冈师团出兵阻挠，杀了前去与日方交涉的中国公使蔡公时。这支军队不敢与日军抗衡，绕道前进，行至沧州、德州时，京津两地已为第三、四集团军收复。

第二集团军没有遇到大的战役、战斗。5月中旬，第三集团军遭奉军包围，形势危急，蒋介石电请冯派兵驰援。对阎老西这反复无常的小人，冯玉祥至今还有余恨。那还是 1925 年冬，冯玉祥兵败南口时，阎指挥所部配合吴佩孚、张作霖，拦腰截击冯军，险些吃大亏。想到这往日旧恨，他按兵不动，并下令所部："不遵令擅自退却者，枪决！不遵令擅自前进者，亦枪决！"也是"阎老西"命不该绝，正在危急时刻，白崇禧率叶琪第十二军赶到，"阎老西"才躲过这场灾难。

北洋军阀在中国实在不得人心，这就使得打着孙中山、国民党旗号的蒋介石的第二次"北伐"进军较为顺利。1928 年 6 月 3 日，孙传芳眼见大势已去，遂通电下野。第二天张作霖偕吴俊升等也无可奈何地离开北京，退回东北老巢，在途中被炸死于皇姑屯。

关于张作霖之被炸，在第二次世界大战后，河本大作曾著文承认自己是凶手，实则河本也只不过是个马前卒。实情是这样：

1928 年 5 月，日本裕仁天皇原是同意少壮派军人的政策，乘张作霖在北京不能立脚之机，解除张的武装。当日本通过外交途径向美国探询可行性时，不意美国政府从太平洋彼岸发出严厉警告，致使裕仁的这一图谋受挫。裕仁立即改变计划，将解除张的武装改为刺杀张，并决定委派建川吉次少将去执行，建川为此派一亲信去干。这个亲信在奉天（今之沈阳）找到了在满洲有爆炸桥梁经验的河本，建川则潜往北京郊区。

6 月 2 日，张作霖电告他的部下将领，他已最后决定撤回故乡。此时潜伏在北京郊区的建川少将，命令田中隆吉大尉，研究北京铁路调度室关于北行各次列车的编组和路线。在张作霖撤出北京前三天，田中隆吉给河本发一急电，报告北京排定的车次。

张作霖本已得知日本阴谋杀害他的信息，于是送他的五姨太和一些扈从乘一列有七节卧车的黄色火车先走一步。这列火车酷似张自己的专车。6 月 3 日凌晨 1 时 15 分，即张的五姨太走后六七个小时，张作霖才和吴俊升及三个日本顾问乘火车离北京。当列车到达天津时，有两个顾问下车，只有志贺少佐还留在车内。张深知志贺少佐是闲院宫亲王的忠实随从，只要志贺在身边和他共命运，就不会有挨炸之虞。

当火车急驰到离奉天还有几公里时，玩牌玩累了的张作霖和吴俊升都打盹了。志贺少佐从他的卧铺上急忙取下一条毛毯，跑到车长公务车上，裹起身子躺在后面车门通道上。当张、吴二人及其十七名随员在炸药爆炸声中同归西天时，志贺战栗了一下之后从车上跳下，他当时兴奋地高呼："好可怕呀！"

说完这段插曲之后，再说白崇禧等人的行踪。

白崇禧和阎锡山是 6 月 8 日联袂进入北京的，至此算作第二次"北伐"的完成。

素以中山信徒自居的蒋介石，这时急需紧紧抓住孙中山这面旗帜，以挟持"诸藩"、号令天下。于是蒋介石提议："北伐"既已完成，该告慰孙中山在天之灵，其他各路总司令对这一提议，自无不从之理。这样，7 月 3 日，蒋介石率领吴稚晖、张静江、陈布雷、邵力子、陈立夫、程天放、周佛海、吴思予、李宗仁等抵达北平；7 月 16 日，冯玉祥也到达北平。

祭灵大典择于 7 月 6 日，在布置得庄严肃穆的西山碧云寺举行。主祭人蒋介石，襄祭人冯玉祥、阎锡山、李宗仁。众人在低沉的哀乐声中，向中山遗体致敬，之后开棺瞻仰遗容。此时蒋介石痛哭失声，悲恸不已，未曾与中山共过事的冯、阎两总司令也流下两行泪珠。据李宗仁讲，四大集团军总司令，仅他未流泪。

不论人们事后如何评价这件事，但仍不能不说蒋介石会哭，他在此时哭，可以说时间、地点、场合掌握得恰到好处。三国时的刘备就善于哭，三请诸葛时哭，弃新野携百姓渡江时哭，向鲁肃借荆州时哭，智激孙夫人时哭，哭得适时，起了作用，得到好处。但蒋介石的哭没有起作用。时代不同了，人心不古了。和蒋介石平起平坐的几位总司令，他们多年与金戈铁马为伍，不是为蒋家打天下，他们都各有自己的算盘。蒋介石的眼泪冲不走他们心中的算盘。他们在中山灵前都毕恭毕敬，然而若对他们"削藩"，搞独裁，办不到。所以"北伐成功"祭灵之后，狼烟迭起，神州依旧不宁。有人做过统计，北洋军阀从 1912 年到 1927 年的 15 年内，共打内战 11 次，累计 885 天；而蒋介石自 1927 年至 1936 年的执政期间，共发生大小战争数十次，累计 3650 天。

欲知其大战实情，须先从裁军谈起：

1928 年 6 月 24 日，蒋介石就提出了《呈请设立裁兵善后委员会文》，文中说:"……北伐已告完成,军事应谋结束,裁兵之举,斯其时矣。……中正筹思所及,爰拟设裁兵委员会……协同各部及建设委员会办理裁兵事宜。"

蒋介石这时谈裁军是及时的,不过很难办到,其症结在于他是"削藩",即只裁别人的军队,其目的是消灭异己,为自己的独裁统治创造条件。而冯、阎、李三大派此时扩军唯恐不及,岂能接受蒋的方案任其宰割?

不过蒋介石消灭异己的方案已定,成竹在胸,只是不便一次和盘托出,须多耍几次手腕而已。蒋的第一招是以退为进。6月9日,他宣布辞去国民革命军总司令及军事委员会主席之职,6月12日,他又辞去中央政治会议主席职务。

接着他的亲信中把持大权的一些人物,如中央党部常委丁维汾、海军司令杨树庄等也都纷纷请辞。

一时不知底里的冯玉祥、蒋介石的把兄,忙从新乡发电挽留,电文说:"此时言去,不啻置党国于危难。前在柳河站誓同患难于涂炭中……若(蒋)不打消辞意,本人不敢独留。"

此时的冯玉祥,真有点与蒋介石患难与共的味道。

重兵在握的阎锡山、白崇禧、李宗仁,以及何应钦、李济深等,紧随冯玉祥之后,通电挽留。

人们稍加留意观察就会看到,世俗之间彼此吵架,人们越劝,双方吵得越凶。蒋介石的辞职也有类似之处,越是挽留电文纷至沓来,蒋的辞意越坚,以此向人们显示诚意。他终于在6月14日,挎着宋美龄去畅游金山寺,再转道奉化归省。不过他很快又回来了,回来的理由是很充分的:众人挽留,盛情难却,只好继续供职。

蒋介石满以为他这招棋很高明,麻痹了冯、阎、李诸人,有助于"削藩"的顺利推行。

其实这些诡谲小计,瞒得过谁?坚辞也好,挽留也罢,彼此都是假戏真唱,煞有介事。以为他人会相信自己假把戏的人,都不是智者。事实上到了关键时候,几大派新军阀,谁都不让分毫。不信,你看下文。

蒋介石归省回任不久,国民党五中全会敲响了开场锣鼓。会上决定实行五院制（五院即立法、司法、行政、考试、弹劾），成立编遣委员会，筹划裁军事宜。

这次会上还任命冯玉祥为军政部长，阎锡山为内政部长，李宗仁为军事参议院院长。明眼人一看便知，这和当年赵匡胤杯酒释兵权差不多，是把三大"总司令"供起来，再设法编遣他们的军队。于是李宗仁和蒋介石个别谈话，李说："我长期住京，绝无问题。……第四集团军也可由参谋长代拆代行。"言外之意，整我李某办不到。接下去李又说："但是我深深感到冯、阎二人绝难长住京畿，因为他们二人的军中大小事务悉由他们亲自裁决。"弦外之音，你整冯、阎也是妄想。最后李还强调，裁兵不难，裁官难，裁高级军官更难。不论李宗仁怎么说，蒋的"削藩"主意已定，无法扭转。

1929年1月1日，编遣会议开场。蒋介石将冯玉祥起草的裁留标准与方案在会上端了出来：

> 有训练者编，无训练者遣；有革命性者编，无革命性者遣；有战功者编，无战功者遣；枪械齐备者编，枪械不全者遣。

具体编遣措施是：第一、二集团军各编十二个师。第三、四集团军各编八个师，杂牌编八个师。

会前蒋介石授意阎锡山起草的方案，在会上也端了出来。工于心计的阎锡山，既考虑到蒋介石的意图，又不能替蒋介石挨骂，他的方案是：一、二集团军各编十个师，三、四集团军各编八个师，杂牌军六至八个师，其余六至八个师由中央处理。

会上众人反复讨论中，人们从各自利益出发，勉强赞成阎锡山的意见。冯玉祥的方案则成为众矢之的。冯一气之下，不到军政部办公，也不参加编遣会议。

最后与会者从蒋介石搞的《国军编遣委员会进行程序大纲》中，看到了这样几条规定：自编遣委成立之日起，全国军队一切权力收归中央，国民革命军总司令部、集团军总司令部等一概撤销，各部队原地驻防听候点编。至此，冯、阎、桂、李（济深）恍然小悟，知道中了蒋的奸计。于是编遣会议草草收场，各集团军总司令设法脱身。先是阎锡山借故溜回太原。冯玉祥卧病在床，一些军政大员去探病时，冯的卧室里炭火熊熊，冯身上盖着两张棉被，汗流满面，呻吟不止。不几日冯竟秘密渡江返回原防，给蒋留书一封，算作告别。

编遣会议遂无疾而终。

蒋桂争雄，李、白受挫

编遣会后，蒋介石心里明白，靠耍手腕去削平"诸藩"，是办不到的。须在战场上拼个你死我活，非一见高低不可。

"拼"的第一个对手，选准了义弟李宗仁为首的桂系。因为蒋介石感到桂系对他的威胁太大了。试想"北伐"成功后，桂系白崇禧所部，已进踞河北；第四集团军总部设在武汉，由李宗仁坐镇，统揽桂系全局；在华南则有李济深的粤军，与桂系亲如一家，他和留守广西的黄绍竑共同把守两广大门。这样，自北至南，宛如长蛇，一朝形势有变，对蒋形成夹击之势，到那时蒋则首尾不能相顾。所以，必须先拿桂系开刀。

用什么理由去打桂系？总要师出有名吧。虽然自民国以来，如同春秋时代那样，没有义战，毕竟找个理由比无理由要强些。这就要双方斗智了。

桂系也知蒋介石要收拾他们，于是双方都在默默进行准备。双方拼杀之前，力量不相上下，若想战胜对方，都得找同盟者。哪怕是暂时的、有条件的、靠不住的同盟者。

蒋、桂双方不约而同都把寻找同盟者的目光投向冯玉祥。他们各派要员，带着优惠条件去拉拢冯玉祥。先是邵力子衔蒋之命，到华阴见冯，洽谈联合对桂系作战之事，若冯同意，蒋推举冯出任行政院长，山东省地盘让给冯，可由冯的将领孙良诚出任省主席，青岛市长也由冯任命，湖北、安徽两省，由冯任选其一。冯在优厚条件面前并没有动心。冯想：入主行政院，也是牌位，湖北、安徽虽有吸引力，可惜眼下还不是蒋的地盘，要从桂系手中去夺，即或夺下，会不会是"螳螂捕蝉"的结局，都未可意料，所以冯对邵虚与委蛇一番，没点头也没摇头。

稍后有问鼎之心的李宗仁，派温乔生为代表，到河南辉县百泉拜见冯玉祥。温对冯谈了李宗仁的联合对蒋作战意图后，冯满口应承，他对温说："请你上复德公，冯某一定参加。希望桂军发动后，能支撑两个星期，以便冯某进行军事部署。"

冯玉祥如此明确、痛快表态，不无缘由。"北伐"成功后，平津、华北的利益分配不公，冯对此耿耿于怀，有联桂反蒋之意；然而他更想利用蒋桂矛盾，相机夺取武胜关，囊括湖北全省，控制长江中游，增加财政收入。但关键在于如何稳操胜券，达到目的，所以他才让温乔生转告桂系，战争发动后，先支撑两周，使他有充裕时间坐山观虎斗。这是学管庄刺虎的故伎，并不是什么军事部署问题。

蒋桂之间，彼此互为消灭对方都在采取措施，进行充分准备，但谁都不愿先放第一枪，承担发动内战的恶名，必须用"高超"手法去挑动。这时蒋介石心生一计，他偷运武器给鲁涤平。在湖南受鲁排挤的何键，将此事向李宗仁告密，李对这件事很重视也很持重，他佯装不知。因为他也生怕误中蒋介石的圈套。不料桂系在武汉的三员大将夏威、胡宗铎、陶钧沉不住气，轻率地向鲁涤平动手，而这恰好中了蒋介石激人成变的诡计。

2月21日清晨，军政部海军署长陈绍宽，到李宗仁在南京成贤街寓所拜访。在交谈中，陈绍宽问李宗仁："你是否听到武汉方面已经对湖南采取军事行动了？"

"绝无此事，也毫无所闻。"李宗仁肯定地说。

陈和李谈话时间不长即告辞。意识到问题严重性的李宗仁，在陈走后，即刻查询电报，果然有一份正在翻译的急电，译出后，正是夏、胡、陶对湖南用兵之事。李宗仁迅速和郭德洁如此这般商量一番，之后和第四集团军参议季雨农一同出走。为避免有人尾随追捕，先躲到下关一小旅店，挨到傍晚，秘密搭乘京沪路火车，扮成平民去上海。

幸亏李宗仁行动快，他刚迈出家门，陈果夫、何应钦就先后造府拜访。郭德洁只是命仆人端茶招待，虚与应付一番，她对陈、何二人讲：德邻外出散步去了。

李宗仁走了，蒋介石也心急，他从宁波打电话催问此事，所以陈、何二人，一天之内到李府来访几次。最后郭德洁估计李宗仁已经走脱，这才对陈、何二人说德邻因公去上海了。

李宗仁到上海后，得知战事发展很快，叶琪所部之桂军已迫近长沙，鲁涤平已率军逃到萍乡。于是桂系控制的武汉政治分会，呈请国民党中央政治会议任命何键为湖南省主席。换句话说是要国民党中央承认桂系占领湖南这一既成事实。

湖南既已开火，蒋介石情知桂系中计，真是喜出望外，迅即于2月23日从宁波赶到上海，24日会晤李石曾、谭延闿商讨对湖南事件的处置办法。当晚三人同车回到南京。26日，蒋介石在鲁涤平汇报湖南事件经过后表示：武汉政治分会无权罢免湖南省主席；罢免鲁涤平等人的军职，由编遣会议决议。28日，在中央政治会议第177次会议上，蒋重申上述主张。同时决定派监察院长蔡元培等人负责"切实查明，以凭核办"。

躲到上海的李宗仁，明知处境被动，遂一再向蔡元培、吴稚晖等人解释，说他事前并不知情，望中央谅解。"中央如欲处分武汉政治分会，则本人与鄂籍将领绝对服从。"

李宗仁还表示：他要就这事件，和即将去南京参加三全大会路过上海的李济深进行磋商。

李济深到上海后，蔡元培、吴稚晖等人，极力劝他去南京与蒋介石进行谈判。李宗仁说："任潮（李济深，字任潮）公切不可去南京。"蔡等惊问为什么？李说："一、任潮公向被别人视为桂系，如去必被扣留；二、任潮公有实力可在上海进行斡旋；三、任潮公若被扣留，则驻广东的粤籍将领必为蒋所收买，这样一来，则广西失去粤援，粤援一失，武汉也难以保住。"

李济深到底该不该去南京和蒋介石谈判，双方争执不下，这时吴稚晖拍着胸脯说："我们来上海之前，曾和蒋先生谈到任潮入京的安全问题，蒋先生表示，他以人格担保，不致使任潮失去自由！"

李宗仁反驳说："中央如有诚意和平解决，在上海谈判和去南京谈判到底有什么区别？必要时，蒋先生自己也未尝不可屈尊来上海。至于蒋先生以人格担保一层，像蒋先生这样的人，还有什么人格可言？你又何必骗任潮去上当呢？"

李宗仁的话如此噎人，本来是无法谈下去了。可是吴稚晖还要说下去，他说："只有任潮去南京，才可消弭兵祸。"

最后他说："如蒋氏不顾人格，自食其言，我吴稚晖就当蒋的面，在墙上碰死。"

听了这话，李宗仁也未动心，他反而说："稚老，慢说你没有自杀的勇气，纵然你自杀了，战争还是免不了的。"

吴听了这话，顿时火冒三丈，大喊："我们不管了，我们不管了！你们有的是枪杆，你们去打好了！"

两天的谈判不欢而散。

最后，不知是吴稚晖的三寸不烂之舌发挥了作用，还是李济深有新的考虑，抑或二者兼有，总之李济深随蔡元培、吴稚晖等人去南京了。

不出李宗仁所料，李济深到南京后，很快就被幽禁。李济深之所以遭禁，这要从蒋介石的倒桂阴谋谈起，才可看出蒋介石的权术诡计之高强。

施小计，白崇禧败走"华容道"

蒋介石倒桂，可称得起是精心策划的一项系统"工程"。前文说过，桂系从北到南这一字长蛇阵，使蒋介石食不甘味，夜不安枕。为了打倒桂系，他和亲信们反复研究策划，制订了如下一整套方案：

第一步，起用唐生智，推倒白崇禧：唐生智在1928年1月被桂系打败后下野去日本。不久又从日本回到上海，静观形势，等待机遇，重整旗鼓。

机遇真的向他招手了。正当唐生智度过那难耐的寂寞日夜时，刘文岛登门拜访。刘在北伐时，素以善拍马屁闻名，曾任唐生智第八军党代表，二人可谓老搭档。此次来拜访唐生智之前，蒋介石找他如此这般地密谈一番。这次到上海见到唐生智后，首先问唐，是否想重返军界，重掌旧部？唐说："我虽有此心，却无此力。"

"如果有人大力给以资助呢？"刘进一步追问。

唐回答："当然求之不得！可是又谁知那些老部下的态度如何？"刘说："这就要你唐总的本事了。不过据我所知，你的旧部李品仙、廖磊等，过去投到白崇禧门下是不得已的权宜之计，如今也很不情愿驻防在河北。现在介公出巨资相助，你出面重新招回旧部不成问题。介公希今后能和你合作，忘记过去的不愉快。"

唐生智听了刘文岛这番议论，喜不自胜，当即应允，遂即携巨款乘日本轮船来到天津。和李品仙、廖磊经过一番计议，他二人表示愿意追随唐生智，接着便贴出"欢迎唐总司令东山再起"的标语。一直被蒙在鼓里的"小诸葛"白崇禧见到标语时，局势已到了无法挽回的地步。幸而他和廖磊关系还好，在廖磊保护下，化装逃往上海。

蒋介石得到白崇禧乘日轮南下的确实情报后，密令上海卫戍司令熊式辉，待白崇禧到上海时，立即逮捕，如该日轮拒绝搜查，可将该轮击沉，日后再办国际交涉。这个信息为上海市长张定瑶获得，北伐时张曾在白的东路前敌总指挥部工作，当时二人相处融洽，此刻得知这一重要消息便立即透露给郭德洁。郭德洁虽为女流，却异常机灵，她当即找到第四集团军驻沪办事处，和该处有关人员同去日本轮船公司交涉，结果由王季文搭乘另一南下日轮，在吴淞口外发出信号，使白氏乘轮停在港外，王季文与白崇禧互换乘船。这样，白崇禧未进上海，直趋广州。此时的白崇禧真是多灾多难，当他在广州登陆时，又值陈济棠、陈铭枢已投靠蒋介石。白崇禧不敢停留，遂化装潜回广西梧州，和已等在那里的李宗仁、黄绍竑重新聚首。熟读《三国演义》的李、白二人如今尝到了败走华容道的滋味。

第二步，瓦解桂系。桂系中分为湖北籍和广西籍。蒋先派人收买湖北籍将领胡宗铎、陶钧，未能如愿，又去收买夏威，夏不肯附蒋叛桂。蒋发现李明瑞、杨腾辉和李、白有矛盾，蒋的高参周伯甘和李明瑞曾在韶关滇军讲武堂同学，且有私交，蒋遂派周去武汉密晤李明瑞。周和李在交谈中，进一步了解到桂系深层的矛盾，李对周说："我这师长位置，不是李宗仁的恩赐，是我表兄俞作柏让给我的。当年我的两位表兄俞作柏、俞作豫，为桂系立过汗马功劳，不料李宗仁他们仅仅委任表兄作柏为旅长，表兄忿不就职，让给我了。后来桂系扩大，我升为师长。"李还对周伯甘说："表兄对我很好，我对他也是言听计从。"周听了这一切,心中有了底数。和李明瑞告别后,急向蒋介石汇报。于是蒋召集亲信陈布雷、杨永泰等开会,决定派熟悉桂系的杨永泰持蒋亲笔信见俞作柏。二人见面后,杨凭三寸不烂之舌,转达蒋的"诚意",对俞许诺道:如能将李明瑞、杨腾辉策反成功,俞作柏将出任广西省主席,省府委员由俞遴选。听了杨永泰的话后,俞作柏感到蒋有诚意,遂点头同意,并随杨去南京晤蒋。俞、蒋见面后,蒋立即封俞为"国民革命军总司令部上将参议",然后携巨款去武汉。俞作柏和李明瑞、杨腾辉经过一番密谈,便解决了问题,单等时机一到,李、杨二人便率部倒戈。

第三步,拆散粤桂联盟。陈济棠、陈铭枢这二人是李济深麾下两员大将。二陈自然唯李济深马首是瞻。

可是李济深随蔡元培、吴稚晖等到南京后,和蒋介石谈话时,蒋对李明确表示,桂系只有服从中央,绝无调解之可能。蒋还在国民党三全大会上讲:中央对于地方不法事件,只有执行法纪,绝无所谓调停的可能。谁都能从蒋的讲话中听出蒋的强硬态度。因为此时蒋介石倒桂的军事部署已经完毕,策反也已成功,无须调解,所以,就在讲话的当天下午,蒋即派警卫团把李济深的卫队缴械,李济深被押赴汤山幽禁。

李济深悔不该不听李宗仁的劝阻,但为时已晚,徒唤奈何!

粤籍将领二陈已被收买,其余蔡廷锴、余汉谋、蒋光鼐诸人,听到李济深被软禁时,先表示反抗,随后一看不是蒋介石的对手,好汉不吃眼前亏,立即表示"不能供一派一系之指挥驱使",步二陈后尘,投靠了蒋介石,粤桂联盟自是不拆而散,进一步证实了李宗仁的预见。

真的是福无双至,祸不单行,就在这时,武汉前线蒋、桂两军交火了,早已做好倒戈准备的李明瑞、杨腾辉公开亮相,表示脱离战斗。胡宗铎、陶钧见此形势,乱了方寸,急忙发表宣言下野,落荒而逃。

第四集团军未经激战,便在蒋介石的暗算下瓦解了。

形势发展到这步田地,对桂系来说够严重了。李宗仁、黄绍竑、白崇禧三人在不得已的情况下,提出了一个未必行得通的办法,即由黄绍竑出面发通电,向国民党中央作和平交涉。已稳操胜券的蒋介石,一口回绝了黄绍竑,并迫令他将李宗仁、白崇禧解送"中央";至于广西境内的部队只许留编两个师，余者交"中央"，黄若照此办理，可任广西编遣副主任。黄当然不能从命。

在蒋介石咄咄逼人的情况下，李宗仁、黄绍竑、白崇禧三人商议说："我们第十五军还有十三四个团的兵力，人数不多，但士气旺盛，可再拼一下。"于是由黄、白二人率兵分两路，进取广东，李宗仁去香港，联络其他反蒋派别。不料连遭挫败的桂军，这时已无再战之勇气和信心，以致黄、白二人在广东白泥再次失利，不得不仓皇退回广西，然后由龙州逃往越南，将残部交许宗武、韦云淞率领。许宗武便主动和李明瑞、杨腾辉取得联系。他们在会谈中一致认为：彼此都是广西部队，不应自相残杀，不论谁胜谁败，都对投靠蒋介石的陈济棠有利，双方在这共识基础上达成谅解。许宗武部让开河防，让李明瑞、杨腾辉部队过邕江，李、杨则允许许宗武部队在广西存在，韦云淞也和李、杨在同样条件下妥协。这样就保留了李宗仁、白崇禧的残部，使他们日后能有东山再起的条件。

李、黄自败走后，俞作柏当上了广西省政府主席，李明瑞当上了广西编遣分区特派员。

至此，怀"问鼎"雄心的桂系头目，在和蒋介石的第一次较量中，以失败而告终。

倒桂系，众人齐推

俗话说"墙倒众人推"，这不无道理。当蒋桂战争胜败已见分晓时，阎锡山于3月29日发表通电，响应蒋介石对桂系的讨伐令。

四川土皇帝刘湘，怕蒋介石玩弄假途灭虢之计，便急忙出来帮腔，声明讨桂。

最有趣的是冯玉祥，他先是答应帮助桂系，要桂系在战事初期坚持两个星期，即出兵援桂。接着看形势对桂系不利，又出兵十四万援蒋。

蒋介石对于冯玉祥的出兵，不能不严加提防，以免其中有诈。于是蒋介石便公开发表了冯给蒋的电报，披露冯对桂系的态度。冯的电报说：湘事发生后，"中央对之一再宽容……可谓大度包含之极点。"如今"中央不得已用兵，玉祥服从中央，始终一致"。电报最后希望中央指给冯出兵路线和作战方略。

更有趣的是冯出兵前虽大量印制了讨逆布告，然在布告上却未指明这"逆"是何人。布告上说的什么"贪赃枉法……迫害青年"等罪名，扣到桂系、蒋系或其他什么军阀头上都可以，是个放在任何军阀头上皆准的帽子。不难看出冯是在准备向蒋桂双方"讨逆"或讨好。结果"逆"没讨成，"好"也没捞到，在桂系失败的同时，冯又一次遭到蒋的暗算。那是在 1929 年 4 月 10 日，一个月色暗淡的夜晚，蒋介石和宋美龄在武汉召见了受冯派遣准备对桂系作战的韩复榘。召见时，蒋对韩慰勉有加，一再称道"向方（韩的口号）的成绩卓著"，还冠冕堂皇地对韩表示：今后不应有内战，要从事和平建设。临别时，蒋又赠韩十万大洋。这次召见，使韩受宠若惊。韩想：我追随冯玉祥多年，一直是布衣粗食，当了军长后，一句话说不对，还被罚持枪在营门前站岗。其实这不奇怪，冯没有帝国主义支持，拿不出大洋像蒋介石那样去"感召"部下。俗话说有奶便是娘，如今蒋介石既有丰富的"奶"，像韩复榘这样的人，自是乐于去投靠蒋介石了。

蒋介石这一手，使冯玉祥的计谋落空，他虽未损兵，却为日后丢一员大将埋下了祸根。至于地盘，则寸土未得。

抓机遇，李、白再起

前面谈的蒋桂战争，是这两大派新军阀较量的第一回合。桂系在这一回合中败下阵来。于是俞作柏走马上任，当上了广西省政府主席，李明瑞当了广西编遣区特派员。

俞作柏其人，在大革命时期已非无名之辈，那时他已是广西省党部农民部长，为人思想进步。他在主持广西农运时，注意引进使用进步人士，壮族人民的忠诚子弟、中共优秀党员韦拔群，就是接受俞的委派，去田南道当农运主任，领导右江一带农运的。在俞的领导下，广西普遍成立了农民协会，农运开展得轰轰烈烈。蒋介石发动"四一二"反革命政变时，桂系跟在蒋介石的屁股后面，亦步亦趋。俞目睹种种反共的倒行逆施，愤而辞职。其后蒋介石为了打倒桂系，派周伯甘出面，劝俞作柏策反李明瑞时，俞当即满口应承，其目的不是为了助蒋，而是想借机取得广西地盘，按照俞自己的设想，打开新的政治局面。

俞作柏当上广西省主席伊始，就先要求中共派干部到广西指导工作。1929年8月，中共中央派邓小平为代表到南宁同俞洽谈合作问题。由于俞的路子对头，时间不长，广西局面就有了相当大的改观：

韦拔群从右江地区来到南宁，从俞作柏处领到一批枪支弹药，初步建立起右江地区的农民武装，并着手建立右江革命根据地；

中共广西地下党积极筹备，打算9月间在南宁召开省代表大会；

中央军事政治学校南宁分校入伍生团，第二、三期学员合编为教导总队，由中共党员张云逸任总队长，着手组织工农武装。

如此等等，在一个短时间内，广西出现了大好形势。然而，这活动太显眼了，地方上的土豪劣绅大为不安。许多情况都传入蒋介石的耳中。蒋介石给俞拍来电报，要俞亲自去南京汇报工作，讲清情况，或者派吴铁城去南宁调查。俞回电对蒋说，没有时间去南京述职，也不同意派吴某来南宁调查。这种欠考虑的回答，只能加深蒋介石对俞的怀疑。

事有巧合，不早不晚，就在这时薛岳赶来。原来薛是受汪精卫、张发奎之托，游说俞作柏、李明瑞与汪、张携手反蒋。在薛岳的鼓动下，俞同意和汪、张合作反蒋，并于9月27日发出通电，就任"护党救国军"南路总司令，李明瑞为副总司令。他们还表示欢迎张发奎到广西共议反蒋大事。

蒋介石原只知俞作柏在广西采取了不少激进措施，如今又看到他发表了护党救国通电，不免为之一惊，蒋当即于10月2日下令，免去俞作柏、李明瑞本兼各职。

俞、李的护党救国通电和蒋的免职令，使广西政局顿时发生变化。李宗仁的部将吕焕炎先举叛旗，和李明瑞在武汉共同倒戈的杨腾辉，此时也和李明瑞反目，李明瑞的心腹将领黄权也叛李。李明瑞左右只剩下两个团了，形势相当危急。面对这种情况，邓小平和张云逸二人经过一番深入磋商后，迅即带领南宁军校的两个教导大队和一个教导团，转移到百色和龙州，避免硬拼，保存了革命实力。后来这支队伍，都成了红七军和红八军的基干队伍。

再说蒋介石，免去俞、李二人的职务后，便封吕焕炎为广西省主席，吕自感声望不高，不敢到职主持省政。李宗仁、白崇禧、黄绍竑一看，东山再起的良机已到，三人计议一番之后，便策动他们当年的老部下和所谓广西民众团体代表，到越南海防，敦请李宗仁、黄绍竑、白崇禧回广西主持省政。于是黄、白二人先潜回广西，李宗仁随后也赶到南宁。他们重新召集老部下，在南宁又打出了"护党救国军"的旗号。李宗仁自任总司令，黄绍竑任副总司令兼广西省主席，白崇禧任前敌总指挥。他们的旗下又聚集了六个师、二个旅和一个独立旅。这和桂系往日相比，相差很远。李、黄、白三人感到差强人意的是，毕竟已东山再起，只要他们把老巢再惨淡经营一番，将来机遇一到，仍可争雄问鼎，那时还不知鹿死谁手。

李、黄、白打出"护党救国军"旗号后依然是联合粤军，因为两广是唇齿相依，联合才能图存。

蒋介石绝不允许"护党救国军"存在，他反应迅速，急调何应钦率军进入广州，联合陈济棠，打退了张（发奎）桂联军。

这次参加"护党救国军"进行反蒋作战的，还有驻河南的唐生智和驻安徽的石友三。蒋介石万万想不到，他刚刚扶起不久的唐生智和刚刚投靠他的石友三竟会如此迅速翻脸反水。这样，蒋介石在调何应钦去广东的同时，下令刘峙北上讨唐，另派人联络阎锡山出兵南下攻唐。唐生智腹背受敌，惨遭失败，化装逃遁到天津租界隐居，部队被改编。石友三又重新投靠蒋介石。

所谓"护党救国军"的反蒋之战，至此彻底烟消云散。

中原逐鹿，鹿死蒋手

在不到两年光景，蒋介石就接二连三击败李宗仁、张发奎、唐生智、石友三等人。这使他"削藩"的信心增强了，搞独裁的意志更坚定了。一时间各派军阀、党内元老、大小政客，蒋都没看在眼里。在蒋的心目中，削平冯、阎两大派，只是时间和时机问题。

冯玉祥和阎锡山此刻也在想如何与蒋介石斗,不但不要被蒋消灭,还要战而胜之。这样一来,中华大地烽火连天,硝烟弥漫,弄得黎民百姓岁无宁日。蒋、冯之间斗,蒋拉阎斗冯;冯、阎之间斗,冯部下去联蒋以制阎;蒋、阎之间斗,阎与冯结盟共同抗蒋。他们之间的斗,由暗斗到明争,由通电对骂到战场火拼。在蒋、阎、冯互斗过程中,狡猾的阎锡山逐渐悟出一个问题,他的大敌主要是蒋介石,他自我推测,一旦动起手来,未必输给蒋介石,因为蒋在军阀政客中相当孤立,若把各派系的军队、各方面的政客串联起来之后,凭阎某自己的军事、经济实力,可以成为盟主。

阎的上述估计没错。1930年3月,阎抓住了蒋处境孤立的有利时机,两次发通电谴责蒋介石,明确对蒋说:"武力不足以统一全国,你蒋介石想'削藩',办不到。"他表示和蒋"同时下野",这无疑是向蒋介石将了一"军"。

就在这蒋阎矛盾日益激化之际,国民党改组派陈公博、王法勤,西山会议派邹鲁、谢持等人,乘势推波助澜,纷纷致函致电阎锡山,推举他领导反蒋。拥兵二十万的冯玉祥也一再表示,只要阎领导反蒋,冯某唯命是从。

这期间各派都有代表在太原,但广西代表的参加却是一种误会与巧合。

1930年8月避居香港的郭德洁,正当她寂寞无聊之际,她的一位好友舒之锐,从故都北平发来了邀请信,约她来北平观光。这本是私人游历性质,谁知经新闻媒体报道后,正值扩大会议高潮时期,北平冠盖云集,包括汪精卫、阎锡山在内的大小政客们获悉桂系巨头李宗仁夫人郭德洁女士北上的消息后,他们犹如注射了兴奋剂一般,彼此奔走相告。当郭德洁在天津港登岸时,军政各界代表数百人举着横幅,打着小旗,列队在码头上欢迎。郭德洁不知这欢迎场面的缘由,她内心一面猜测,一面笑容可掬地向欢迎者频频还礼。郭德洁抵达北平时,欢迎场面更是热烈。下榻之后,国民党中的元老邹鲁、谢持、张知本等这些年近花甲之人,都来访拜这位不到而立之年的女性,和她恳谈。已过不惑之年的陈公博、陈璧君遇到这种场合,也急忙赶去拉拢关系。

原是到北平观光游历的郭德洁,做梦也没想到,自己如此受欢迎、受器重。不过她很快就悟出了个中的奥妙，尴尬表情迅即为之一扫，竟谈笑自若、有来有往地与各方代表酬酢起来，她把假戏真唱，居然成了桂系参加扩大会议的代表。

1930年3月，云集太原的各方代表，一致推举阎锡山为陆海空军总司令，冯玉祥、李宗仁为副总司令，共同反蒋。这样，开始了空前规模的军阀大混战，在东起山东、西迄襄樊、南至长沙、北到河北数千里战线上，一百多万军队互相杀得天昏地暗，日月无光。

大混战之初，阎、冯部队进展较为顺利，接连攻克济南、商丘，逼近徐州、蚌埠；桂系军队也攻占了长沙、岳州。稍后，蒋介石策反阎、冯手下将领韩复榘等人倒戈，战争遂处于胶着状态。

一直处于举足轻重地位的东北军张学良，在蒋、阎双方争相拉拢的情况下，按兵不动。8月末，蒋军攻下济南，9月18日，张学良表态，发出拥蒋通电，遂即挥师入关，直下平津，冯、阎腹背受敌，不得不通电下野。

李宗仁见此情况，明知大势已去，遂将军队撤出长沙。在这时，湖南大旱，赤地数百里，无粮可购，桂军给养中断，很快退回广西。在退军中，粮饷两缺。也是天无绝人之路，正在困窘之时，阎锡山寄给桂系四十万元巨款，为李宗仁解了燃眉之急。悭吝出名的阎锡山，何以对桂系如此慷慨？原来阎在东北军入关后，明知大势已去，索性用手中公款去做顺水人情，说不定将来还会对自己起到意想不到的作用。何况他一直误以为去北平观光的郭德洁是李宗仁派去的桂系代表，是对他的支持，所以便分给李宗仁一杯羹。

且说桂系退回广西老巢之后，处境依然困难，连年内战，弄得民不堪命，财源匮乏，桂系主要头面人物之一的黄绍竑，心怀去志，李、白二人多方劝阻、挽留，均未奏效。黄终于发出措辞委婉的息兵下野通电，之后经越南去香港。

在严重困难局面下，李、白二人经过反复计议，先下手将卢汉所部滇军赶出了广西，解除了南宁之围。他们的另一个驱赶目标，自然是广西境内的粤军。桂军刚刚将枪口对准粤军，粤方代表就来到了广西，表示握手通款言和之意。此刻的李、白，处境正难，对于粤方的主动举措，自是求之不得，双方一拍即合。粤军随即撤离广西，彼此化干戈为玉帛。

广东粤军对广西由打到和，这一百八十度的大转变之谜何在？若揭穿其底，还须从中原大战后，蒋介石与胡汉民争权谈起：

在规模空前的中原大战中，蒋介石伴随力挫群雄的骄傲，尾巴翘上了天，他那得陇望蜀的眼神盯在了总统宝座上。时至1930年，虽不能重温皇帝梦，但若能当总统，品味一番国家元首的滋味，也不虚此一生。为此则须搞立宪，履行民主手续，堂而皇之地往总统宝座上爬。于是蒋介石放出了准备召开国民会议（按国民党的规定当时是"非常时期"，只能召开"国民会议"）、制定约法的风声。听到这一消息，即使头脑简单的人，也能看出蒋介石要当总统的野心。

老资格的胡汉民不买蒋的账，他以现任立法院长的身份起来反对。他抬出孙中山的理论，批驳孙中山的"忠实信徒"蒋介石。

蒋介石看得出胡汉民批他的目的是要他的"总统梦"破灭，然而蒋和他的"四梁八柱"都拿不出驳倒胡汉民的理论。若要扬长避短，只能是搞阴谋诡计。不过，对胡汉民搞这一套，蒋介石也不是毫无顾忌。他先用吴稚晖的意见，由吴出面劝胡引退，结果胡大骂吴稚晖为无耻之徒，吴被骂得抱头鼠窜而去。最后蒋采纳了戴季陶的意见，于2月28日夜，由蒋出面，设宴请胡议事，胡信以为真来到国民党中央，哪里有什么宴席，只见蒋介石拿出一封伪造的控告信，给胡扣上一些莫须有的罪名，将胡软禁起来，天亮后押往汤山。

立法院长无端被扣押，如何向全国交代？蒋介石还是运用惯技，在报上刊登这样一则假消息：胡与蒋政见不合，在2月28日的会议上，争论不休，气愤之下，提出辞职，避居汤山。而胡汉民则从禁地汤山传信给孙科、古应芬，授意他们去广东联合陈济棠、桂系及蛰居香港的汪派人物，聚集力量，起兵讨蒋。

胡汉民被蒋扣押的消息传出后，全国舆论哗然，粤籍政要孙科、古应芬、

被软禁在南京郊外汤山的胡汉民

邓泽如、萧佛成、林云陔、刘纪文等人，一时间群集广州。这些政客们手无寸铁，不能不依附于陈济棠，组织国民政府，和蒋介石的南京政府对抗。久有野心的陈济棠，虽乐于乘时而出，怎奈其实力、其人望、其才能，都远不如败在蒋手下的冯玉祥、阎锡山等人。所以形势逼使广东方面不得不主动去联合广西，于是而有上述之粤军主动撤离广西，主动派人到南宁通款言和之举措。

在两广联合之后，5月28日，这些军阀、政客们在广州真的又成立了一个国民政府。粤军乘机扩编为第一集团军，桂军扩编为第四集团军，陈济棠、李宗仁分任两集团军司令。他们秣马厉兵，扬言北伐。刚刚在中原大战中获胜的蒋介石，更是调兵遣将，准备南征。开火之前，双方先以惯用的方式，互用通电责骂，攻击对方。他们正待要在战场上一决雌雄时，"九一八"事变爆发了。

全国人民对日寇侵略无比愤慨，学生爱国运动风起云涌，各界人士纷纷通电，呼吁宁粤双方停止内战。军阀、政客们这时也看出，内战若再打下去，将为全国人民所不容。蔡元培、张继等出面为和平而奔走。

宁粤之间为了息争，双方各提不少条件，理由也都充分又都冠冕堂皇。实际上，其核心内容只两条：蒋介石下野；改组南京政府。归根结底，为个人利益争权夺势。

蒋介石和当时的军阀、政客，相形之下，技高一筹，他感到僵持下去不是高明之举，还是"以退为进"更妙一些，遂于12月15日宣布下野。12月22日，他出席了国民党四届一中全会开幕式，然后带着宋美龄乘飞机到宁波，再转回老家奉化溪口去了。他在临走之前，给于右任、何应钦、孙科等人留下一封信，信中说："全会既开，弟责即完，故须还乡归田，还我自由。"蒋还说："此去须入山静养，请勿有函电来往，即有函电，弟亦不拆阅也。"你看蒋介石下野的决心有多么坚决！

蒋介石真不想重返政坛，不掌兵权了？谁若相信这些鬼话，不但在政治上犯幼稚病，而且有可能落入不能自拔的政治陷阱。

政客的语言，从来是，也只能是"姑妄听之"而不能信之。

中国的独裁者蒋介石之流懂得，在中国有权就有钱，有权就有一切，他岂肯轻易将权让出。君若不信，请看他第二次下野前都干了些什么。

第一，安插亲信，控制中枢要害。12 月 15 日，蒋介石在他主持的第 49 次国务会议上决定任命顾祝同为江苏省主席，鲁涤平为浙江省主席，熊式辉为江西省主席，邵力子为甘肃省主席。还将这些省的厅长、省府委员，也都换上他的亲信。同时，国民党"四大"，是在南京、上海、广州三地同时召开的。这个奇怪的"四大"，南京方面选出的中委，基本上是蒋介石的人，从而保证了蒋介石对国民党的控制。

第二，在财政上，他授意宋子文辞职，宋还按照蒋的旨意，带走财政部的重要档案，科长以上干部一律发薪三个月，暂时离职。广东、山东、湖北等诸多省区截留税款，致使孙科当上行政院长后，每月收入只有六百万元，尚不敷每月军费的三分之一。于是受蒋介石的唆使，何应钦天天向孙科索要军费，弄得孙科坐立不宁，想暂时停付内债本息，上海金融界又不答应。走投无路的孙科，到了 1932 年 1 月 2 日，不得不邀请蒋介石重返南京，说了一大堆好话之后，希望蒋介石坐镇南京。孙科说，只有这样，"则中枢有主，人心自安"。

不久，蒋、汪二人自行协调矛盾，汪精卫先出任行政院长，蒋介石以在野之身给予支持。1932 年 3 月 1 日，国民党召开四届二中全会，决定成立军事委员会，任命蒋介石为委员长。这样，蒋介石玩了一个手腕，重登政坛，再掌国玺。

养精蓄锐，蛰居待机

自 1927 年国共分裂、大革命失败后，连年不断的新军阀混战"洒向人间都是怨"。且在历次混战中，都有广西参战，广西人民的重负可想而知。李宗仁比其他军阀高明之处，在于他能正视广西满目疮痍的现实惨状。1934年召开了"党政军联席会议"，搞了一个"广西建设纲领"。这之后在农村办了些水利，搞了些初级教育事业；在城市办了若干军工厂或与军工有关的产业，能制造少量的轻重机枪、迫击炮及各种子弹，并可修理飞机。到了抗战前夕，广西空军居然有了五六十架购自英、美、日的各种类型飞机。

随着广西经济形势的缓解，这个一向多匪之省的治安状况也有所改善。此时的李、白和前些年相比，持重多了。他们的一套做法，可用十六个字予以概括：休养生息、保存实力、养精蓄锐、蛰居待机。这期间，他们对广西以外的事，不论来自何方，压力多大，他们都是赚钱就干，赔本不来。这有他们对于几个重大事件所持的态度、所采取的措施为证：

1934 年，蒋介石对中国工农红军第五次"围剿"后期，他要充分利用王明的"左"倾机会主义路线错误，彻底施展堡垒政策，将红军赶尽杀绝。为此他要两广派兵参加。白崇禧表示，在发给军饷、补给军备的条件下可以出兵。蒋答应了这两条，白派出了两个团。这支桂军开拔前，白氏告诫他们说："广西地瘠民贫，养不起兵，现在派你们这两个团去'剿共'，必须换回四个团的经费补给来，同时你们也不能损失一个兵、一支枪，这是主要原则。"

到了 8 月间，李、白等根据种种迹象判断，中央苏区红军有可能突围，白深恐蒋乘追击红军之机，来个假途灭虢，他急去前线指示机宜，准备将部队开回广西兴安、灌阳一带。为此他连连给蒋介石发电报表示："我广西部队可单独承担阻挡共军通过湘桂边的任务，但必须将我们先派出去的两个团归还建制。"蒋介石很快复电照准，蒋在电文中说："如能大力配合中央军，'围歼'共军，功在党国，所需饷弹，中正不敢吝与。"白看到这封电报很高兴，他给蒋回电说："遵命办理。"白崇禧满以为他的如意算盘很好，召回了军队，拿到了饷、械，保住了桂系地盘。

"小诸葛"高兴得早了一点。那蒋介石是算计别人的能手，他怎肯轻易答应白崇禧把军队调回，还要给白崇禧粮饷弹械？在中国能斗得过蒋介石的只有一人，即毛泽东。自遵义会议毛泽东掌握中共领导权后，在国共两党的斗争中，蒋介石一败再败，终使蒋在大陆无立足之地。

且说蒋介石痛痛快快答应白某的要求，其真实意图是什么？原来政学系头目杨永泰对蒋介石献计说，在追击突围的红军时，两广兵力抵挡不了红军，中央军即可乘机大举进入两广，消灭粤军和桂军，这叫一石三鸟。不料老蒋的毒计被王建平得到，交给白崇禧了。王建平何许人？他是白某的保定同期

41

同学、密友，是桂系派在蒋军中的间谍，在蒋军中参与机要。白崇禧看到老蒋的计划后，如梦初醒，他咬牙切齿地说道："好毒的计划，我们几乎上了大当！"白随即根据新的情况，重作军事部署：灌阳至永安间只留少数兵力，全县完全开放，第七军集结恭城，机动使用。

这种军事部署，"万一共军由灌阳、全县亡命突入，不怕夏威支持不住而蒙受重大损失吗？"有人问白崇禧。

"老蒋恨我们比恨朱毛更甚，这计划是最理想的计划。管他呢，有匪有我，无匪无我，我为什么顶着湿锅盖为他造机会。不如留着朱毛，我们还有发展的机会。如果夏煦荃（夏威别号）挡不住，就开放兴安、灌阳、全县，让他们过去，反正我不能叫任何人进入乐平、梧州，牺牲我全省的精华。"白崇禧气愤地说。

不久，红军顺利地通过湘桂边境进入贵州省。尾随红军的将军万耀煌和周浑元两师中的各一部进入广西，白崇禧毫不客气，通通予以缴械，之后再退武器，送出广西。蒋介石又气又恨却又无可奈何。为了出这口气，蒋介石授意他的宣传机器——中央社和其他新闻媒体，宣扬桂系"剿共"如何不力等等。李宗仁、白崇禧也料到了这一点。当红军路过广西时，桂系军队政治训练处派出一个电影队。这个电影队，行动迟缓。他们姗姗来到兴安时，红军大部队已过了老山。想拍战斗场面，岂不是白日做梦？正当电影队的人们发愁时，忽然有了一个意外发现：由各地送来的长征掉队的男女老少和妇婴一百二三十人，都在县城外的小小收容所里，可以大大利用一番。没过多久，纪录片《七千俘虏》问世了。人们或许会问：七千人是哪里来的？这难不倒谁。自古以来说谎造假就是某些人本能，不用学，无师自通。这个摄影队，将地主武装——民团，扮成红军，摄入镜头，再把尾随红军的桂军第七军，在千家寺不慎失火烧毁的十多间房屋摄入镜头，一部《七千俘虏》的纪录片就大功告成了。

狡猾的蒋介石，哪肯轻易相信上当。这时李宗仁有了办法，他给上海市市长吴铁城拍去一封电报，大意是说：在湘、桂边境，桂军与共军发生激战时，击毙击伤万余人，生俘七千余人，其中湘、桂籍的，已就地遣送回乡。余四千多人，都是共军在苏、浙、皖、赣一带裹挟来的，就地遣散不易，拟将这批俘虏分批运往上海，敬烦吾兄就便遣散云云。

李宗仁这一着真妙，把四千俘虏送到蒋介石眼皮底下，看你蒋某信不信？李宗仁料定蒋不会接收这批人，几天后吴铁城果然回电，请李就地遣散这批人。

李宗仁在回忆录中，把这件事写得活灵活现、煞有介事，实则纯属子虚乌有。李宗仁不是这件事的始作俑者，也不能推断这部假片为李宗仁授意之作，但这出假戏确实唱得逼真。

尽管桂系为保存实力极力避开与红军作战等措施搞得比较周密，蒋介石还是掌握了其中的主要情节，他为桂系拿了他的军饷、武器而又不和红军作战感到恼恨，更重要的是他为自己一石三鸟计划的落空而震怒，他去电责问白崇禧："……贵部违令开放通黔川要道，无异纵虎归山……设竟因此而死灰复燃……中正之外，其谁信兄等与匪无私交耶？"白崇禧也复电反驳道："我部仅有十八九个团，担任指定的千余公里防线，实际上已超过了我们的负荷能力。钧座说我们纵虎归山，请问您手握百万之众，反而迟迟不前，又是什么意思？我们永安一战，俘获七千余人（假的，前已述及），您动用全国的人力物力，上百万军队，用了几年时间，又歼敌几许？不错，中央社是报道过，某日歼匪数千，某日捕匪成万，如将这数加以累计，朱毛队伍该没有了，为什么还有二十万红军通过湘桂边境？难道朱毛会撒豆成兵之术？"

蒋介石被白崇禧问得语塞，没有再回电或回信，只是一个劲儿地下令所属部队加紧追击。谁知，通往贵州省的咽喉要道又为廖磊的第七军所占。廖军与红军的后卫部队，始终保持二日行程。不料蒋介石亲去贵州省督师，坐镇贵阳，踌躇满志之时，红军却有直趋贵阳的模样。蒋急电廖磊星夜兼程前去护驾，可是廖却复电说：须请示白副总司令允许，才能前进。蒋手中拿着这份回电，真是哭笑不得，他无可奈何地长叹一声说道："这真是外国的军队了。"

在对待福建事变问题上，李、白的态度也很持重。1932年"一·二八"上海抗战中，把日寇打得三易主帅、致使国威远震的十九路军，在《淞沪停战协定》签字不久，即被蒋调往福建。明眼人一看便知，这是蒋有意驱使这支抗日有功部队，去和在广东唯我独尊、称霸一方的陈济棠火并，借以消灭

1933年，蒋介石检阅即将讨伐"福建事变"的部队。

异己。陈铭枢、蔡廷锴等人没有堕入奸计。可是他们对当时国内外形势，缺乏科学、冷静的分析，自行组织了一个"大众生产党"。另起了"中华共和国"的国号，绘制了红、蓝、白三色国旗，猛浪地发动了"福建事变"。他们这套做法，不为当时的人们所接受。事变酝酿过程中，国内各实力派和政客们，虽不乏同情的言论，然而事变起来之后，看风向不对，又都不予认同。当蒋鼎文奉命挂帅带十万大军入闽征讨，镇压这次事变时，各地方实力派都发表通电，痛斥陈、蔡等人。

蒋介石对陈、蔡等人搞的这次事变从酝酿到发动，都了如指掌。因为蒋很早就把他的得意门生、黄埔一期生范汉杰埋伏在陈、蔡身边任参谋处长了。这位范处长家中备有秘密电台，随时向蒋汇报情况。还有，陈、蔡手下的一员大将毛维寿（军长），早已暗中向蒋输诚，所以陈、蔡等人的反蒋大旗一举，蒋鼎文的十万大军，就兵不血刃开进福建，陈、蔡二人的军队，不战自溃，迅速解体。李宗仁、白崇禧二人，在福建事变谋划时期，蛰居静观，还力劝李济深不要介入。因为李、白二人自知实力不足。其后在全国实力派都通电痛斥福建事变时，李、白二人也发了通电，劝事变的发动者"幡然改图，共赴国难"！各方都不得罪，蒋介石也抓不住把柄。

遗笑柄，"六一"闹剧

以两广名义，实际是陈济棠一人发动的抗日反蒋运动，习惯叫作"六一运动"。

世上总有这样的人，明知是蠢事还要去做，口口声声指责别人不该做的事自己还去做。

在福建事变期间，陈济棠曾力斥陈铭枢、蔡廷锴等人的行动为幼稚。谁知时隔不久，他也干起幼稚事来。

两广的事情，胡汉民在世时，国民党西南政要，都以胡氏为物望，以胡氏马首是瞻。那时，陈济棠对两广及西南之事，并不热心。1936年5月，胡汉民去世，李济深、陈铭枢因福建事变，抬不起头来，陈济棠在广东的地位由此自然提高。这正是俗话说的："山中无老虎，猴子称大王。"伴随地位变化的陈济棠，个人野心也日渐膨胀。然而促使陈的野心膨胀到发动政变程度的，还是蒋介石。这倒不是往蒋某身上推责任，有几件有趣的蠢事可资佐证：

胡汉民去世不久，陈济棠派乃兄陈维周入京晋见蒋介石，了解蒋对西南的新政策。陈到京后，蒋已猜出几分来意，当即吩咐侍从室，安排接见，设宴款待。接见时，蒋显得十分热情，他对陈说："你远道来京，我和伯南（济棠）多年友谊，交称莫逆，今略备薄酒为你洗尘，不请外人作陪，便于我们'推心置腹'深谈。"在谈到两广问题时，蒋说中央对彻底解决西南问题，坚持三条原则：

1. 彻底解决广西的李、白，由中央协助广东出兵；
2. 将萧佛成等老资格反中央（实为反蒋）人物驱逐离粤；
3. 广东仍由令弟伯南（陈济棠）主持不变。

陈维周将探得的虚实，对乃弟陈济棠如此这般一说，尤其是蒋的三条原则，使陈济棠不由得出了一身冷汗。陈维周不解，对陈济棠说："何必这样害怕，你实力雄厚，量他蒋某也对你奈何不得。"陈济堂说："大哥有所不知，那蒋介石为人狡猾，诡计百出，他既能要我们打广西，又何尝不可授意别人打我们？"

两广唇齿相依，唇亡齿寒，莫如联合广西，扛起抗日大旗，向中枢作兵谏，来个先发制人。岂知陈济棠的这种想法正是蒋介石所希望的，恰好又中了蒋的圈套。

当然也不能全怪蒋介石。世间一切事物是复杂的，包括蠢事在内。陈济棠野心的膨胀，既和他在广东所处的地位有关，也和他的愚昧紧密相连。原来陈济棠弟兄中，他最敬佩大哥陈维周，对他大哥真是言听计从。那么陈维周有什么超人之处？陈维周原是粗通翰墨的未入流的文人，懂些阴阳命相堪舆卜算之术。

他曾专程去广东花县洪秀全故乡，察看洪氏的祖宗坟茔，发现洪秀全的祖坟正葬在"活龙口"上。遗憾的是洪的祖茔葬高了一些，若当年下移几十尺，葬在正"穴"上，洪秀全就是真龙天子，就不至于只拥有半壁河山，及身而败了。

陈维周认定这是块宝地，要洪氏子孙卖给他。洪氏后代不允，陈维周软硬兼施，终于将这块茔地弄到手，之后将生母遗骸移葬过来，他深信陈府在不久的将来会出一个大人物。陈济棠环顾其弟兄们，都庸庸碌碌，如此看来，这大人物舍我其谁？因而陈济棠就野心勃勃，予志自雄。

此后不久，陈维周便衔乃弟之命，去南京与蒋介石促膝长谈，这又给陈维周一个给蒋"看相"的好机会。回来后他对陈济棠说，从相上看，蒋氏断难过今年（1936年）这一关。稍后蒋在"西安事变"时，几乎一命呜呼，毕竟大难不死。

陈济棠带兵也是笑话百出，弄得部下和他离心离德。第一军军长余汉谋，原是陈的心腹股肱，陈怀疑他有二心，密派特务暗中监视。余在广州东山建一住宅，陈令手下特务在余宅对面也建一宅。余氏每自防地回家，特务便在对面屋顶，鬼鬼祟祟地进行监视。久而久之，余汉谋知道后，自然对陈生怨懑之心。还有，广州市内警察都接到密令，随时报告各高级军官行踪。有时几个军官相约去某地寻欢作乐，玩兴正浓时，这位陈总司令忽然轻车简从到来，笑对这些人说："你们到哪里我都知道呀！"弦外之音，是告诉部下：你们要小心，你们有什么不法举动，都跑不出我的手掌心。

还有一天午夜，陈济棠邀邓泽如同去燕塘军校，请邓做"监誓人"。到军校后，只见礼堂上有一皮制假人，上面写着"蒋介石"，宣誓时，由陈济堂呼名，各军官按名逐一起立，之后宣读"余决心效忠党国、抗日反蒋、拥护陈总司令，以后如违誓言，必遭天谴"一类的誓词。念完誓词后，各军官一一到假人面前，举起木剑，痛劈"蒋介石"三剑，表示仇恨与决心。

还有更为荒唐的事，是陈济棠在1936年5月突然任命他大哥陈维周为广州卫戍司令。陈维周这个粗通文墨、不晓兵机之人，平地升官，根本不能掌兵符。结果弄得广东各界啧有烦言，将校们感到有辱他们的人格，陈的部下此后更为离心。中外历史上任人唯亲者，不乏其例，但也都是掌权的统治者走向没落与反动时采取的举措，而这种举措，与他们垂死挣扎的愿望相反，只能加速其崩溃。愚不可及的陈济棠，比他的先辈更蠢些，垮台也就更迅速。

说到陈济棠的垮台，还有一令人捧腹之事。在陈发动"六一"运动之前，身边有位术士"翁半玄"给他扶乩，乩语中有"机不可失"之句，意思是要他加紧干。这时陈济棠反复拨动他的如意算盘：从风水上看，祖茔有龙脉，从对手方面看，蒋介石过不了今年（1936年）这一关，从自己队伍看，部下军官发了"誓"，高级将领有特务监视，亲哥哥又在近畿广州当卫戍司令，似乎万无一失。他本人万万没想到，刚刚举事，迅即完蛋。于是他质问"翁半玄"，你扶乩不是说"机不可失"吗？翁说，对，"机不可失"，你的几十架飞机，都在黄光钫率领下北飞投蒋，难道不恰恰说明乩语"机不可失"的正确吗？

谈过上述一系列插曲之后，书归正题。且说陈济棠听了乃兄晋见蒋介石回来说的一番话之后，决心对蒋先机而动。他先致电李宗仁，电文中说，我们应在民众抗日高潮之下，要求中央立刻抗日，不可畏首畏尾。陈担心李宗仁拒绝，又派林翼中、陈维周二人去南宁，促请李、白到广州共议大事。此时还在蛰居待机的李宗仁，认为时机未到，力量不足，不能心血来潮，鲁莽行事，否则搞不好会发生内战。

林翼中、陈维周说，陈总司令也无意打内战，不过据他判断，只要西南做出抗日的姿态，登高一呼，全国必定响应，蒋先生如不顺从民意，则必然垮台无疑。

"即使广西不参加，陈总司令还是要发动的。"林翼中、陈维周加重语气说的这几句话，无异于明白告诉李宗仁：前来请你桂系，是看得起你，别不识抬举。

这次谈话之后，李宗仁和白崇禧二人经过深入商量之后，决定由白去广州，劝陈济棠不可妄动。白从广州回来后，对李宗仁说，陈济棠坚决要干，已无可挽回。白还说，两广原属一体，广东一旦发动，广西方面不论愿与不愿，也必被拖下水，广西如果毅然参加，或许对陈济棠的行动尚能有所限制。

李宗仁觉得白崇禧说得似乎有点道理，遂于5月底亲去广州。陈济棠见李宗仁到，便举行了一个盛大的欢迎会，李在会上少不得讲一些非抗日不足以图存、领导抗日西南责无旁贷的道理。听众对李的讲话，并未报以热烈的掌声。

那时，讲抗日是很时髦的，人们反应何以这般冷淡？因为人们知道，陈济棠并无抗日之心，李、白在当时也没把抗日提到日程表上。

稀稀落落的掌声，使李宗仁预感不妙，但已骑在虎背上，欲罢不能了。1936年6月1日，陈济棠等终于以西南政务委员会和西南执行部的名义，向全国发出吁请国民政府领导抗日的通电。电文历数国民党自"九一八"以来，对日本侵略者步步屈辱退让，致使强寇得陇望蜀，无有穷期。今日已届生死关头，我中华民族"惟抵抗方足以图存"，此外别无出路。为此，吁请国民党政府"领导全国，矢抵抗之决心，争最后之一着"。

这个电文发表后，不愿再看同室操戈的人，都为之震惊。但蒋介石却稳坐钓鱼台，因为他早已派蒋伯诚常住广州，就便花了几百万元，收买了粤军第一军军长余汉谋、空军司令黄光锐。所以"六一"通电发表仅一个多月，余汉谋便通电拥护中央，师长李汉魂称病离职，黄光锐率全部粤空军投蒋。

有人对蒋介石说，收买陈济棠的空军，比买新飞机还要贵三四倍，这个买卖划不来。蒋介石说："你不会算账，这个买卖不吃亏，我们买一架新飞机，只能抵他一架，现在把他的收买过来，我多一架，他少一架，当然一架要付两架的价钱；单有飞机还不中用，一定要有人，训练一名驾驶员，比买一架飞机的钱还多。我训练一名也只抵他一名，收买他一名，则我多一名，他少一名，自然要一个顶两个。"看，蒋介石的账算得多么精明。更精明的是，事后蒋未给黄一文钱。

说罢这段插曲，再说陈济棠。当他看到余汉谋的通电，和黄光锐率机北飞之后，情知大势已去，便于 7 月 17 日午夜约李宗仁到他邸宅相会，当面写一便条，送给李二十万元大洋，陈表示他自己一走了之，劝李回广西缓图善后。

走了陈济棠，走不了李宗仁、白崇禧。蒋对李、白二人岂能轻饶。但蒋介石深知李、白二人非比寻常，很难对付，须徐图良策。况且 7 月间恰值日本侵略军正集中多伦，绥东吃紧，红军长征抵达陕北后，又渡河东征，如今虽已回师，但国共两军仍在对峙。想到这些，蒋认为还是网开一面为好。所以，当 7 月 13 日下令免陈济棠本兼各职的同时，附发一电令，仍任李、白为广西绥靖公署正副主任。十余天后，李、白通电就职。7 月 18 日，蒋介石飞往庐山，和杨永泰长谈，杨认为"彻底解决广西李、白，此正千载一时之机"。

陈诚、钱大钧、熊式辉等也说，应乘机从广西拔掉李、白。这样，蒋介石重新对广西做出决策。7 月 25 日，国民政府下令免除李、白的广西绥靖公署正、副主任职，另委任李宗仁为军委会常委，白崇禧为浙江省主席，黄绍竑为广西绥靖公署主任。

李、白二人见电令说，这是调虎离山之计，我们切不可上当。二人如此这般商议之后，便召开党政军联席会议，李宗仁先开腔道：

> 我和健生（白崇禧，字健生）不想割据称雄当军阀，我们不服的，只为中央政府的无能。蒋先生大权独揽，遇事不以国脉民命为重……在中央直接管辖下的省份，都是最精的几省。我们广西近几年来，各项政绩俱有可观，全国誉为模范省。中央无片言只字的褒奖、一分一厘的援助，反而要用武力胁迫我辈离境，不仅我李、白不服，广西人民也深知苛政猛于虎，断难让蒋家势力进入广西。

李宗仁这番慷慨激昂的演说，起了作用，尤其他们紧紧抓住兵权，于是以各种团体名义挽留李、白的通电，接二连三见报。

蒋介石当然不能轻易让步，霎时间，顾祝同指挥汤恩伯、薛岳两军进窥桂北，陈诚的第十八军循西江而上，余汉谋自高州进逼桂南，何键挥军直指桂林,真个是四五十万大军压境,剑拔弩张。

李、白也不示弱,将广西的省防军由十四个团扩编为四十四个团。弓上弦,刀出鞘。

蒋、桂间阋墙内战一触即发。

蒋、桂间要一决雌雄。

这时居正、朱培德、程潜同来见蒋,他们对蒋说:李、白和玉祥、伯川、孟潇诸人不同,实难轻取。蒋对他们的意见虽未立即接受,但也没拒绝。居正等感到调停有望。他们来到广西,李、白自知实力不足,当然同意调停。

稍后冯玉祥亲赴庐山向蒋建议,不要再打内战损伤国家元气。蒋介石也感到桂系不好惹,派去对桂系军、师、团级干部进行策反的人,都碰了钉子,心想莫如对冯玉祥做个顺水人情,遂接受了冯的意见,撤走了包围广西的各路大军,9月初正式表示收回成命。

9月17日,李宗仁只身飞往广州,和蒋介石握手言和,终于避免了一场内战恶剧。

中原逐鹿十年的新军阀混战至此也结束了。

三　抗日说蒋李

刘仲容初到延安

1937年2月，延安依然是北国风光，冰封千里，雪舞长空。但和往年也有重大不同之处：老蒋的"剿匪"封锁线没有了。这样一来，使奔赴延安的青年有了安全感；给地方实力派和中共交往带来了方便……此刻身遭幽禁的少帅张学良如果得知这一切，或许会聊感自慰吧。

桂系代表刘仲容，就是在这时，顶着鹅毛大雪来到延安，并有幸和毛泽东在窑洞里促膝长谈。

说到刘仲容来延安，自应从头谈起。那是在"延安事变"的前几个月，两广"六一"事件刚刚平息不久，毛泽东致信李宗仁、李任仁、白崇禧，向他们提出"全国各党各派各军向南京方面一致呼吁，请将仇恨国人之心移以对外，蒋介石及其国民党一律参加抗日统一战线"。毛泽东在信中说，这是真正救国政策的重要一着。为此他愿与广西方面密切合作。李、白也很快给毛复信，表示桂系愿与中共签订抗日救国协定。刘仲容便是为和中共探讨这些事来延安的。

桂系何以选派刘仲容来延安？刘是湖南益阳人，和湘潭的毛泽东可称是邻县老乡。刘又和伍修权同为莫斯科中山大学一期同学。这样的人办起事来，不无方便之处，至少桂系是有此想法。延安方面也心领神会，所以，周恩来特意安排伍修权出面接待。

毛、刘在延安窑洞的交谈，广泛而坦诚。毛泽东说："广西这几年跟蒋介石闹独立。广西是个有名的穷省份……李先生凭什么闹独立？据说，这几年，没有南京政府的财政支持，不仅撑得住局面，还被人称赞为全国模范省。我看李宗仁是个有本事的人。你给我讲讲广西的情况。"

刘仲容说，李、白将广西看作是自己的地盘，下了一番工夫去经营。他们提出的口号是"建设广西，振兴中华"。他们还提出了"三自""三寓"政策。所谓"三自"即自卫、自治、自给。所谓"三寓"即寓兵于民、寓将于学、寓征于募。

刘还向毛泽东介绍了李、白在政治上搞的"扩大党政军联席会议"，及其制定的《广西建设纲领》，以及教育、经济建设情况。

由于毛泽东的插话，刘又谈了广西空军的情况。因前文已叙及，这里不再赘述。

毛泽东听过刘的介绍后，称赞说："没有本事是闹不起独立的，我看李宗仁先生确实是一个有本事的人。许多在蒋介石政权下没法实现的事情，他在广西都办到了。"

毛泽东还请刘捎口信：希望李、白将本事用在抗日上。毛泽东还表示："今后，各种政治力量要联合起来，共同督促蒋介石实现他在西安许下的诺言。"

毛、刘二人谈话时间很长，却很轻松。谈话结束后，毛泽东和刘仲容共进晚餐：一盘炒鸡蛋和一盘白菜炒猪肉，一碟辣椒，这辣椒是湖南人顿顿不可少的。

贺子珍居然还给二人各斟一杯延安土产葡萄酒。主食是白面馒头、稀粥。

1937 年春天，延安刚刚为共产党接管，还很穷，能用这两盘一碟招待刘仲容，已属不易。刘对此是理解的，他对这样的款待是很满意的。

刘仲容接受了毛泽东的建议，在伍修权的陪同下，在延安参观。参观，几乎等于给他"洗了脑筋"，他从内心深处感到不虚此行：

——见到了名扬全国而又神秘的人物毛泽东，且和毛共进晚餐，促膝长谈。仅此一点便足以使时人称羡，使后人啧啧了。他还看到毛身穿补丁衣服，在延安城门口和车老板谈话。伍修权告诉刘，爱漫步街头的毛泽东还时常和老羊倌、摆摊的、骡马贩子、铁匠等三教九流的人物亲切交谈。这使刘理解了蒋介石何以要悬赏二十五万元现大洋购买毛泽东的人头，而又始终买不到的原因。

——观看了文艺演出，生产舞、红军舞、网球舞等，使刘感到很新鲜，很有意思。这些舞的表演技巧未必高超，但和以各种借口表演的裸体舞、贴面舞、黑灯舞相比，真不知强多少倍。

——听了毛泽东的讲课，课堂在露天操场。刘和其他人一样，无例外地坐在一个小板凳上。毛泽东结合江西实际讲统一战线原则和游击战争的战略战术原则。由于毛泽东讲课的语言幽默、内容生动，所以气氛活跃，给刘打上了很深的烙印。

——参加了群众集会。毛泽东、朱德等中共领袖人物，和群众混坐在一起。群众互相拉歌，而且向毛泽东拉歌：

"毛主席，来一个，要不要？"

"要，要，要。"群众齐声喊。

领袖和群众间的这种平等关系，给刘留下了多年都忘不了、抹不掉的印象。后人读史至此，也仍会有新鲜感、亲切感！

刘在陕北延安逗留了近两个月，正当他感到生活丰富、充实、新鲜而又有意义的时候，伍修权来到刘的住所对他说："仲容，你快去，毛主席召见你。"刘在伍的陪同下来到毛的窑洞。

"刘先生，近两个月，你生活得怎么样？"毛泽东开头就这样问。

"像是在一所生气勃勃的革命大学里留学。"刘仲谷回答说。

"那么你现在该结业回乡了。"毛泽东风趣地说。

毛泽东又说："一切行程由伍修权秘书长安排，一路上我们派人保护你，你放心好了。"

刘告别了延安，在陕北的路上，经过与风沙搏斗之后，来到了山西省吉县。在这里迎候他的是张云逸将军。张为刘设晚宴接风。

刘、张二人虽是初次见面，但曾任广西红七军军长的张云逸，刘早已如雷贯耳。二人席间亲切交谈中，刘说："听口音，张军长不是广西人？"

"我是海南岛文昌县人，跟宋庆龄、宋美龄是老乡。"张说。

于是二人都笑了起来，笑的是他们都与广西有缘，又都不是广西人。

第二天，张送刘进入山西省境，握别时张告诉刘："你现在乘火车回广西，不久我也要出远门南下，不要多久我们会在香港或桂林再见。"

张云逸重游桂林

张云逸是八年前俞作柏在广西当政的短暂时期，从梧州进入广西的。那时中共中央原是派他去苏联学习，后因广西开展革命工作的需要，征得他的同意，改派广西。张到广西后，同邓小平、袁任远、叶季壮等，在南宁策动了兵变，成立了红七军、红八军，建立了左、右江根据地。

八年后张云逸又来到广西，与当年"围剿"他的李宗仁、白崇禧洽谈合作抗日。抚今追昔，张云逸当会有"人世沧桑"之感，而李、白则又不能不慨叹"觉今是而昨非"了。

中共这次之所以派张云逸来桂，和张云逸本人历史有重要关系。张在大革命时期担任过国民革命军第四军二十五师参谋长，"四一二"后又在张发奎部队里做秘密工作，对两广相当熟悉。由他来承担南方的统战工作，称得上是最合适的。

张云逸是 1937 年 4 月 25 日与周恩来等同车从延安出发，奔赴西安的。原打算从西安分手，周去南京，张去香港再转道广西，不料中途遇到一二百土匪的袭击，他们虽脱险，却不得不折回延安。到了 5 月间，再从延安去西安，不久来到梧州，在梧州公安局长李一尘和刘仲容协助下来到桂林。

李宗仁和白崇禧很重视张的到来。在首次会谈时，认真聆听了张对中共抗日民族统一战线政策的阐述，他们赞同张云逸的见解：

团结抗日、救国图存是全民族的需要；

凡是抗日派都是中共的朋友，中共随时准备和国民党内的爱国人士合作，组织抗日民族统一战线；

中国局势发生了重大变化，谁若不抗日打内战，人民不答应；

中共有充分力量，联合各方势力，逼蒋抗日。

在第二次会谈之后，张与李、白商定，由桂系指派几位高级官员，共同拟定基于和平统一、实现民主和团结抗战的具体方案。

桂系指派的最重要的人物之一是李任仁。这位李某是白崇禧的启蒙恩师，是桂系民主派代表人物，字重毅。任仁、重毅均出自《论语》："曾子曰：'士不可不弘毅，任重而道远。仁以为己任，不亦重乎，死而后已，不亦远乎。'"

说起这位李任仁，颇有一段不凡经历：儿童时代的李任仁，家很穷，只读了一年私塾，就辍学到中药铺当学徒工。此人天资聪敏，有胆识。十六岁时，其父因仗义执言，为民请命，状告县衙师爷"私征酒税，坑害人民"，结果遭到报复，师爷诬指其父聚众抗捐，致身陷大牢。李任仁闻讯赶到县城，拦住县官大轿喊冤，这位县官天良尚未完全泯灭，其父终于被释。老人从中得到教训，认为家无功名，才受人欺，遂决心勒紧裤带送李任仁求学。所谓"功名"是指考中秀才、举人、贡生之类而言。清制，秀才见县太爷，长揖不拜，社会地位与平民百姓大不相同，遇有争讼，县官也另眼相看。

李任仁不负父之望，两年后考中秀才，回乡办会仙小学堂。家贫如洗，靠姐夫卖牛肉、姐姐为人做针线为生的白崇禧，是李办小学第一班学生。白读书时，李曾在经济上对白有所帮助，师生从而结下深情厚谊。

青年时的李任仁读了暗中传阅的邹容著《革命军》，陈天华著《猛回头》《警世钟》后，秘密加入同盟会，几十年后他还能背诵入盟誓词，"驱除鞑虏、恢复中华、创立民国、平均地权、矢信矢忠、有始有卒、如或渝此、任众处罚。"其后李任仁真的从未违背誓词。他拥护孙中山，支持孙中山"联俄、联共、扶助农工"的三大政策。孙中山逝世噩耗传来，是他含泪提议，在桂林王城内，建中山公园、中山纪念塔，并将玉皇阁改建为中山纪念堂。"四一二"政变后，李任仁的名字"荣列""清党委员会"的黑名单，由于白崇禧通过刘斐转告他，才得以逃生。

1931年，李任仁出任广西教育厅厅长，聘请共产党人杨东莼担任广西师专校长。1934年杨东莼等共产党人被"礼送出境"后，李也被迫辞职，但他表示："厅长可以不做，在广西蓄积力量，进行改革，从事反帝、反封建的主张和行动，我是坚持不会放弃的！"

1935年，李任仁再次出任广西教育厅厅长时，他又聘陈此生任广西师专教务长，陈望道、邓初民、马哲民等进步学者到师专执教。

由李任仁这样的人和张云逸共同谈判制定团结抗战方案，避免了不少不必要的麻烦。而且由于张云逸少年时代家境贫寒，以树枝代笔，在地上写字，艰苦学习，其后参加革命。所以，张、李二人在谈判之余，聊起天来，有共同语言，并建立了友谊。中华人民共和国成立后，张、李二人是广西省第一任省长和副省长。这是后话，暂且不提。

　　且说张、李二人谈判开始不久，刘湘也从四川派出代表张斯可、李星辉联络共同抗日之事。李宗仁介绍他们与张云逸见面，随后一道参加团结抗日方案的制定。

　　蒋介石派在广西的特务，没有白吃饭，他们很快就嗅到了张云逸在桂林的行踪。为避开特务们的骚扰，张云逸和李任仁等来到临桂县会仙乡，这里是李任仁的家乡，离桂林四十里，地处交通要冲。这个山村在奇峰环抱中显得异常秀丽，生人难以进来，很有利于他们对抗日方案的拟制。

　　1937年6月下旬，经桂、川、中共三方反复磋商，团结抗日的纲领草案终于拟成。它的主要之点是：

　　1. 巩固和平、实现民主、团结抗战、收复失地；

　　2. 召开国防会议、接受各方抗日主张、树立抗日旗帜；

　　3. 扩大抗日宣传、开放民众运动、改善人民生活；

　　4. 释放政治犯；

　　5. 开展国民会议制宪运动，国民会议代表名额应分配于各党派指定；

　　6. 各派力量团结起来推动中央抗日，任何力量不得分裂抗日民族统一战线。

　　毛泽东看了这份草案后，给予充分肯定。6月26日他给张回电说："我们赞成这个纲领草案，希望促请桂方向粤、港、沪联络，推动各方共同努力。"

　　政治、军事方面的风云变幻，有些是在人们意料之中，有时又出人意料。日本的侵华，谁都能看得出来，可是谁也想不到，这个万恶的侵略者，会以在演习中一名士兵失踪为借口而发动战争。

　　卢沟桥事变爆发时，张云逸奉中共中央之命，再次同李宗仁会谈，李表示致电华北当局及南京国民政府支持抗战。这时四川代表张斯可邀请张云逸去四川。李宗仁以华北形势危机，要求张云逸留在桂林，以便讨论对策及与中共中央保持联系。李宗仁还请张转告中共中央，桂系打算再度派刘仲容去延安，作为桂系常驻代表。

　　不久，张云逸根据中共中央指示电，向李宗仁表示：值此国家危急存亡之秋，蒋介石及国民党转向抗日之际，各方应拥蒋抗日，不可有牵扯之意；而且无论是谁，都应准备抗日。

张还对李宗仁说，中共中央已指示他继续留在桂林，往来于桂、粤、港之间，进行抗战的统战工作。

白"战神"抵达南京

1937年8月5日，白崇禧应蒋介石的电召，飞抵南京。第二天，日本的新闻媒体，使用"战神到了南京，中日战争终不可避免！"这样刺眼的标题，固属别有用心，但也可看出白崇禧的对日态度，以及他在日本侵略者心目中的地位。

日本侵略者在卢沟桥发动的这场进攻，牵动着全中国人民的心。对当时中国的各党各派、各军各界、当权在野知名之士也是考验。往日大谈抗日，而今日寇要吞灭全中国，你如何以实际行动抗日，人们在拭目以待。

卢沟桥事变后四五天，李宗仁接到蒋介石从庐山拍来的电报，大意是说：中央已决心抗战，约李、白赴庐山，共商大计。李、白当即复电：中央既已决心抗战，我辈誓当拥护到底，崇禧当即首途，听候驱遣，宗仁暂留桂林，筹划全省动员事宜，一俟稍有头绪，即兼程北上，共效驱驰。

这时桂系接到四川省主席刘湘、云南省主席龙云的来电。这二人不约而同劝阻李、白说：传闻中央准备对日抗战，但是否出于诚意，尚在未知之数，兄等殊未可轻易入京，万一抗日不成，反而失去自由，则国家将因此愈益多事，务盼兄等深思熟虑。

李宗仁给刘、龙二人回电说：日本的大举侵略，已使中国无忍让余地。今日之势，中国不是抗战图存，便是投降亡国，没有别路可寻。如今中央和蒋先生纵有意拖延，日本侵略者不容，全国军民包括蒋的嫡系部队也不能同意。蒋实无他路可走。现在蒋先生既有发动抗战的决心，广西应当响应号召，参加抗日。希望刘、龙二位本着"先国难而后私雠"之义，拥护中央，参加抗战。这个回电，使人们看到了中共对桂系的影响。

李、白表示抗日并非空口说白话，确有实际行动：

——筹建中的湘桂铁路，要加快建设，争取这条铁路延伸到越南，以保证在西南有一条国际运输线。

——加快湘桂铁路衡桂段的修建速度。

——筹资使南宁至镇南关（即今之睦南关）段的湘桂铁路尽快开工，广西为此将动员五十万民工参加这项建设。

——七七事变发生不到一个月，便动员了大批农民参军。因为抗战前几年，他们实行寓兵于农的政策，将18岁至45岁的农民，按年征兵，训练一年后退伍。七七事变时，已训练了四届。如今日本鬼子打来，一经号召，各县农民踊跃报名，终因报名人数太多，不得不以抽签方式决定取舍，在很短的时间内就编成了4个军，即可赴前线作战。这在近代中国实不多见。

现在的重要问题是李、白是否即刻去庐山，二人出省后广西怎么办？

李、白给蒋介石表示"共效驱驰"的回电是很痛快的。其后阻力不小，这阻力似乎是来自四川的刘湘、云南的龙云的劝阻电，实则非也。试想当年国民党内胡汉民之被扣押，李济深之遭幽禁，和陪同蒋介石由西京返南京的张学良正身居囚室，李、白怎能不把这一切视为殷鉴？然而正在此时，张云逸向李宗仁转达了中共的态度：

目前是全国存亡关头，又是蒋介石及国民党彻底转变政策的关头；为了坚定蒋介石抗日决心，各方应表示诚意拥护蒋氏及南京政府的抗日政策，不可有牵制之意。

李、白二人感到中共态度是真诚的，言行是一致的。看，中共要人周恩来、博古、林伯渠等不是都已登上庐山了吗？经过深入分析，李、白估计此番老蒋未必敢再耍流氓手段。于是白崇禧驱车去铁佛寺，听听夫人马佩璋的见解。

白崇禧见了夫人先开口说道："去年'六一'运动结束后，老蒋要我去广州和他相见，你吵着不让我去，后来还是德邻兄去了。这次他又来电召，我准备去，你意下如何？"

"上回是上回，上回我不赞成你去……抗日是国家大事，这回要你自己决定了。"马佩璋说。

马佩璋这几句话虽不多，却能看出这个女人深明抗日之大义！

还有一个年轻人，支持白崇禧去应召见蒋。他叫谢和赓，是白的表妹夫。谢原和白无亲无故。谢虽为广西人，若非李济深、冯玉祥的推荐，不会在1934年来到白的身边。

小谢仪表堂堂，年轻精明，给白的第一感觉良好。但绰号"小诸葛"的白崇禧绝不轻信一个人，不论来自何方，何人举荐，他要随时考察。小谢刚到广西不久，便对发展广西经济提出了很好的建议，博得了黄旭初这位顽固人物的赏识，说此人有才干，可以进一步培养。

不久，小谢和马佩璋的表妹谈起恋爱，而且居然未婚先孕，不过岳父母不挑剔这些，小谢居然登堂入室，住在岳丈家，且加入了回教。马佩璋称赞这位表妹夫不嫖、不赌、不吸烟、不喝酒，是表妹难得的好丈夫。对这样的人，白崇禧可从不掉以轻心，他还要继续观察，要暗地考察。

白崇禧考察小谢，结果是满意的。白勤于学习，小谢建议他买一部《万有文库》放在卧室及书房里，小谢还能针对形势和白在工作中的需要，找出白应看的书放在适当地方。白对这件事很满意，他对李宗仁、黄旭初说："小谢是个好秘书的料子，他自己既好学，又能为长官增长知识学问尽力。"

事也凑巧，1935年7月，白的岳父马键卿骨折重伤，请一位有名气的老中医去治，坐车由南宁去桂林，要耽搁时间。坐飞机，这位老中医怕出危险不肯，小谢答应陪同前去。白高兴地对老中医说："和赓年轻有为，前途无量，他都敢坐练习机去，你老人家救死扶伤，反而犹豫不前，岂不是见伤不救了吗？"老中医同意了。白当即下条子给小谢两百块银圆，小谢拒收，彼此推来推去，最后小谢说，五十元就足够来回用了。通过这件事，白对小谢的认识加深一步，对他的夫人说，谢和赓勇敢，不贪钱，没有私心，事业心强。他明确表示要好好培养小谢。

如今机会来了，小谢福至心灵，及时抓住。当白崇禧对是否该去见蒋仍有些犹豫不定之时，小谢写了一份颇有见地的意见书放在白的写字台上。白把它拿在手中，只见上面写道：

——应速飞京与蒋共赴国难，这是顺应民心有历史意义之举；

——抗日既为民心所向，蒋不敢违背民意对你下毒手，也不敢继续采取不抵抗政策；

——日本不能停止侵略，美英不能继续坐视其在华利益受日本之侵害、吞并而不管；

——只有实现全国抗战，桂系才能打出广西，把势力扩展到蒋介石统治下的腐败省区，提高你和德公的声望，成为英雄人物，进而问鼎中原。

意见书中的话，句句使白崇禧动心。真是一锤定音，白崇禧不但决心进京，而且一定要把小谢带在身边当秘书。

白要去南京的消息不胫而走。谁都知道，白此番去南京参加抗战，身边需要不少随员，一些人也争着要当随员、当秘书。他们在白的心目中，都有所长和可取之处，且又多年相随。然名列榜首的则是小谢，只是不便说出口，免得造成矛盾。白不愧为"小诸葛"，他心生一计，决定只带参谋、副官等高级随行人员，而使小谢以"教官"名义，作为侍从人员随同前去。

白崇禧到南京不久，即受命为副参谋总长，谢和赓被任命为白的机要秘书。

一向反共的白崇禧，万万想不到共产党人会成为他的机要秘书，整日陪伴在身边。

李宗仁绸缪广西

广西的三巨头，李宗仁的名字在最前头，绸缪广西的事，自是责无旁贷。他常以太平天国金田起义为荣，也常以天国内讧、自相残杀为戒，因此他注意和白崇禧、黄旭初的团结，颇有蜀汉刘备之遗风。

在李宗仁看来，广西子弟兵是能征善战的。中法之战打败法国的刘永福等是广西人，民国以来讨袁、护法、北伐，广西都不后于人。所以，李在军事上似无可担心之处。使他颇费心思的还是如何巩固老家，使桂系既参加抗战，又不被蒋介石暗算。

9月的一天晚间，李宗仁将刚刚看过电影的陈劭先、郭沫若、徐悲鸿等名人雅士邀到八桂厅，饮茶品茗，畅叙聊天。茶饮过两轮之后，郭、徐二人告辞，陈应李之请求，留下议事。

"健生去南京之后，我自己势在必走；不出所料，前几天老蒋发令任命我为第五战区司令长官。"李宗仁说。

李宗仁又说："我很快要去徐州上任，对广西不能不多加考虑，因为这是我们桂系的根据地，也是桑梓之地呀！"

"德公所虑甚是，但不知有什么具体设想？"陈劭先问。

"1935年曾有过一个'中国国民党革命同志会'，是反蒋秘密组织，最近实际上已经解散了。现在既和蒋合作抗战，不好再搞秘密组织活动，以免遭到蒋的责难。我想了很久，打算搞一个公开合法组织，来团结一班同情我们的人。"

"起个什么名呢？"陈插话问。

"叫作'广西建设研究会'，劭老你看如何？"

"这个名称好，有学术团体味道，老蒋即使满心不愿意，也拿不出反对理由来。何况建设广西与抗战互不矛盾。"陈劭先说。

"我想请劭老出来主持会务。劭老答应的话，德邻远去徐州抗战，就放心了。"陈劭先听了李宗仁这话后，心想：果然被我猜中。陈虽知李之反蒋目的和自己为坚持三民主义反蒋不同，然而在反蒋这点上是共同的，所以就慨然应允了。

李宗仁何以看中了陈劭先？陈是德高望重的老同盟会会员，追随孙中山的国民党元老，曾和蒋介石在孙中山大元帅府对桌对面办公。当时陈为大元帅府经理处长，蒋为参谋处长。那时陈看不起蒋，认为蒋对军事一窍不通，还花天酒地乱花钱，钱花完了就到经理处要。陈认定蒋是国民党的败家子，就硬是不给。两人为此常起冲突，后来蒋介石在新军阀混战中取胜形成独裁局面后，请陈出来做官以示蒋某宽宏大度，陈不屑一顾而去上海做寓公，暗中却为广西联络各方反蒋势力，所以"西安事变"前夕，在上海被捕。"西安事变"和平解决后，陈在各方人士营救下获释，之后应李宗仁电邀，携眷到桂林，任广西绥靖公署顾问。

且说陈劭先既点头允诺，李宗仁当即着手筹备建设研究会，很快就搞出眉目：会长李宗仁，副会长白崇禧、黄旭初，常务委员李任仁、陈劭先、黄同仇，会址设在广西旧藩署八桂厅，日常工作由陈劭先负责。

广西建设研究会成立于 1937 年 10 月 9 日，李宗仁主持了成立典礼，第二天李宗仁又主持了桂林各界"双十节"纪念会。第三天李乘飞机北上，参加抗战。

抗战时期出任国民党第五战区司令长官的李宗仁

后来的事实证明，成立"广西建设研究会"这一招果然高明，该会在抗战期间，做过不少好事，对团结抗战、救国救亡、推动进步等起过很大作用，是抗战期间集广西政治、经济、文化各方面人士于一堂的真正的统一战线组织，也为桂系壮了声势。

如今，李宗仁可以放心应蒋介石之召出任第五战区司令长官了。

然而，使李宗仁更为放心的是还有一个黄旭初为他守老营。

黄旭初五短身材，浓眉小眼，其貌不扬，经常穿一身洗得褪色的灰布中山服，足登青布皂鞋，步行上班。如无人指点，谁也看不出他就是广西省主席，倒是很像一位小学教师。此人懂得韩非子的"权、术、势"三字箴言，喜怒不形于色，他的部下都很怕他。他有本事听对方一人侃侃而谈，一谈几个小时，既不发问也不置评，却都记入脑海。第二天，你可能连升三级，也可能被推出辕门斩首。他审人，从不疾言厉色，态度淡然。讯问过后，即批示该罚、该放或该杀。他行兵作战时，军纪很严，凡被民众告发有强奸掳掠行为的士兵，多遭枪决。他当省主席之初，属下嫖娼聚赌者，一经发现，立即革职。此人积极反共，广西共产党人牺牲在他的屠刀下的，为数不少。

抗战军兴，李、白挂印出征抗敌，蒋介石百般用计，想将他"调虎离山"，他既不中蒋之计，也不受蒋之"利"，只气得蒋介石骂他"娘希匹，李宗仁、白崇禧的看家狗"，跺跺脚也无可奈何。

杂牌军鏖兵台儿庄

抗日战争初期，中国军队打了两次漂亮仗，即人们熟知的平型关之战和台儿庄之战。这两次战役的战绩都是辉煌的。这两次战役，都是地方部队以劣势装备战胜敌精锐之师。这两次战役，无须渲染，就足以使当时惶惶之人心得以稳定，使"日本军队不可战胜"的神话宣告破产，使最终取得胜利的信心从而坚定。八路军挺进华北会传捷报，是在毛泽东的意料之中，李宗仁统率杂牌军重创强寇却在蒋介石意料之外。

李宗仁身为第五战区司令长官，驻节徐州，职位不可谓不高。这个战区北自济南黄河南岸，南迄浦口长江北岸，东起长江吴淞口，向北延伸至黄河口的海岸线，包括山东全省，江苏、安徽两省的大部，辖区不可谓不辽阔。在辖区内，党政机关都归长官部指挥，权不可谓不重。人们不禁要问，蒋介石何时变得如此宽宏大量，如此放心，将重权交给多年的老对手李宗仁？

深知军权重要性的蒋介石，怎会对军权掉以轻心，岂肯使军权旁落？看看蒋介石调集到徐州前线的作战部队，这个问题自然就迎刃而解了。

李宗仁 10 月 12 日到南京，和蒋介石稍作交谈后，即走马上任来到徐州。参谋长徐祖贻向这位司令官介绍了归本战区节制的部队，原是这样一群成不了"大气候"的人马刀枪。而且按照蒋介石的设想，都是要通过抗战该大大予以削弱的部队。它们是：

第三十一军，李宗仁的嫡系（在蒋的心目中仍是杂牌），新入伍的士兵多，但能听李指挥，有相当战斗力。

第十二军、第五十五军，老西北军韩复榘的看家部队，训练和装备虽差强人意，但韩不顾国家民族利益，随时准备和敌人妥协。

第五十七军缪徵流部，第五十一军于学忠部，都是原东北军张学良的部队，尚可作战。

第八十九军韩德勤部，原为江苏省保安队改编而成，战斗力很弱。

第三军团庞炳勋部，也是老西北军冯玉祥旧部，号称军团，实则只有五个团的兵力。

这些部队，都是蒋介石心目中的杂牌，相机淘汰的对象，从来得不到粮饷械弹人员的补充。蒋介石在庐山训练班上讲要"通过抗日战争削弱共产党力量五分之二"。这个原则适用于一切杂牌军，绝不会稍有宽贷。

李宗仁居然指挥这支杂牌部队，在台儿庄打了胜仗，史书上真不能不为他写上一笔。

别看李宗仁出身行伍，没有什么惊人的履历，也不懂什么政治思想工作第一、人的思想第一等一套理论，但他却能和一些将领倾心交谈，帮助他们解决一些实际问题，从而使这些人乐于为之驱策。请看事实：

1938 年 2 月上旬，敌酋坂垣、矶谷两师团，乘沪宁作战之胜利余威，自南京北犯，狼奔豕突，大有一举围歼五战区中国军队之势。于是鲁南重镇临沂告急。李宗仁当即调庞炳勋军团往援。别看这个只有五个团兵力的军团，却是经受过内战洗礼的部队，颇有些作战经验；庞本人也能和士兵共甘苦，且为人廉洁，不吃空饷，不从士兵身上揩油，因此他手下将士在战火中被冲散、被俘或被收编，一有机会，仍能潜返归队，真有点生死与共的味道，有点子弟兵的样子。尽管这支部队久为蒋介石歧视，仍能维持不散，且有一定的战斗力。这支队伍的弱点是，由于多年内战，使庞善于避重就轻，保存实力，因此了解庞的一些将领，又都不愿与他为邻和他并肩战斗，生怕吃亏。

李宗仁何以能调动庞炳勋，使听其指挥，愿为之作战？原来李宗仁初到任不久，便和庞谈话，李因他年长，又久闻此公不易领导，遂优渥相待：

"庞将军久历戎行，论年资你是老大哥，我是小弟，本不该指挥你，只不过这次抗战，在战斗序列上，我被编为司令长官，担任一项比较重要的职务而已。在公言事，我是司令长官，在私言交，我们实为兄弟战友，不应分什么上下。"李的话虽不多，却使庞感到气氛轻松。

接下去李又说："我们在内战中搅了二十多年，黑白不分，是非不分，太没有意义了，败不足耻，胜不足武。今后如能为国家为民族而战死沙场，才真正死得其所。"

庞也很会讲话，他说："长官威德两重，我们当部属的，能在长官之下，为国效力，天日在上，万死不辞。长官请放心，我这次决不再保存实力，一定同敌人拼到底。"

当李问及庞的部队有什么困难时，庞心想：趁这时把困难提出来，不管姓李的能不能解决，也可以此观察他的为人。于是庞叹息地说道："我原有五个团，现在中央有命令，要我把一个特务团归并，共编为四个团。长官，我的部队兵额都是足额的，我把这个团归并到哪里去呢？不能归并，就只有遣散。现在正是用兵之时，各部队都在扩充，唯独我的部队遣散，似乎也不是统帅部的本意吧！"这短短几句话，便控诉了蒋介石对杂牌军的歧视。

"可能上级不知道你部队的实况！"李宗仁说。

"报告长官，我如不遵令归并，中央就要停发整个部队的粮饷！"庞进一步申诉。

"中央这样处理是不公平的，我当为你力争此事。"李说。

李又问："你的部队还缺少些什么呢？"

"子弹甚缺，枪支也都陈旧，不堪作战。"

李都答应下来，一一帮助解决。

不久，军政部复电："奉委员长谕，庞部暂时维持现状。"又补充了弹药和装备。

行伍出身的旧军人及其所率部队，多数情况下是讲义气的，李宗仁懂得这些。在不久打响的战斗中就看出李宗仁没有白费心机。

接受李宗仁命令的庞军团，在台儿庄战役的前哨战——临沂攻防战中，与一个师团兵力，并配有山炮团、骑兵旅的优势敌寇，日夜反复冲杀，使最优秀的日军不能越雷池一步，以致中外记者、外国驻华使馆武官都为之瞠目。只是那坂垣征四郎感到无颜见东瀛父老，遂加紧督战，我守城庞军在绝对优势敌人面前，渐感不支，向李宗仁告急。正在危急时刻，张自忠率五十九军赶来增援，于3月12日赶到临沂城郊。临沂守军见援军已到，大开城门，内外夹击，坂垣见势不妙，急穿兔子鞋，逃入莒县城内，龟缩不出。这便是台儿庄大战前的辉煌序幕。

张自忠率领五十九军来援救临沂，实属不易。读者看到下面情况后，更会感到这位张某之功实不可没。

张自忠原为西北军冯玉祥麾下一员战将，中原大战之后为张学良收编。收编时，张自忠手中有军队，但资历浅，屈就师长，宋哲元手中没有军队，但资格老，当了军长。当时他们之间有君子协定：永远拥护宋哲元为首领；以后遇有"升官"机会，一定按照张（自忠）、冯（治安）、赵（登禹）、刘（汝明）的次序，决不变更，犹如当年梁山好汉在水浒寨忠义堂那样，排定了座次。其后二十九军有了地盘，扩大了势力，宋哲元却非止一次违背君子协定。这理所当然引起了张自忠的不满。驻天津的日军头目和华北汉奸洞悉这一情况后，便由潘毓桂、齐燮元、张璧等人包围张自忠，收买张左右亲信，日酋还邀请张自忠赴日参观，妄图使张亲日。张自忠主观上虽不想亲日，但却想摆出个架势给宋看，进而排挤宋。卢沟桥事变前几个月，在张自忠担任市长的天津，由于张的不当行为（如赴日参观等）使人们嗅到了亲日的气氛。齐燮元等一群汉奸进而秉承日本主子的意图，去见宋哲元，叫宋当名义上的冀察政委会委员长，将实权交给张自忠，被宋断然拒绝。

卢沟桥事变之初，二十九军内部以副参谋长张克侠为代表，力主乘日本大批侵略军未到之时，歼灭平、津等地日军，进而向山海关外挺进；张自忠幻图趁机挤走宋哲元，取代其冀察政委会委员长的位置，和日本谋妥协，因而反对张克侠的方案；蒋介石要宋率军退往保定，宋很犹豫。最后，宋竟定下一个"以守为攻"的昏庸方针，以致贻误戎机。

7月25日，当日军再度大举进攻北平时，宋哲元忽然接到报告：张自忠从驻地天津来到北平。宋很奇怪地说："我叫他留在天津，他来北平干什么？"张到北平后即和张璧、潘毓桂等接触，外人不知他们所谈之事。7月28日下午3时，张自忠亲自去见宋哲元，对宋表示："如果委员长暂时离开北平，大局仍有转圜的希望。"宋哲元至此明白了张的意图，当即决定离平，并派张自忠代理冀察政委会委员长兼北平市市长。

7月29日，张自忠到职视事时，岂知日本侵略者已经另组成了汉奸政权——北平地方维持会。这时张自忠如梦方醒，知道原想利用日本未成，如今反遭愚弄，遂化装出城，到南京负荆请罪。一时间南京、上海各地舆论界指责张自忠，要求对张要严加惩办，群情汹涌，张也百喙莫辩。幸而张的旧同事黄建平到处为张奔走说情，说张治军严明，能征惯战，是西北军的一员骁勇之将，他为人

1936年出任天津市市长时的张自忠

侠义,也绝不可能当汉奸。

李宗仁觉得黄建平的话有道理,要黄将张请来面谈。张见李时,简直不敢抬头,真像京剧中犯人堂上见官那样,低着头说:"犯官有罪,不敢抬。"是李宗仁先开腔说:"荩忱(张自忠,字荩忱)兄,我知道你是受委屈了。但我想中央是明白的,你自己也明白。"

"我希望你不要灰心,将来将功折罪。我预备向委员长进言,让你回去,继续带你的部队!"

"如蒙李长官缓颊,中央能恕我罪过,让我戴罪立功,我当以我的生命报答国家。"

李宗仁在张自忠走后,先找何应钦谈这件事,何有成全之意,于是李宗仁又去见蒋介石,对蒋如此这般地说了一番,最后李强调:"现在张的部队全师在河南,中央应该让他回去带他的部队。听说有人想瓜分他的部队,如中央留张不放,他的部队又不接受瓜分,结果受激成变,真去当汉奸,那就糟了。我看倒不如放他回去,戴罪立功。"

坂垣师团向台儿庄日军作战部队运输给养的车队

"好吧，让他回去！"蒋沉思片刻说，随即提笔批条，要张回本军中，编入第一战区。

1938年2月，张自忠部调来第五战区，其后庞炳勋在临沂被围请援，又调张部援庞。

人们看演义或小说，遇到无巧不成书的段落时，总以为是出自作者的丰富想象力和杜撰，如今通过张、庞二人的关系来看，并非尽然。

原来庞、张二人都是冯玉祥的部将，中原大战时，庞见形势不利，先投靠蒋，随后即掉转枪口，向其友邻张自忠部进攻，二人自此由莫逆变成冤家。现在在抗日战场上，庞军被围，要张去救，经李宗仁动员，张能捐弃前嫌，使庞军得以解围，免遭灭顶之灾，从此二人又复言归于好。

且说临沂之前哨战，由于庞、张合力同心，使敌两路会攻台儿庄计划受挫，但敌矶谷师团，因韩复榘的不抵抗，依然沿津浦线南侵，而且迅速包围了滕县。滕县守军是川军邓锡侯部一二二师，这是杂牌军中装备最次战斗力最弱的部队。就是这支部队，面对以重炮、坦克猛攻县城之敌军，奋力拼杀，毫无惧色。师长王铭章亲临火线督战，血战三昼夜，和全师官兵一起为国捐躯！

川军一二二师浴血奋战，全师殉国于疆场，说来颇为人深思：

邓锡侯部原驻川西成都，遭刘湘部队封锁与外界隔绝，士兵所用枪械，半数是土造，极其低劣。卢沟桥事变后，他们激于民族大义，请缨出川抗战，奉令编为第二十二集团军，由总、副司令邓锡侯、孙震率领，驰往第二战区参加山西保卫战。这支部队，出川仓促，在长途跋涉中，又无兵站补给，就地购买粮草。这类旧军队其军纪之松弛可想而知。他们到山西，还没有稳住阵脚，太原已失守，他们不得不后撤，其狼狈状况，某些书中已描述过。由于他们缺乏补给，沿途每遇晋军的军械库，即任便擅取擅用，这在旧军队中，本属司空见惯不足为怪。可是，抢了阎老西的军械库，触犯阎的利益，他自然震怒。阎老西抓起电话，亲自对统帅部说："这支川军是抗日不足，扰民有余的'土匪军'，必须调离山西。"

蒋闻讯后很生气，他对军令部次长林蔚说："第二战区不要，把他们调到第一战区去，问程长官要不要？"

时间不长，林蔚向蒋说："报告委座，程长官从郑州打来电话说，阎老西都不要，我们要送给他？他不要这种烂部队！"

"把他们调回去，让他们回到四川去称王称帝吧！"蒋介石怒冲冲地大声说。

在一旁的白崇禧，知道蒋正因南京初失而心情不好，说的这些话，含有几分气在内。于是白说："让我打电话问问五战区的李长官要不要。"

电话挂通了，李宗仁在电话中听了白的一番叙述之后说："好得很啊！好得很啊！我现在正需要兵，请赶快把他们调到徐州来！"

"他们的作战能力当然要差一点。"白崇禧补充说。

"诸葛亮扎草人做疑兵，他们总比草人好些吧？请你快调来！"

邓锡侯、孙震率川军来到徐州，对李宗仁深表感激，自是不须细说。当李问邓、孙有什么需要时，他们同声说：枪械太差，子弹太少。李立即为他们向国民党军委申请，得到五千支新枪，一大批子弹和若干迫击炮。仅此区区之物资，川军欢天喜地。没隔几天，这支川军便在滕县上演了惊天地泣鬼神为国牺牲的壮烈一幕！

日寇既得滕县，便大举南下，直扑台儿庄。守台儿庄的中国军队，是西北军冯玉祥旧部第二集团军，司令是孙连仲。李宗仁原是严令汤恩伯集团军

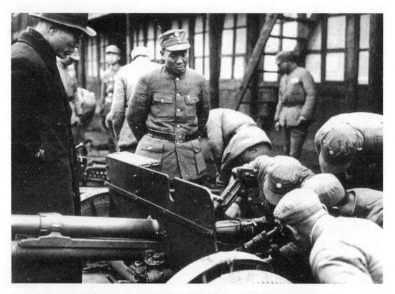

国民党第一战区副司令长官汤恩伯观看炮兵操作

潜行南下，拊敌之背，来一个歼灭战。无奈尽管孙军在台儿庄内与敌人肉搏、巷战、反复争夺，其残酷壮烈场面，当年若魏巍在场，定会写出一篇和他在朝鲜战场上相似的激动人心的报告文学。但汤恩伯无动于衷，逡巡不前。

国民党第二集团军总司令孙连仲

孙连仲在几乎守不住的情况下，直接与李宗仁通电话：

"报告长官，第二集团军已伤亡十分之七，敌人火力太强，攻势过猛，但是我们把敌人消耗得差不多了。可否请长官答应暂时撤退到运河南岸，好让第二集团军留点种子，也是长官的大恩大德！"哀婉之言，令人心酸。

"敌我在台儿庄已血战一周，胜负之数决定于最后五分钟。援军明日中午可到，我本人也将于明晨亲自来台儿庄督战。你务必守至明天拂晓。这是我的命令，如违抗命令，当军法从事。"李宗仁在电话中说。

"好吧，长官，我绝对服从命令，整个集团军打完为止！"孙连仲说。

"我现在悬赏十万元，组织敢死队，实行夜袭。这十万块钱将来按人平分。……你好自为之，胜负之数，在此一举！"李宗仁说。

"服从长官命令，绝对照办！"

孙连仲刚放下电话，电话铃又响了，师长池峰城又挂来电话，向孙请求准予撤退。

"士兵打完了，你自己就上前填进去。你填过了，我就来填进去。有谁敢退过运河者杀无赦！"孙连仲说完放下电话。

血战在台儿庄的滇军六十军也很英勇。牺牲在台儿庄的该军一八三师旅长陈钟书，在出征前就对同事们说："日本人欺我太甚，这次外出抗日，已对家中作过安排，誓以必死决心报答国家。"该军连长黄人钦阵亡后，人们从他遗体上发现一封写给他妻子的遗书，其中有这样的语句：

"倭寇深入国土，民族危在旦夕，身为军人，义当报国，万一不幸，希汝另嫁，幸勿自误。"

团长莫肇衡在和敌人冲杀时，中弹倒地，后送途中，以衣蘸血书"壮志未酬身先死"七字在道旁石上。

拂晓，汤恩伯军团赶到，敌矶谷师团陷入重围。矶谷率残部左冲右突，在漫山遍野遗下大和游魂之后，才逃得性命，遁往峄县。

台儿庄捷报传来，举国欢腾，悲观空气、愁眉锁眼顿时为兴奋所代替。看过郭沫若《洪波曲》的人，不会忘记下边这段描述吧！

参加火炬游行的，通合武汉三镇，怕有四五十万人。特别是在武昌的黄鹤楼下，被人众拥挤得水泄不通，轮渡的乘客无法下船，火炬照红了长江两岸。唱歌声、爆竹声、高呼口号声，仿佛要把整个空间炸破。武汉三镇的确是复活了！

随着台儿庄捷报在华夏太空的震荡，李宗仁的知名度大为提高。"一将成名万骨枯"这话虽然没有是非观点，似不全无道理，但也不全有道理。这次战役的前台指挥是李宗仁，出面襄助者是白崇禧，后台指挥则是蒋介石，为蒋介石出谋划策者是刘斐和林蔚。蒋、李配合不足为奇，因为他们此刻的枪口是对着日本侵略者的。

在后台还有一位出谋划策的人物，即中共代表、时任国防部政治部副部长的周恩来。

在白崇禧去台儿庄前线之前，约定要和周恩来晤面。周恩来很重视白崇禧的邀请，做了相应的准备。他和叶剑英如约来到白崇禧在熊廷弼路的寓所，彼此免不了一番寒暄。分宾主落座后，白崇禧先介绍了徐州前线的敌我态势，然后说道："去年八路军在平型关打了一个胜仗，白某十分钦佩。德公（李宗仁，字德邻）是想在徐州，打一个不大不小的胜仗来转换转换空气。请二位光临，特为请教此次对敌作战的指导方针。"

听得出白的这番话是诚恳的，周于是说道："在津浦铁路南段，有李品仙、廖磊两个集团军在新四军第四支队的配合下，采取以运动战为主、游击战为辅的联合行动，运动于辽阔的淮河流域，使津浦路南段的日军时时受到威胁，不敢贸然北上支援南下日军；而在徐州以北，则可以主力采取阵地战与运动战相结合的方针，守点打援，以达到对敌各个击破的目的。"

"周先生的建议和我想到一处去了，白某不敢称英雄，但你我所见略同。"白崇禧说。

白接下去又说："对这次徐州会战，在指导方针上是有争执的。一种意见认为，在我军元气大伤的形势下，应凭借阵地进行持久防御为好。另一种意见，也是我的主张：对过于骄横的敌人，应充分利用我方优势兵力，大胆实行运动战，将敌在合围前各个击破。"

这次谈话，彼此都甚感融洽。

在白崇禧去前线之后，周恩来担心徐州前线的战事，遂派张爱萍以八路军代表名义去徐州前线见李宗仁，建议李在济南以南、徐州以北与日军交战。张到徐州后对李谈了这样几点：

——敌人是骄兵，他们自济南南下，几乎是长驱直入，非常嚣张，而且是孤军深入，我们正好利用敌人的错误；

——作战地形对我有利，台儿庄、张庄一带，都是山区，利于设伏，利于打击来犯之敌；

——广西军队有战斗力，且有八路军在华北作战略配合。

李宗仁沉静地听着，听到

时任国民党第五战区司令长官的李宗仁摄于台儿庄大战前

1938年1月，李宗仁（左）、蒋介石（中）与白崇禧（右）在台儿庄合影。

最后，高兴地说："请你转告周先生，我同意他的意见，周先生的意见可以说是与我不谋而合！"

周恩来的正确见解，其他重要人物的正确意见，通过李宗仁的指挥，发挥出了威力。

台儿庄之战，在战役指挥方面，李宗仁和蒋介石没有根本分歧，但他没想到李能打胜这一仗。当蒋介石在武昌官邸听到人民游行欢庆祝捷时，便问左右："老百姓在干什么？"副官告诉他，老百姓在庆祝台儿庄大捷。蒋听后面露不悦之色，说："有什么可庆祝的？叫他们走远点，不要在这里胡闹。"蒋并非不喜欢听捷报，只是不愿听来自桂系李宗仁的捷报。然而他的嫡系大将，却又偏偏不给他争气。

蒋介石严防桂系

上文谈到蒋介石希望打胜仗，尤其盼望他的嫡系部队打胜仗，不愿看到桂系打胜仗。而这次台儿庄的捷报，却又偏偏是以桂系为主的杂牌军，用血写成的。

蒋介石何以如此偏狭？很明显这涉及他的独裁统治大业。

按照蒋的如意算盘，所有的杂牌军都跟着他抗战。在抗战中，使杂牌军在日本侵略者枪口下削弱下去，使他的嫡系蒋家军得以壮大，最后是清一色的蒋家天下。

所以抗战之初，他把冯玉祥、阎锡山与李宗仁、白崇禧、唐生智、李济

74

深、程潜等等都调动起来。这些人有的挂帅领兵，在前线与敌人拼杀，有的成为幕僚，协助运筹帷幄。局外不知内情的人，冷眼一看，这蒋某在七七事变前后判若两人，从前那样不能容物，而今如此宽宏大度，竟这般放手，叫这些当年战场上的老对手执掌兵符将令。其实蒋介石精细得很，此人和关云长不同，绝不会"大意失荆州"。

蒋的这套做法，也是形势逼出来的。在抗日战争爆发之初，面对凶恶的日本侵略者，全中华民族不分地域、不分老幼、不分男女，都奋起抗敌。蒋虽不懂刘伯温的推背图，但也看得出，他若不积极参加抗战，将被全民族的抗日洪流卷走。

七七事变后，李济深、冯玉祥曾联袂上庐山找蒋面谈。他们毫不客气、毫不隐讳地对蒋说："介公如不立即对日抗战，我二人下山后，便以政治家的地位和你对峙；如果实行抗战，我们便以军人身份，服从你的领导和指挥。"蒋对这两位资历深、影响大的不速之客，除以好言抚慰外，自然少不了将指天发誓领导抗战等等再讲上一通，以打发这二人赶快离开。

其实，各党派、各团体也都纷纷发宣言，促蒋抗战。而蒋也在此时，把抗战纳入重要日程。

在筹划抗战中，如何安排冯、阎、李、程等过去的老对手，是蒋面临的一大难题。但，蒋最终还是把这些人都安排了：

对李济深，此人无实力，但有桂系为后盾，无论在国民党抑或中国的军、政界，都颇有影响。这样的人，蒋只能使之有地位，而不能让他掌兵权，更要防备他在工作上和桂系有密切联系。所以，李下庐山不久，便出任国民党军委常委。抗日进入相持阶段时，在重庆成立了一个协调机关"党政委员会"，蒋自任该会主任，蒋出面请李当副主任，负实际责任。李说可以，但有条件：一是凡主张抗日者，不分党派都要用；二是凡闹小宗派者、党派成见深者不能用。

这两条原则，谁也驳不倒，蒋自是满口答应，心中却后悔不该用此人。但一言既出，不便收回，只好日后见机行事。不久，机会来了，1940年春，军委会要在桂林设办公厅，于是将李济深调往桂林，当办公厅主任，由程潜继任"党政委员会"副主任。李去桂林和桂系有更多接近机会，遂又派去蒋的亲信林蔚当副手，从旁监视。

对冯玉祥、程潜、唐生智：他们无实力、无后盾，在短时间内，在能遥控的前提下，可暂时带兵。看过冯玉祥著《我所认识的蒋介石》一书的人当能记得，淞沪抗战时，冯是司令长官，但蒋从前线直接调走一个连，都不和冯打招呼。蒋的命令能一竿子捅到底，冯这位司令长官还有什么权可言？还有什么味道？还能有什么作为？程、唐与冯相似，自不须细说。

对阎锡山：此人勾勾心眼多，有主意。蒋也曾试图"调阎离山"，给他戴了一堆"常委"高帽，但阎老西有一条坚定的原则：在山西老巢不动，不管你蒋某的"委"有多"常"。这样，蒋只好挖他的墙脚，他的老部下商震、徐永昌先后被蒋挖走。而商、徐也乐于投到蒋的门下，因为阎老西之小气、刻薄远甚于蒋。

对李宗仁、白崇禧：前者为战区司令长官，后者为副参谋总长，他们不仅表面上位高权重，实际上也有地盘、有实力、能作战，不得不让他们掌握部分实权，因此蒋对他们也防之甚严。

李原在徐州办了一个"第五战区徐州青年干训团"。抗战之初，平、津、京、沪学校大部分停办，请缨抗敌心切的青年，纷至沓来。经费由广西绥靖公署提供，不花蒋的一分钱。干训团的学员，经过短训后，到各地担任行政工作或组织民众、从事宣传等，这本是件好事，但蒋对此心生疑虑，直接下令停办。而恰在此时，陈诚主持的战干团却开班招生。这一停一开，人非草木，能不动心？能不离心离德？李办干训团解散后，其中大部分学员便去投效延安，投效中共。

诸如此类的蒋桂间的摩擦，若一一列举也能装几箩筐。没有必要为此浪费笔墨。只消说说台儿庄战役后的桂系态度，便足可使人们玩味一番了。

李宗仁率军自徐州撤退后，溯长江西去途中，右颊上的枪伤（1916年讨龙济光时受的枪伤）突然发作，为此他迅即进入武昌东湖疗养院就医。病愈后便在东湖疗养。这一带环境幽美，时值夏季，东湖荷花怒放，清秀扑鼻，沁人心肺，这里宜人的风景，真是令人流连不已。周恩来、郭沫若时常来此散步；李济深、黄绍竑、方振武则常来此和李聚首，或谈天说地，或议论国事。这不能不引起军统、中统特务的"关注"。6月的一天，刚刚上任的第九战区司令长官陈诚前来看望他们，巧的是白崇禧也在座。陈诚半开玩笑地说："诸公是否在开秘密会议？"又说："你们几位广西佬都在这里，外面有谣言，我来赶你们出院。"意思是要他们快上前线领兵作战。白崇禧哪能容得了这话，迅即做出反应："我们的戏（指台儿庄、徐州之战）唱完了，现在要看你登台表演了。"弦外之音是他向陈"将了一军"，看你陈某能否指挥好保卫大武汉的战役。

白崇禧似乎有点预见力。陈诚在保卫大武汉的这出武打戏中，调集精兵九十九个师，和入侵日军进行多次激烈战斗，历时五个多月，除了在万家岭一次歼敌四个联队外，拿不出像样的歼灭战的战绩。这就难怪白崇禧"将"他了。

周恩来借月留云

保卫大武汉的这出武打戏，陈诚演得不出色。但在这前后，周恩来却将一出统一战线的文戏，演得有声有色，令人赞叹。

南京沦陷后不久，在周恩来领导下，中共在国统区的机关报《新华日报》及机关刊物《群众》周刊就在武汉公开出版了。在武汉，周恩来边同蒋介石谈判，边同社会各界人士广泛接触，还接待来自各国的记者及常驻武汉的外国使节，接待一批又一批到武汉访问或参加援华工作的外国友人。这无疑给因内战长期处于隔绝状态的中国共产党在武汉开了一个窗口。可是，武汉撤退后下一步怎么办？这件事情提到日程上了。周恩来经过一番思考，和李克农等交换些意见，也就成竹在胸了。当然这些设想还要人的努力才能实现。

或许是马克思在天有灵，使周恩来的统战工作得以顺利进展。在武汉撤退时，白崇禧在机场上，看着蒋介石座机消失在天际之后，便准备去鄂北钟祥会晤李宗仁，商量下一步工作，然后再去长沙，和等在那里的蒋介石见面。不料白崇禧一行撤离武汉后，行至荆门时，白的吉普车出了故障，川流不息的大小车辆和人群，没有谁看一眼站在路旁的"白副总长"。正在这时，又一辆吉普戛然停下，车内下来一个人打招呼道："白副总长，车坏了吗？"

"周先生，你怎么也刚走？"白崇禧对周恩来说。

"你还在这儿！敌人的骑兵先头部队已经离我们这儿不远了，你上我的车一块走吧。"周说。

白虽有些迟疑，可是车子在短时间内又修不好，而周又再三邀请他，于是他也就坐到周的车上了。二人在车上攀谈起来。白、周二人都很健谈，但此时还是白先开口：

"看样子，周部长是今天上午才撤离武汉的吧？"

"今天凌晨一两点钟，听说日军已迫近市郊，我们再不走就走不出来了。"周说。

"你精力旺盛，年纪不到四十吧？"白问。

"今年刚满四十，按老历我是光绪二十四年生的。"

"我是光绪十九年出生。"

周又笑着说："你是兄长了。"

二人越谈越亲切，白先转话题道：

"周先生才智过人，早在黄埔开创时，健生就十分敬仰。西安事变中，先生高瞻远瞩，化危为安，对事变的和平解决作出了巨大贡献，促成了全国抗战，更是深得国人敬重。我和德公都深为佩服。"

"和平解决西安事变，那是毛先生和我们党中央制定的方针，我不过出面执行罢了。记得当时在各省军政领袖中，你和李先生是最早通电支持我党主张的。"

谈过这些之后，话题又转到周恩来的身世，从两次留洋经历到国际形势等等，可谓谈天说地，畅快淋漓。不过此时，周恩来感到谈话该转入正题了，否则可能是要错过良机。

"白先生是北伐时著名的军事家，我们希望你协助我们在桂林建立八路军办事处。桂林八路军办事处是为适应武汉失守以后的形势需要而办的。我们是你们的朋友。办事处将与广西军政当局作正常的联系工作，不干涉广西内政，不挖墙脚；为团结抗战，我们互相帮助，互相支持。"

"是不是叶剑英将军留在桂林主持？我和他是北伐时期的朋友呵！我欢迎他常驻桂林。"白友好地做出反应。

"八路军桂林办事处由李克农主持。"

"我欢迎李先生到桂林工作。我将把你的意见转告给黄旭初省主席，要他和驻桂林的部队保护办事处的安全，给予一切便利。我的办公室有一位刘仲容参议，你一定会记得，他在西安见过你，还到延安拜见过毛润之先生。如果李克农先生有什么事要我们协助，李先生可与刘先生接洽。"

在行车途中，周恩来轻松地解决了一个大问题，随后双方又漫无边际地谈了起来。谈到在南岳成立游击训练班时，周说这是蒋先生接受白副总长的意见，白说："我们缺乏这方面的知识和经验，所以我建议委员长请贵党派一军官团来传授游击战。"白又说："毛先生的《论持久战》真是一部杰出军事著作，我已择要印发给各级军官，我还向汤恩伯将军推荐了这本书。"周说："我一定会把这些情况告诉毛先生。"

兴之所至，话题又回到北伐上来，周问白："你还记得你打龙潭之役胜利后谭延闿赠给你的对联吗？"

白崇禧给问住了，因为他早已淡忘了。

可是周恩来还分明记得：上联是"指挥能事回天地"，下联是"学语小儿知姓名"。

白听了很高兴，更重要的是他佩服周恩来的天赋和记忆力！

中共在桂林设八路军办事处一事，周、白二人在同车途中谈过之后，白即派他的亲信秘书谢和赓回桂林，向省长黄旭初转达周、白达成的口头协议，要黄旭初对中共以礼相待，负责该办事处的安全。黄一一点头应允。

中共要在桂林设八路军办事处，这和蒋介石的大本营决定放弃武汉有重大关系。试想：武汉若弃守，长沙势将难保，广西自然成为西南抗日大后方，桂林即是联结西南、华南、华东的重要交通枢纽。活跃在抗日前线的新四军、东江抗日游击队以及南方数省中共党组织和中共中央南方局联系工作，或去延安，也必将以此地为中转之要冲。所以，设在桂林的八路军办事处，不是一般的办事处，而是中共中央南方局的派出机构，肩负着联络湘、赣、粤、桂及香港、海外各地党组织的任务。

1938年11月下旬，桂林市桂北路138号，"万祥糟坊"的小二层楼的大门口挂上了"第十八集团军桂林办事处"的木牌。这个牌子虽不高大，在当时却独具魅力，使人们投以惊奇的目光。因为桂系集团，在它统辖的广西，长期以来一直奉行对共产党斩草除根的政策，韦拔群就是在这种反动政策下牺牲的。可是如今中共居然能在此地公开活动了。这个办事处在中华人民共和国成立后已成为人们景仰的纪念馆，"万祥糟坊"房东的后人黄熙已是这个纪念馆的馆长了。

八路军桂林办事处的主要负责人是李克农。他来到桂林后，先去拜访桂系民主派人士陈此生，并请他陪同去王城里拜会黄旭初。黄在事前本已得到白崇禧的关照，但在会见时还是问李克农："广西有没有共产党？"机敏沉着善于应答的李克农对黄说：

"有！"

"如果说没有共产党那是骗你，我就是嘛！"

李如此回答，倒使黄一时无话可说。李是位外交能手，当然不会让黄难堪。于是李又笑着说："我们党来广西，旨在支持广西团结抗日，我们讲过了，绝不挖广西墙脚，请黄主席放心。"

此时的桂林，由于桂系实行较为开明的政策，全国相当多的文化、新闻、出版、文学、艺术等团体和文化名人李四光、胡愈之、范长江、欧阳予倩、杨东莼、张志让、姜君宸、千家驹、夏衍……都不去蒋介石直接控制的陪都重庆而云集到此。中共因而也将此地视为宣传、统战工作的重点区。

此时的桂林，由于蒋介石的复兴社，陈立夫、陈果夫的CC，孙科的太子派，宋美龄的夫人派，都在此设派驻机构，又出现复杂而微妙的局面。

通过一个真实的故事，饱览各方人士在桂林这个玄妙舞台上的表演，该是有趣之事。

1939年春，国共合作抗战已接近两年。早在抗战前，李宗仁、白崇禧就物色人物，打算派往东南亚甚而更远些，为广西招商引资。如今，他们在武汉遇到金山、王莹所率的剧团，便拟派他们赴东南亚宣传演出，在华侨中扩大桂系势力和影响。聪明机智的李克农当然是将计就计，从民族利益出发，借机向海外的炎黄子孙宣传中共的抗日主张，动员侨胞支援抗战。

李宗仁、白崇禧何以会物色到金山和王莹？

金、王二人在抗战爆发后，便率领他们组织的剧团到处义演，自筹生活费。台儿庄战役后，他们来到大别山区，不分昼夜地为打胜仗的第五战区撤到此地的官兵，作慰问演出。他们的拿手好戏是街头剧《放下你的鞭子》。

一天晚间，他们在大别山某村头，挂起了"慰问五战区英勇将士"的演出横幅。扮演卖艺老汉女儿香姐的王莹，把香姐演得十分逼真，使观众悲愤地同声高呼"打倒日本鬼子"！此时李宗仁、白崇禧也正混于观众中。演出结束后，李、白在谢和赓的陪同下，走出人群，向金、王祝贺演出成功。李还以商量的口吻说："我请你们到司令部所在地宋埠去演出，好不好？"这时谢和赓站在李、白身旁，露出了一丝不易为人察觉的笑容，王莹明白了这笑容的含义。两天后他们的剧团来到宋埠，在这次演出时，他们在剧中加了大段的赞誉台儿庄战役的道白、唱词，李、白看了更是高兴。

演出结束后，演员们应邀到长官司令部吃便饭。健谈的金山在餐桌上开怀畅谈，讲今说古，论救国之道、抗战之路，军事、政治、文艺都能侃侃而谈、头头是道。李、白二人看出金山是位才子，真有些相见恨晚之感。

李、白虽早已知道王莹是扮演过赛金花的影坛名角，此次直接看她演出，果然身手不凡。在谈到她的经历时，方知王莹为了抗敌救国，将自己历年积蓄、金银细软悉数变卖，全部充作她所率的剧团之经费，称得上毁家赴国难。当谈及王莹在日本学习时拒绝日本影界的高薪引诱，不演"日华亲善"影片等情况时，对她更是倍加钦敬。

在餐桌上金山谈到他准备率团到南洋（即东南亚）进行抗日救国演出时，李宗仁说："我和健生、旭初早有这个打算，派人去南洋，希望华侨能来广西投资办实业，咱们真是不谋而合。"于是在餐桌上拍板定案，由广西资助经费，提供出国条件，准备出国。

出国前，李、白以司令长官和自己的名义给金、王各四千元作为生活津贴，给他们的剧团五千元津贴，都为他们所婉谢。郭德洁送给王莹一块欧米茄名牌金表，也为王所婉谢。由此，李、白对金、王印象非常好：人们常说，文艺圈子里许多人靠不住，可是金山、王莹就很好，既才貌出众，又高风亮节，真是难得的理想中人物。

金山、王莹他们率剧团到第五战区演出，原是周恩来的主意，如今这主意被大大向前推进了一步，将要出国演出。获悉这有利于抗战之举，周也喜不自胜，十分赞成。此时桂系派白崇禧的亲信秘书谢和赓出面，和金山、王莹就具体工作进行联络。谢和赓和王莹在南京沦陷前后即已相识，这二人由于工作关系，有过多次接触，绮年玉貌、风华逼人、才艺双全的王莹，是许多青年争着献殷勤的对象，谢和赓岂能不心旌摇曳、春心萌动？而王莹对谢和赓，也觉得他不仅有才气，且为人热情、豪爽、正直、爱国。时隔很久之后，她还分明记得这样一个场面：一次在前线演出时，眼见敌人的炮弹连珠般地呼啸射来，其中一颗正击中白崇禧、谢和赓所在的茅屋指挥所。硝烟散后，只见白、谢二人如无事一般，掸去身上土，镇定指挥。由此她对谢相当尊敬。使她百思不解的是，像谢和赓这样人品、才学、思想都很出众的人，不该是国民党营垒中人，然而他头上的帽徽，又明明白白地有青天白日的标志。她不敢断定他是明珠暗投，可也不敢张扬她的儿女情愫，伸出她的感情触角。

她的疑团与误解，在一次偶然的相遇中消失了。那是由于一向精明慎重的李克农的一次失误，使王莹看破谢的奥秘。事情的经过是这样的：

身着国民党上校军服的谢和赓，乘坐林肯牌高级轿车，想把白崇禧正式批准金山、王莹率剧团赴南洋演出的消息，告诉给金、王二人，不意汽车行至桂林东门外闹市区被堵。这时，身穿灰布长衫的李克农，和身裹旗袍的王莹、一身藏青西服的金山正挽着手迎面走来，谢想回避时，李克农却在众目睽睽之下，热情地和谢打了招呼。幸而特务不在场，否则后果真不堪设想。这个招呼一打，把王莹的疑团解开了。这位童养媳出身、十五岁就加入中共的少年党员，从此对谢和赓的好感因戒心的解除而直线上升。这位妙龄女郎，此后对谢不再抑制自己的感情。

一个月明星稀的夜晚，万籁俱寂。王莹依偎着谢和赓沿江漫步话情。谢关切地说："莹妹，这次去南洋，任务艰巨而光荣，你们每到一地，以汇报剧团活动的方式，给白崇禧来一封信。在大信封里，再夹一'谢秘书亲收'的小信封，把要告诉我的机密情况放在小信封里。这样既迅速又保险，当然，也要注意以防万一。你一定要注意安全，保重身体才好，我等着你们的凯旋。"

王莹也深情地望着谢和赓，亲昵地叮嘱道："你身在龙潭虎穴，一言一行，一举一动，可千万要小心呵！……我在南洋，会天天想你，为你祝福的。"

两颗爱心从此紧紧地连在一起。

金山、王莹率领的中国救亡剧团（后改为新中国剧团）在香港、越南、新加坡、马来西亚等地辗转进行宣传演出，前后达九百多场，历时两年零两个月，募集抗战资金三千多万美元及大量的抗战物资、药品。王莹也成为南洋侨胞中大受欢迎的人。南洋各地中英文报称赞她是"马来西亚情人"，侨胞们称她是"时代的英雄儿女"。正在南洋的郁达夫写了"万花敢向雪中去，一树独先天下春"的《冬梅》条幅送给她；国画大师徐悲鸿，挥毫作画称她为"人人敬慕的中华女杰"。

至此，周恩来借月留云的设想全都实现了。

王莹顶风波于山城

王莹在南洋演出这两年多的时间内，虽与谢和赓关山相隔，然而飞鸿传书不断，尤其在"皖南事变"后，王莹得知白崇禧也是阴谋策划的参与者，她的心一直悬念身在虎穴的谢和赓，担心发生不测。当她与金山率团一踏上中国大陆，便急切地去重庆。

王莹与谢和赓的恋情，很快成为大后方电影界、戏剧界、新闻界、音乐界乃至教育界的热门话题。人们无法理解的是，如此人见人爱的洁白影星，为什么会爱上了国民党军阀的一位秘书，而且又那么痴情。

文艺界的朋友们，出于对王莹的关怀、爱护和对她恋情的不了解而私下议论她，没过多久，终于形成一颗关怀、误解交错难分的炸弹，砰然爆炸。

在郭沫若寓所欢迎金山、王莹凯旋聚会的一个夜晚，郭以奔放的诗一般称赞他们不愧为中华民族的优秀儿女，为抗日救亡作出了巨大贡献。不料郭的话音刚落，便有人冒出这样的话："王小姐，你是人人敬慕之中华女杰，是一颗洁白的明星，大家都在关心着你、爱护着你，你自己可也要多加珍重啊！"这个冒失鬼的话刚说到这里，笑声四起，议论纷纷，王莹顿时成为众矢之的。

有人提醒道："王女士，现在国内情况很复杂，你可要多加小心，擦亮眼睛、站稳立场才好！千万不要上当受骗呀！"

有人唯恐她听不明白，于是警告她："这次你们去南洋演出，据说白崇禧的秘书帮了不少忙。可是军阀毕竟是军阀，你可不要犯糊涂，一失足成千古恨呀。"

还有一位颇负盛名的词作家，轻声地对她说："王小姐，大家都是为你好。我听说那个谢秘书还是有妇之夫呢！……大家都觉得难以容忍……郭沫若、田汉、范长江、萨空了等先生也都不赞成呢。我看进步的好同志有的是，你可别执迷不悟，那样后果不堪设想。我真为你的前途担心！我劝你还是再冷静想想，这也绝不是你个人的事呀！"这位先生把话说到家了。什么有妇之夫，什么前途……想得够周到了。其实谢岂止是有妇之夫，而且其岳丈还是桂系军队的中将呢。

这些人真是出于善意，可是他们不知谢的真实身份，更不知谢在婚后一年，就因思想、生活习惯等大不相同，与妻子早已同室不同床了，虽有夫妻名分，却已无恩无爱。

王莹听了这些人喋喋不休的善意说教，无法争辩、不能叫屈、难以喊冤，只能站起身来，到厕所去流泪。

王莹从郭沫若宅出来后，行至路口，谢和赓正在此来回踱步等着她。她疾走两步，紧紧地挽住谢的手臂，边走边深情地说："和赓，我们的恋情至死不渝，经得起任何大风大浪的考验。别人恨你，咒骂你，你也不用在乎。反正我了解你，真心实意地爱你，你放心好了。"

王的这番话，使谢感到丈二金刚摸不着头脑。当王对他说了在郭家发生的一切后，他感激地说："莹，我顶得住。朋友们认为我是反动军官，我能理解。……为了崇高的事业，我受多大误解、委屈，也得忍耐住。反正有人了解我，将来大家也会了解我，还有你，爱我、疼我，我也就感到幸福了。"

当有人向周恩来谈及在郭沫若家聚会发生的事情时，周很不快地说："真是'吹皱一池春水，干卿何事'呵！"周还对有关领导说："王莹同志是经过考验的党员，我们要相信她的鉴别能力。我希望不要对正当恋爱横加干涉……她在恋爱问题上，一向很严肃谨慎。"

老天似有意成全这对恋人，正当别人错误干预引起的"爱恋风波"还未平息时，王莹被批准以国民党海外部视察员的身份（司局级）赴美留学，谢和赓也由李宗仁、白崇禧直接派往美国，以国民党中央军事委员会上校秘书、芝加哥领事馆学习员的外交官头衔，赴美深造。

在即将出国前夕，身着西装的谢和赓应召来到周公馆。周恩来亲切地对谢说："你个人的情况，党组织和我都是很清楚的。不过，有很多人不清楚，也难以理解，这不能怪他们，不知者不怪嘛。"在谈到王、谢爱情问题时，周说："你和王莹都是我们党内从少年时代就跟着党革命的红小鬼。王莹是从小逃离封建家庭，投身革命，把党组织看作自己的家。而你呢，舍生忘死地做了十来年地下工作，还要遭到自己同志的怨恨责骂，忍辱负重，也实在难能可贵。你们俩能够相爱……党组织决不干涉你们的私事，你也不要受外界流言蜚语的影响而不安。"周的一席话，语重心长、通情达理，感动得谢流下了热泪。

在谢流泪时，周又说："年轻人，不要激动，我还有话对你说。王莹长期从事文艺工作，学习理论的机会少。你是学社会科学的，在这方面，你比她强。到了美国后，你要注意好好帮助她，做她的政治顾问。"

谢很谦虚地说："让我做她的秘书吧。我一连气做了八任秘书，我的地下工作代号就是'八一'，这回让我做一次'九秘'吧。"周说："好，九秘就九秘吧。"

这之前，谢做了哪八任秘书？他在察哈尔当吉鸿昌的秘书，在桂林和南京当白崇禧的机要秘书，兼国民党大本营国防会议的秘书、军事委员会秘书、第五战区司令长官秘书，兼任桂林行营秘书、全国回教救国协会理事长秘书、军训部西北战事巡回教育班主任秘书。

周恩来此时又想到另一个问题，一对情侣去大洋彼岸的花花世界，不能不谆谆叮嘱，他严肃地对谢说："不过，我还要提醒你，王莹过去一向是一个对生活极其严肃的好党员、好演员，她对党是忠贞不贰的，就好像对待自己的母亲一般。在私人生活上，过去有好多人都追求过她，可她从不随便，她洁白无瑕。我知道你和妻子早已不能相处，在思想、感情、生活方面，有点水火不相容。……但是，为了党的事业，为了救国事业的需要，你现在还不能和妻子离婚。你和玉莹一起在美国，也绝不能同居……要一直等到今后你的旧的夫妻关系公开解除了，你们才能结婚。"

85

其后周恩来和王莹谈话，谈到恋爱问题时，也谈了和上边这段相类似的话，叮咛她和谢婚前不能同居。王莹听后，既感激又激动，她当即表示说："周先生，我与和赓都把你看作自己最亲的人，你和董老、克农是最了解我们的。我两的爱情已经经过几年的考验，浪里来，火里去，是永远不会改变的。我们对党的感情以及我们之间的恋情，将永远像处在初恋之中那样纯洁、真诚、执着。"

周恩来又亲切地说："王莹同志，党组织完全相信你，你们的事，我也完全放心了。但愿你们将来能成为一对革命的模范伴侣。"

"我们一定遵照你的指示去做，苍天可以作证！"王莹再次表态。

这二人果然不凡，他们说到做到。他们有恩有爱但脱俗，他们懂得为理想去奋斗，他们留学美国为国争光而非镀金！

其后王、谢二人不辱使命，他们在美国刻苦攻读的同时，做了大量宣传和统战工作。而且王莹因在白宫的成功演出，受到罗斯福总统的接见，并与总统夫人合影。当年梅兰芳在美国也没有得到如此殊荣！这样一位德、才、艺、貌俱佳的女性，在"文革"时，身陷囹圄七年后，于1974年3月3日惨死狱中。其后虽平反，但血已尽，碧已灭，只有一缕烟痕无断绝！

黄绍竑同情中共

历史上有些事，回眸凝视，令人觉得有些怪异，然而却是无可改变地载入史册了。

1927年4月12日，挥舞屠刀和中共分手的蒋介石，抗日战争伊始，又再度与中共合作。不过这种合作只能是蒋某及其国民党与中共的合作，他严防地方实力派插足其间。此事看来虽怪，但并非不可理解，因为说到底是一个"权"字。蒋防止地方实力派与中共携手，在于维护其独裁之权。中共与地方实力派合作，是要发展进步势力之权，地方实力派接近中共，是想保持地方派系之权，从而导致抗日阵营内部，多一层矛盾和斗争。

1939年2月18日，正是农历除夕，由桂林市的桂北站驶出一列火车，穿军装的周恩来、叶挺和穿便装的黄绍竑，同在一节车厢里。

黄绍竑这位桂系的二号头面人物，虽在 30 年代声明脱离桂系，谁都看得出他与桂系藕断丝连。这次和周恩来同车去浙江，是在重庆开会之后，返回省长仕所。

周、黄、叶等刚一登车，周主动对黄说："黄主席，这位是新四军军长叶挺。"

平日健谈的黄绍竑，此时仪态有些不自然，他的手欲伸又止，原来黄还记得他曾与叶在战场上交过手。叶挺见此情景，迅速伸出手来，两人这才把手握在一起。

周恩来与黄绍竑一道去浙江，可算有心人抓住了巧合的机遇。那还是1938 年末，因汉奸汪精卫的主和"艳电"，国民党中央集会讨论对策。在会议进行中，李济深见缝插针，召开了一次漫谈团结抗战的茶会，到会的有冯玉祥、周恩来、王明、博古、黄绍竑、李宗仁、白崇禧等要人。会上黄绍竑谈了浙江的情况，冯玉祥听后称赞地说："这才算抗战工作。"周恩来说："现在到处发生摩擦（指国共摩擦），只有季宽（黄绍竑的字）先生那里还没有发生摩擦。我打算到浙江去看看，还顺便去绍兴省亲祭祖。"黄当即表示欢迎，并说最好一同乘车前去。这便是前边那段周、叶、黄三人自桂林乘车的由来。

黄绍竑欢迎周恩来去浙江是真心实意的。黄、周二人在北伐时是老相识，黄尤其佩服周的人品。抗战初期，黄任第二战区副司令长官时，正值忻口、太原战役在激烈进行，当他看到装备较差的八路军，满怀信心与敌寇作战，并取得平型关大捷时，慨叹不已。他和阎锡山议论到周恩来时，阎老西也说："周先生的确是个大人才，国民党里没有这样的人！"这期间，黄对中共还是较为友好的。第二战区兵站副监卢佐，一次因给八路军补充弹药问题，向黄请示，黄很奇怪地说这本是兵站职务范围内的事，何必请示。可是卢说："这是共产党的军队，而且要的数量相当大，按编制他们只有三个师，所以才请示您。"此刻正是他啧啧称赞平型关大捷之时，于是他说："这是全国全面抗战，弹药补充还分什么彼此呢？而且我看见八路军士兵身上只有一条子弹带，恐怕一个基数（六十发）还不到。过去的底子太少，又经过平型关战役的消耗，他们的编制虽说是三个师，恐怕是六个师还不止呢。"最后他要卢佐尽可能足量地发。

蒋介石的"报耳神"太多，很快就知道了这件事，先是批评黄："你怎么随便批准给八路军弹药补充？发多发少这里面有政治问题。"接下去又警告黄："你自去山西作战回来，逢人就说八路军纪律好，长于打游击战，共产党如何动员民众、团结民众、军民配合等好话。说你闲话的人多了，你要注意。"

黄绍竑的行为，显然与蒋介石"通过抗日战争削弱共产党力量五分之二"的精神，大相径庭。蒋对黄不能不采取措施。不久，黄被派往浙江当省主席。这是蒋某的桑梓所在，皇亲国戚遍布全省，狐群狗党比比皆是。任凭你黄某有天大本事，到了此地也难有所作为。事实上，委派省府委员时，不仅不和黄商量，甚至不打招呼，委员到职视事，这位黄主席尚且不知。就这样，地方士绅还不断告黄某刁状。

黄绍竑心里明白，发生在他身边的不快之事，皆因他不太听蒋的话，蒋才使出这些损招，逼他就范。可是头脑清醒的黄绍竑心想，不论压力如何，在浙江也不搞反共摩擦。中共也从未忘记黄做的好事，所以，中华人民共和国建立之初，他能当上政协委员，实非偶然。可见黄不搞反共摩擦，不失为头脑清醒和有眼光的为政者。

桂系反共留余地

人们常会在一些文章中看到"握手言欢"的词句。抗战伊始，国共两党为了共同抗日救国，实现了"第二次握手"。可是握手并未言欢，因为握手后，蒋介石转过身去就在庐山军官训练团对他的部下说："要通过抗日战争削弱共产党力量五分之二"。地下工作非常出色的中国共产党，没过几天，就掌握了这个信息，于是毛泽东提醒共产党、八路军的各级干部，对蒋介石的反共政策，切不可掉以轻心，不可麻痹大意，要警惕"何鸣危险"。就是说由于何鸣缺乏警惕，致使他所率领的千余游击队员，集中后被国民党包围缴械。他向全党提出在统一战线中，要发展进步势力、争取中间势力、反对顽固势力。他制定并运用"人不犯我，我不犯人，人若犯我，我必犯人"的原则，打退了第一次反共高潮。

蒋介石的第一次反共高潮是被中共打退了，但他的反共方针并没因此而改变。1940 年 10 月，何应钦、白崇禧奉蒋的旨意，以正、副参谋总长的名义，致电朱（德）、彭（德怀）、叶（挺）、项（英），强令江南新四军在一个月内开到黄河以北。面对这种日趋恶化的严峻形势，地方实力派不能不考虑对策。阎老西打定主意，不能像第一次反共高潮那样替蒋打先锋，这回要保持中立。桂系该怎么办？ 11 月下旬，国民党中常会开会，有心计的李宗仁乘机和白崇禧、黄旭初在重庆凑到一起，研究对策。此时的广西，和前些年相比有不少变化，财政开支有相当一部分要靠蒋介石了，因此蒋乘势把政治、军事势力逐步渗入广西，特务组织也插进来了。在新的反共高潮即将到来时，桂系持什么态度，不能不虑及这些因素。

另一方面，他们也料到，蒋介石若反共得逞，回过头来，必定去收拾地方实力派，而桂系将是"在劫难逃"的第一个整治对象。所以，不能尽全力助蒋反共；再说，还有个信义问题，八路军驻桂林办事处，是经桂系同意才设的；桂林的一大批进步人士，是为抗日和将来反蒋经他们延揽才来的。考虑到这一切，他们认为不能因随蒋反共而和这些人翻脸，大开杀戒。李、白、黄思前想后，绞尽脑汁，最后定一条方针：反共要留有余地。

这"余地"留对了，不留余地将来无力反蒋，无力反蒋，桂系就不能生存。且看他们是怎样既反共又"留有余地"的：

为了贯彻这条方针，刘仲容奉命调回桂林，协助黄旭初解决各种事宜。

在广西第一个被礼送出境的，是后来在"文革"中被打成"四条汉子"之一的夏衍。抓夏衍是蒋介石下的令。原来那夏衍的所作所为，也真令蒋介石生气：皖南事变，中央社发了造谣消息时，夏便和"文革"之初"三家村"成员之一的廖沫沙"合谋"，在他们办的《救亡日报》上，先全文付排中央社电稿送审，待国民党新闻检察机关盖章通过后，再把中央社的造谣稿拿掉，大开天窗，以示抗议。而早就想捉夏衍苦无理由的蒋介石，如今抓住了夏的充分"罪状"，岂能容他，于是下令捕人。李任仁获此消息，迅即用省府轿车将李克农从特务严密监视中的八路军桂林办事处里接出，由李克农去通知夏衍。李见到夏后，如此这般一说，不愿撤离的夏衍，也只得依计行事：夏衍先拨通了刘仲容的电话，请刘向黄旭初打招呼，第二天清晨，夏去向黄辞行。后来夏在他所著《懒寻旧梦录》一书中，对这段告别会见，做过有趣的追述：

夏与黄相见之后，一向听别人讲话自己不开口的黄旭初，自是等着夏发言。夏讲了《救亡日报》发行的情况及它和《广西日报》的关系等，黄都一概说："晤，关系倒是……倒是"来应付，在"晤、晤"之中，黄只说了两句有用的话：

夏："根据好来好去的原则，今天向黄主席辞行，我打算几天之内离开桂林……"

黄："几天之内？"

夏："希望早走，为此，请黄主席给我代一张去香港的机票……"

黄当即叫副官进来，交办此事。

在夏起身告辞时，黄又说了一句有用的话，"时局是会好转的，那时候欢迎你再来。"

夏衍登上飞机那天，正是农历除夕，桂林全城老百姓燃放鞭炮，像是在欢送这位革命者。

第二个被礼送出境的是李克农。李克农是八路军驻桂林办事处主任，是中共在桂林公开露面的头面人物，而今办事处被迫撤销，他必须走。虽然在这之前几次传来特务要绑架他的消息，但毕竟没有成为事实。现在他离去是公开的，因为两国交兵尚且不斩来使，何况是两党摩擦。办事处的人乘大、小汽车各一辆，随李克农经重庆返延安。

第三个撤离桂林的是杨东莼。此人是黄旭初、李任仁请到桂林当地方建设干校校长的，自是格外受到优待。皖南事变后，他在李任仁的老家临桂县会仙乡过隐居生活。隐居并不悠闲。李克农走后，在万不得已时，把《救亡日报》继续出版的任务，以及送走几个主要骨干安全撤离的重担，都交给这位杨某人了。另外，杨还正在为黄旭初写一本名为《干部政策》的书。看来黄某既要高戴乌纱帽，又要附庸风雅。黄某这一招并非创新，君不见蒋介石的《西安半月记》也是出自大手笔陈布雷吗？只要有权在手，"学问"也就魔术般地出来了。君不见有些无行文人，写的什么什么"思想发展史"，什么什么"大观"，不也是如法炮制的吗？

杨在写完《干部政策》后，《救亡日报》再也办不下去了。在形势急剧恶化的情况下，杨东莼由黄旭初秘密送出广西。

蒋介石玩弄桂系

在第二次反共高潮中，桂系是跟着干了，但不彻底，打了折扣。虽然取消了八路军的办事处，封闭了《救亡日报》，但中共在广西的主要人物放走了。如此等等，蒋介石都已从特务的小报告中，看在眼里、记在心中。蒋对桂系的所作所为，既不能容忍，又须在不露声色中去加以整治。

当时还有甚于李、白者，那便是李济深。

李济深听到新四军被宣布为"叛军"、叶挺被俘的消息时，气得没吃早点。他当即提笔给北伐时的老部下、蒋介石最信任的陈诚写信，要陈诚念袍泽之谊，关注叶挺的安全；听说叶挺目前正被扣在顾祝同的部队里而且生了病，又给顾写信，说他要亲自聘请医生为叶挺治病（后来真派去一位医生，而且是共产党员）。

蒋介石对李济深此举，颇为不快。他想：我蒋某跟你李某比比看，看你我谁的"感召"力大。于是蒋即采取了措施，当叶挺到重庆时，蒋和夫人美龄女士相偕出面接见这位"叛军"的军长。蒋满以为这样一来，叶某会受到"感召"，无奈叶挺不吃这一套，他"冥顽不化"，只愿自己一死，为部下赎命，别无所求。蒋的"感召"无效，自是震怒，又不便发作，更不敢把叶推出午门枪决。不杀叶倒不是碍于李济深的情面，而是因为叶的后台是中共，暂时还不能和中共彻底决裂。于是只好卖个顺水人情，允许陈诚担保，挂职在湖北省当高参。不过这位高参只能在省府院内看戏、读报、散步，别无自由。而且让陈诚担保是有条件的，即要继续替蒋对叶进行"感化"。陈也认真照办了。陈、叶二人在一次谈话中，陈说："希夷兄好有一比，你犹如把一部车开进死胡同，该把车倒回来。"可是叶回答说："我绝不开倒车。"

当时的《良友》画报对新四军的报道

陈诚1943年调任滇缅边界当远征军司令长官，临行前对叶说：

"希夷（叶挺字），你如果想带兵，便任集团军总司令，想清闲些，便任副司令长官，请你考虑。"这正是后来叶挺在一首诗中描述的情景："一个声音高叫着，爬出来吧，给你自由。"

可是叶挺说："人的身躯，怎能从狗洞爬出。"他干脆地对陈诚说：

"辞修（陈诚字）老弟，你不要欺人太甚，我有三条路可走：逃跑、自杀、到桂林和任公（李济深）住在一起。"

其后叶挺真的被解往桂林。在桂林有人建议，要叶出走，去五岭山。事为周恩来知晓，当即托地下党转告叶：出走不利，会使蒋介石找到借口。叶在桂林住了不到一年，日寇发动豫湘桂战役前夕，特务们在叶家后门高喊："叶高参你养的羊跑到山上去了。"叶闻声出门去找羊，再也没回来。此后情况一如小说《红岩》及《在烈火中永生》所写那样，成了"六面碰壁居士"，生活在重庆集中营。直至1945年日寇投降，国共两党签订《双十协定》后获释。

李济深的所作所为，爪牙遍布全国的蒋介石不会不知。无奈李济深不太好惹。三国时代的袁绍，动不动就当众讲：我家四世三公，门多故吏，让人们知道他根正苗红，遇事要让一些。李济深可称得起：追随中山，门多故吏。像陈诚这样素为蒋介石亲信的人物，尚且要听他几句话，诸如关照叶挺等等。蒋介石心里不糊涂，桂系的能量不在李济深而在李宗仁和白崇禧，对此怎能无动于衷。他已看出，中共是他的心腹大患，桂系之患仅次于中共。

蒋介石不动声色地对桂系采取了若干重大措施：

将白崇禧拴在反共的战车上：白是桂系军人中的领袖之一，一般人认为他擅长军事，足智多谋，绰号"小诸葛"。另外，人们也有一个比较性的评论，说李宗仁忠厚大度，才不胜德；白崇禧精明强干，德不胜才。以"才"而论，白目光短浅，斤斤计较，小得小失，无容人雅量，是小有才而好自用的人物；李宗仁倒有深谋远虑，比白高明得多。

"七七"以后，白崇禧到了南京，蒋介石似乎很器重他，委任他为副总参谋长。某次蒋对他的亲信人员秘密宣布："抗战一开始，不知何日了结，万一我中途身死，我的位置由白健生代替，白健生如死，则由何敬之代替。"这番话很快传到白崇禧耳中，有些马屁精一看白即将成为蒋的"第一继承人"，赶快向白讨好。"小诸葛"更是对蒋感激涕零，尽量将广西部队调出北上作战。武汉撤退之后，蒋又委白任西南行营主任，节制三、四、九战区，似乎把中国半壁江山都交给他了。其后日寇入侵南宁时，广西境内兵力单薄，只有请调中央军入桂，李延年的第二军、杜聿明的第五军就这样开进广西。昆仑关之役，陈诚竭力攻击白崇禧，结果西南行营撤销了，白又去重庆做无多少实权的副总参谋长。皖南事变前，又要他与何应钦联名致电朱、彭、叶、项，强令新四军北移，把"小诸葛"拴在蒋介石反共摩擦的战车上。总之，蒋介石略施小计，便将"小诸葛"玩弄于股掌之中。

对李宗仁明升暗降：随着抗日战争的推移，到了 1942 年 6 月，日本海军在中途岛遭歼灭性打击。1943 年 9 月，法西斯意大利向盟国无条件投降，世界反法西斯战争已微露胜利曙光。这时，蒋介石在加紧绸缪反共的同时，不能不认真考虑如何收拾桂系的魁首李宗仁了。前面谈过，蒋介石不希望打败仗，但也绝不愿看到李宗仁打胜仗。可是上帝似有意与蒋作对，偏使李宗仁在台儿庄一仗获胜，致使他声名鹊起。尤其是李宗仁能把众多山头的杂牌军积极性调动起来，更为蒋介石始料不及。这支军队若长期掌握在此人手中，一旦"成了气候"，尾大不掉，岂不误蒋家天下大事？怎么办？把李调走，没有充分理由不行。仿赵匡胤的办法，来个"杯酒释兵权"，也非其时。蒋毕竟是老谋深算，1943 年 9 月，成立了汉中行营，行营是介于中央与战区之间的军事机关，辖第一、第五战区，稍后又增加第十战区。局外人看，行营大权在握，实则战区直接受国民党军委指挥。这个行营不仅不是军事指挥机关，甚至也无承上启下作用。各战区在向国民党军委做书面报告时，送它一份副本，以敷衍面子。不难看出，这个行营是专为安排李宗仁而设。李在行营中，名曰主任，主持工作，实是如庙中之神像，虽受祭祀，憾无灵验。

李宗仁"高升"后，接替第五战区司令的是刘峙。蒋介石用人有一特点，即重用庸人，因为这种人便于控制。刘峙抗战之初在华北，见敌就跑，由此获得"飞将军"的绰号，形容他之善于逃跑。

刘逃到大后方，庸人自有天相，当上了重庆卫戍司令，官尊事少，淫欲酒色占据了内心世界的主要部分，纳一年轻貌美娇女，藏之金屋。他虽喜新，但不敢弃旧。因他的元配夫人性蛮悍，而刘又是个闻狮吼而色变的将军。纵然他不弃旧，也有露马脚之时，没多久，东窗事发，闺房丑闻传遍重庆山城，人们当作笑料。也许是刘的夫人常向宋美龄哭诉起了作用，又值第五战区出缺，遂派刘去接替李宗仁，上前线不能偕夫人，正可借此远避雌威。

刘峙来到第五战区司令长官部所在地老河口，先是感到离市区太近，不安全，又感到司令部的房子太小，不够排场，很快就迁到草店去了。奇怪的是这样一员领兵大将，胆小如鼠，那时中国建筑简陋，室内无水洗厕所，夜间小便要去室外，而刘在夜间每次小便都要叫醒几个卫兵陪着。

刘峙来到第五战区，还遭到日本鬼子的奚落，敌方广播说："欢迎常败将军来老河口驻扎！"

不管怎么说，蒋介石总算了却一件心事。李宗仁从此虽有帅印而无兵符，再无兵权可掌了。

四　争鼎分高低

惨胜与内战齐来

1945 年是国际反法西斯战争的胜利年。德、日两个最残暴的法西斯国家无条件投降了。世界反法西斯战争的胜利，给全世界各国人民带来了无比的喜悦。

当中国人民看到 1945 年 8 月 14 日签订的《中苏友好同盟条约》中关于中长铁路的规定，关于旅顺、大连的规定，关于有损中国的规定，无论人们怎么解释，也难以产生发自内心的喜悦。这不奇怪，因为谁都有一颗拳拳爱国之心。

还有，中国人民经过八年浴血奋战，无辜人民死亡三千多万，财产损失数千亿美元。美、英、法、苏它们向德、意、日法西斯及其当年的卫星国索取损失，没有现款就用机械设备顶账。

此时的中国又是怎样一种情景啊！

这年的春天刚刚来临，美，英、苏三国的巨头罗斯福、丘吉尔、斯大林便于 2 月 4 日到 11 日，在克里米亚半岛上的雅尔塔开会，安排即将结束的第二次世界大战瓜分胜利果实问题。只要学过中学历史的人就会记得，第一次世界大战结束后，在巴黎召开的分赃和会，中国虽未争回权利，却应邀参加了会议。这次雅尔塔会议，荣列四强的中国却没有受到邀请，因为美、英、苏在打败德、意、日后，又乘势给中国捅了一刀，不信你看：美英为了尽快促使苏联对日宣战，同意斯大林对它们提出的"敲竹杠"式的条件：

1. 维持蒙古人民共和国的现状。

2. 由日本于 1904 年背信弃义进攻所破坏之俄国昔日权益应予恢复，即（甲）库页岛南部及该岛附近之一切岛屿应交还苏联，（乙）大连须国际化，苏联之租用旅顺港为海军基地应予恢复，（丙）苏联与中国共同经营中东铁路和南满铁路。

3. 千岛群岛应交予苏联。

　　1945 年 6 月，美国正式将雅尔塔密约通知中国，因为他们希望蒋介石派人到莫斯科签订《中苏友好同盟条约》，换言之，美英两国要蒋介石派人将中国权益拱手让人。

　　中苏谈判自 6 月 30 日至 7 月 12 日，谈了 6 次，中间因斯大林参加波茨坦会议而暂停，8 月 6 日继续谈判。在谈判中，苏方明确表示，不答应这些条件，苏联没有向苏联人民交代出兵的理由。一句话，中方不同意这些条件，苏联不对日宣战。

　　8 月 6 日美国在广岛投下第一颗原子弹，8 月 8 日，中苏尚未签约，在没法向苏联人民交代出兵理由的情况下，苏联迫不及待地对日宣战。这种具有自我讽刺意味的出兵，人们看得明明白白。

　　1945 年 8 月 14 日，中苏友好条约签字。次日，日本裕仁天皇即发表无条件投降的"终战诏书"。若推迟签字一天，何劳他国出兵。没有外国出兵，东北的大批工厂，自然也就不会被他国奉为战利品。

　　中国的有识之士，从日本军国主义宣布无条件投降那天起，就有喜有忧：喜，固无须解释；忧，人们也看见了。坐在峨眉山上观虎斗的蒋介石，由于其嫡系部队远离前线，他感到不无失算之处。于是他为亡羊补牢，采取措施，连下三道命令：命他的嫡系中央军，"加紧作战努力，勿稍松懈"，快抢地盘；命八路军、新四军"就地驻防待命，勿擅自行动"，听他摆布；命日伪军就地"切实维持治安"，替他守住地盘。

　　蒋介石的算盘打错了，毛泽东、朱德和他们领导的共产党、八路军，在敌后和日本鬼子拼杀了 8 年，创立了 19 个抗日根据地，此时怎能原地驻防待命？他们一面严正拒绝蒋介石的命令，一面下令八路军、新四军，向敌伪猛烈反攻，不多时，张家口、承德、归绥、烟台、龙口，晋、冀、鲁、豫、绥、察、热、苏、浙、皖、粤等省一百多座县城得以收复。在收复这些地方的过程中，由于有些地方的日军"奉命"不缴械，曾发生过激烈的战斗。

　　蒋介石从八路军收复失地的行动中，看出了中共和他寸土必争的姿态。此时不论美国如何加大力度，帮助运兵，若大打内战，显然不行。况且抗日战争刚刚结束，马上同室操戈，国人也不答应。蒋介石的智囊人物，给蒋如此这般地出了一个妙计。看过《镜花缘》这部小说的人，都会记得书中有个

"两面国"，该国国民都头戴浩然巾，满面笑容，十分和气，但若将浩然巾揭开，脑后还有另一副横眉怒目、杀气腾腾的面孔。蒋介石本此精神，接受吴鼎昌的建议，向毛泽东连发三封电报，特请毛泽东到重庆共商"团结建国大计"。

毛泽东接到蒋介石的邀请电后，中共中央反复进行了研究，最后的结论是："去"，到重庆去与蒋谈判。毛泽东说，这也同样是"针锋相对"。

在谈判过程中，国民党军队向解放区进攻怎么办？研究中有人提出问题。"坚决回击"，毛泽东说："你们愈是坚决回击，我愈安全。"

不出毛之所料，就在重庆谈判过程中，阎锡山看到晋东南空虚，有机可乘，便遵照蒋的旨意，纠合敌伪部队十三个师七万多人，从临汾、洪洞等地出发，爬过太岳山，直接进攻长治。长治古称潞安州，《精忠说岳》小说中双枪将陆文龙的家乡，如今是晋东南解放区中心，岂容阎老西侵犯？在刘伯承指挥下，经一场恶战，阎军被歼，中将李修礼、少将李春元等六七个高级将领放下武器。

在这前后，津浦线上的李延年、陈大庆，平绥线上的傅作义，中原的刘峙，陇海线上的胡宗南等奉"委座"命令进攻解放区的部队，也都被打得丢盔弃甲。

蒋介石一看形势不妙，拖了四十多天的国共谈判，没有再拖的必要了，赶快签字，送毛泽东回延安。于是而有堂而皇之写在纸上的《双十协定》的签字。说是坚决避免内战，其实谁都知道内战不可避免。君不见国民党在往华北和东北加紧运兵，中共也在准备防御，国共两党军队小规模的战斗从未间断，只不过"国军"在历次战斗中，都未占到便宜，人民反对内战、要求民主的声浪又响彻入云，于是按《双十协定》早该召开的"政治协商会议"，终于在 1946 年 1 月 10 日在重庆开幕。

参加这次会议的国民党代表是：孙科、吴铁城、陈布雷、陈立夫、张厉生、王世杰、邵力子和张群；中共代表是：周恩来、董必武、叶剑英、王若飞、陆定一、邓颖超和吴玉章；民盟代表是：张澜、罗隆基、章伯钧、张东荪、张申府、沈钧儒、黄炎培、梁漱溟和张君劢；中国青年党代表：曾琦、陈启天、杨永浚、余家菊和常燕生；无党派代表：郭沫若、王云五、傅斯年、胡霖、钱永铭、缪嘉铭、李烛尘、莫德惠和邵从恩。

蒋介石在致开幕词中，他那满口浙江官话，人们虽听不大懂，但也听清了什么"真诚坦白""大公无私""高瞻远瞩"这几句，接下来他还许下了"四项诺言"：1. 人民应享有身体、信仰、言论、出版、集会、结社等之自由；2. 各政党平等合法；3. 实行地方自治；4. 释放政治犯。

在会议进行中，蒋的"四项诺言"言犹在耳，黄炎培的住宅竟遭到特务的搜查，致使政治协商会议无法协商下去，不得不罢会抗议。连国民党代表孙科也感到特务们的胡作非为有损国民党的体面。蒋介石一见不妙，只得亲自出面"保证调查真相"才又复会。到1月31日，经中共及民主党派的共同斗争，终于通过了在当时条件下有利于和平民主团结的决议案；会上两个争执最大的问题，即取消国民党一党专政、建立有各党派参加的临时联合政府，也写进了决议。但纸上的东西，若要使之成为现实，则须经过很大的努力。

政协会议闭幕消息传出，各方人士高兴，人们奔走相告，以为从此天下太平。重庆各界人士、广大市民在校场口集会庆祝。刚要宣布开会时，一群特务顿时将主席台围住，预先埋伏下的特务，此刻一齐动手，飞砖掷瓦、推桌倒椅，郭沫若、章乃器、李公朴、施复亮等被打受重伤，马寅初的礼服也被暴徒从身上剥走。冯玉祥因此事件，写了一首打油诗，以泄胸中之怒火：

> 豌豆开花紫微微
> 红的开过开青梅
> 开个政协会，本来是很对，
> 会竟没开成，民从被打退，
> ……

在蒋介石头脑冷静一些之后，感到当年在上海滩和黄金荣、杜月笙学的这套本领，用在政治斗争上，不仅外观不雅，也不解决问题。政治斗争和流氓斗殴根本是两回事。蒋想通了这点之后，于3月1日召开国民党二中全会。会上，国民党少数中委，如谷正纲提议"加强民主作风"，黄宇人强调"党的革新及团结民主之必要"，因不识时务，不为人们理睬。而当孙科报告政协开会经过之后，张继等一百一十人临时动议，要求推翻政协决议，蒋介石表示"就其荦荦大端，妥筹补救"。

这时，蒋介石的精锐部队，基本上运到内战前线了，美国的军援，源源不断地运进中国了，内战大打的条件成熟了。陈诚说："三个月可以打垮中共"，蒋介石比陈稍慎重些，说须半年才能打垮中共。此后内战硝烟弥漫中华大地。到了8月，蒋介石通过美国特使马歇尔、美驻华大使司徒雷登，向中共提出了五项荒唐无理要求：

1. 让出苏皖解放区。
2. 让出胶济线。
3. 让出承德及承德以南地区。
4. 东北在10月15日以前退至黑龙江、兴安及嫩江等省与延吉。
5. 山东、山西两省须退出6月7日后中共所占地区（这些地区均系夺自伪军）。

中共自是不能接受，内战烽火连天。10月11日，国民党军攻占张家口。当天下午即正式撕毁政协决议，宣布召开一党独揽的"国民大会"。国人看清了事实，把同情放在中共一边。

以上这些，便是抗日战争胜利初期中国的大气候和小气候。

蒋介石和李宗仁在这种气候下，展开了新一轮的争权夺利的斗争。

中正不正削群雄

日本军国主义投降后，国共两党斗争日益激烈，渐趋白热化。蒋介石指天发誓，不消灭中共死不瞑目。不过他在和中共斗争的同时，从未忘记如何对付地方实力派。

这地方实力派中，分为有地盘和无地盘两种。无地盘而又很难对付的莫过于冯玉祥。此人生死不怕，而且由于他在军界影响太大，又是蒋某"把兄"，又不能动用特务去暗杀他。在二中全会上，蒋唆使谷正纲出面，猛烈批判、抨击冯玉祥，其本意是想拿舆论压压他，岂料冯某不听邪，反而在 3 月 5 日正晌午时，提着灯笼漫步在重庆街头，而且还边走边嚷："太黑暗啊！太黑暗啊！"走到嘉陵江边，不觉情动于衷，老泪纵横，乃喟然长歌曰：

> 法西德日意，从根被摧毁。
> 再去仿效它，实在自找罪。
> 东西法西犯，无处可逃避。
> 快醒，快醒，作人最可贵。

初更时分，冯某回到官邸后，家人将二中全会上有人提议开除他党籍的消息对他讲了后，冯大笑道："这是我的光荣！"说罢走进书房，濡墨挥毫，咏诗一首，诗曰：

> 可叹顽固派，努力谋破坏。
> 辱国与辱党，实在太不该。
> 并请快提议，把我党籍开。

当晚这首诗就广播出来，蒋介石听后，连声说"讨厌！讨厌！"

蒋对冯在无可奈何中，想出一个办法，派冯赴美考察水利。丘八出身的冯玉祥一生只会带兵打仗，对水利犹如擀面杖吹火，一窍不通。唯其如此，才看出蒋某的用心。

冯由上海登船时，欢送他的军乐队奉命高奏"我家有个胖娃娃"的曲子。其意是说：你快滚蛋。

对有地盘的晋系阎锡山，蒋心里知道，此人自 1930 年中原大战后，只想保山西，已无与蒋争天下之野心，除非时局发生出人意料的特殊变化。不过此人狡猾异常，为此人们送他一副对联：

> 上联是：井底孤蛙小地小天自高自大；
> 下联是：厕中顽石又臭又硬又尖又滑。

蒋介石与龙云第一次在云南会面时留影

蒋针对此人特点，经济上予以资助，政治上加以笼络，军事上尽量利用。但狡猾的"阎老西"，自上党战役丧师失地之后，如藏头乌龟，能不出战就不出战。蒋虽不满，也只能徒唤奈何！按蒋本意，不能容他，按蒋实力，又不能不容他，虽然是暂时的。

蒋介石另一整治对象是龙云。因为蒋想推行法西斯独裁统治于全国，龙想维持云南封建地方统治于不坠，互相矛盾，势不两立。蒋遂乘抗日胜利之时机，于1945年10月3日，在昆明搞了一个小型地方政变，解除了龙的武装，强行"请"龙到重庆任有职无权的军事参议院院长。当时，龙云的姑表兄弟卢汉，正在越北受降，手握重兵，蒋遂任命卢汉为云南省主席，以稳其心。省政实权握在李宗黄手中。李宗黄当官心切，极力讨好蒋介石，在"一二·一"昆明学运时，与关麟征合谋，残酷镇压学生反内战运动，造成惨案，招致全国学生和广大人民的反对，使蒋介石不得不起用卢汉作为缓冲，日后再视具体情况，作别打算。至此，蒋介石感到，削平群雄，不能操之过急，要审时度势，相机剪除。

李德邻韬晦北平

地方势力中最使蒋介石不放心的莫过于桂系。桂系之于蒋，是仅次于中共的心腹之患。桂系有地盘、有军队、有战功、难找碴儿、不易动。而且另一方面，桂系问鼎有心、争鼎有力，这又使蒋每念及此，寝食难安。

所以，抗战胜利消息一出，国民党军委让八路军"就地驻防待命"的同时，给李宗仁送去一顶高帽，任命他为北平行营主任。

这行营一眼看去，权力似乎很大，它直辖第十一、十二两个战区，包括河北、山东、察哈尔、绥远、热河五省和北平、天津、青岛三市。辖区内一切党、政、军都要听行营主任命令。而且蒋介石还为此专门发文，要华北各地党政军都要服从行营命令。

李宗仁心里明白，蒋介石无论外表上给多大的权力，其目的都是为敷衍面子。当赴任之后，肯定是主官无权，政出多门，结果必将是治丝益棼，不堪设想。想到这一切，李宗仁心里有了主张，效法当年刘备，行韬晦之计，但他不是消极等待时机，能用权行令时，便发号施令，且看他到职后办的几件事：

先看接收：蒋家接收官员，故意制造恐怖气氛，随意加人以汉奸罪名，予以逮捕。一时间汉奸帽子乱飞，自小商人以至大学教授随时有被戴上汉奸帽子坐牢的危险。接收大员们把自己想要的一切东西都贴上封条，当做"敌产"。人民说这些大员们抗战时发"国难财"，现在又发"接收财"。这些大员们吃馆子、收金子、嫖窑子、抢房子、抓车子（汽车），人称"五子登科"；发洋财、住洋楼、吃洋饭，人称"三洋开泰"。有人为此赋诗慨叹道：

"接收大员"四川来，残生劫后又蒙灾。
"三洋开泰"穷物欲，"五子登科"极豪奢。

百姓不堪其扰，一些知名学者和地方士绅，找李宗仁控诉。在不得已的情况下，李召集党政军临时联席谈话会，在会上李对与会者说，"汉奸"一词不能滥用：不能用"汉奸"这顶帽子，借口敲诈、浑水摸鱼。会后，他又将特务头子马汉三留下，李对马说："今后凡非附敌有据，概不得随便捕人，你部下如不听命令，明知故犯，一经查明属实，唯你是问。"

协和医学院有几位名教授，卢沟桥事变后，因受美国保护，未撤离。太平洋战争爆发后，该医学院为伪政权接收，这些教授无法离平。光复后即被"接收大员"扣上"伪教授"的帽子，逐出医院，衣食无着。李宗仁懂得用

103

人之道，将他们一律聘至广西医学院。

北平进入冬季时，又发生了粮荒和煤荒，市民、学生、社会名流包括老画家齐白石都找上行营大门来，甚至已经成为战俘的昔日敌华北指挥官根本博也登门求见，他们都是为了一个共同目标，要求解决吃粮、烧柴问题。这位行营主任，一时间成了后勤总管。

李宗仁为表示礼贤下士，每两周召开一次座谈会，听取社会名流、大学教授的意见，让他们畅所欲言。这些有社会地位的布衣之徒，对国民党接收时的所作所为痛加指责，用词异常尖刻，使李宗仁感到有些话之尖锐，超过共产党。但李没因此给谁扣上什么帽子，安个什么罪名，他说人们的愤懑是有理由的，对他本人的批评，将来"是非自有公论"。

这时的李宗仁位尊无权，似庙中之神，又不全似庙中之神，还多少有点灵验。1946年10月9日，陈诚以参谋总长身份在北平召开一次重要军事会议。会上陈宣读蒋介石手令：为安定民心，鼓励士气，平汉路应于三个星期内打通云云。陈念完手令，与会各将领表态：

"主席令应该执行！"

"在三星期内打通平汉路！"李文和孙连仲郑重地说。

傅作义未表态，因此事不在他防区内。

"德公，你的意见如何？"陈诚问。

"论军人本分，原应服从命令，不过为事实着想，我们不该欺骗最高统帅。若以现有兵力来打通平汉路，简直是不可能。因为平汉路如果打得通，则早已打通了。……现在并未增加一兵一卒，忽然限于三个星期内打通平汉路，实是梦想。……恐怕还要损兵折将，为天下笑。"李宗仁说。

"如果如此，我如何能向主席复命呢？"陈诚为难地说。

"辞修（陈诚的字）兄，那只有据实报告了。"李宗仁说。

陈诚不敢据实报蒋，同李宗仁商量，以李的名义向蒋报告。李同意了。不久，蒋见李电后，复电说：暂缓执行。

那个要坚决执行蒋介石打通平汉路的李文，见此电后，对李宗仁说了真心话："如果没有德公负责打电报，这事就糟了。"唯唯诺诺的李文这时说出了真心话。

　　像李文这样的人，在日常工作生活中，不难见到。此辈善于顺情说好话，看领导脸色、看风头行事。此辈满腹阿谀奉承之词，自以为是本领，对上唯唯诺诺，深感心安理得。在国民党一党专政制度下，上上下下都是个人专断，容不得不同意见，听不进逆耳之言，他们还有一套歪理，说什么奉承之言是帮忙，逆耳忠言是添乱。其结果自然是小人、庸人得势。那些愿听奉承之言，愿用唯唯诺诺之人者，将是最终尝苦果之人。那么，何以视殷鉴而不见？其关键在一个"权"字。终蒋一生，非此也哉！

　　现在，我们再看李宗仁这尊"神"还有什么灵验？还有点，不多了。

　　在伪立宪国大召开之际，北平学生再次为反对内战掀起学潮。李宗仁的态度，允许学生去闹，他们的"怨气、热情发泄尽了"也就没事了。可是蒋介石气量狭小，不能容忍。有天凌晨，北平市市长何思源找上门来对李宗仁说，学生要游行示威，特务们要有行动。

　　李问："如何行动法？"

　　何说："在重要路口上埋伏下武装特务，不但有手枪，还有手提机枪，今天他们要制造个大屠杀场面来显示他们的威风！"

　　李似将信将疑，可是何进一步肯定地说："他们已经在各街口埋伏了二百多条枪……"

　　李宗仁将特务头子马汉三找来。李问马道："听说你们今天要制造血案，是不是？"

　　马说："报告李主任，学潮愈闹愈不像话了。我看不牺牲几个人恐怕镇压不下去。"

　　李说："你的意思是要打死几个学生？我告诉你，这事千万做不得。你以为打死几个学生和教授就可把风潮压下去吗？"

　　李、马二人你一言我一语，进行争论。李要马将特务撤走，而且要立刻就办，上面的事有我李某完全负责。马默然不答也不走。最后李强硬地说："你如不听我命令，我今天便扣押你，把特务便衣队全部缴械。以后特务如和学生有任何冲突，惟你马汉三是问！"

　　马汉三被李镇住了，一场流血事件避免了。然而，也不能再容何思源在北平市长的交椅上坐下去了。没过三天，何被调走了。这事，他本人事先毫无所知，尚可理解，主管华北事务的堂堂行营主任李宗仁，也竟然不知，人们或感到是怪事。认真想想，其实不怪，和"委座"顶着干，能不示警？

自"五四"以来，中国的学生运动，其核心内容，一言以蔽之是"爱国民主"四个字。对付这样的学运，从段祺瑞到蒋介石，其手段有二，一是舆论上歪曲事件真相，二是动用警棍、大刀、水龙，直至手枪、机枪。历史证明这种办法不高明，倒是李宗仁对马汉三说的镇压学运"这事千万做不得"那句话，说得有道理。李宗仁处理学运，确比蒋介石高明多了。

李宗仁这位北平行营主任，位尊无权，犹如三国时刘备身寄曹营一般。不过他不像刘备去学圃，也无人请他"青梅煮酒论英雄"，他只能和夫人相伴游览名胜，借以行"韬晦"之计。

提到李宗仁的夫人，人们自然联想到郭德洁女士，这不外是来自李宗仁1965年回国后的新闻报道。但细心读报的人还能记得1990年新华社报道的这样一则消息：

> "原国民党政府代总统李宗仁先生的元配夫人李秀文女士5月18日在桂林市工人医院一个特殊病房里度过了她的百岁生日。李秀文在一个世纪前出生在广西临桂县一个小村里，她曾在古巴、美国等地侨居了二十四年，1973年回国定居。回国时邓颖超女士及有关领导亲切接见了她，并参观游览了上海、南京、杭州等许多地方。1973年12月15日李秀文回到了朝思暮想的桂林，住在装修一新的旧居。十七年来，李秀文女士在政府的关怀下，安享晚年。如今已过百岁，但仍精神矍铄。1990年她生日当天，专程从美国赶来的李秀文女士的儿子、孙女和在桂林的亲属，以及桂林市有关方面的负责人，纷纷前往，为老人祝寿。"

这段275个字的报道，将李秀文的晚年幸福生活，扼要讲清，无须再在文字上画蛇添足。

李秀文的早年境遇如何？和郭德洁的关系如何？这确为一段趣话：

李秀文原是与李宗仁同乡的一位村姑，名叫四妹，比李宗仁早三个月即1891年8月来到人世间。奉父母之命、媒妁之言，在21岁时，二李结百年之好。婚后李宗仁对妻子说："要识字！要识字！不识字等于是个盲人。以后我写个信回来你也看不出，受人骗也不知道。我教你，只要你肯学，日子长着哩！"从这段话中听得出小夫妻间是多么和美。其后李宗仁率部驻防广东新会时，也把李秀文接去随军，不久她生下李幼邻，这是李宗仁唯一的儿子。再往后，她又随军转移了好些地方。据李秀文说："当时身边有了孩子，便觉行旅辛苦……所到各地，言语既不易懂，应酬又多……逐渐有点厌倦之意。丈夫也看出我的心思，常常多加抚慰，……我才回心转意。"这是李秀文在几十年后写的一段美好回忆。

1920年冬，两广爆发了战争，李宗仁将妻子送回乡间，不久又与公婆住在上海。

1921年冬，即李秀文回到公婆身边仅一年，李宗仁给父亲李培英写去一信，禀告说，经人介绍，又娶了郭德洁为妻。李秀文得知家庭"政变"，丈夫的卧榻之上又有新欢时，真是愁肠百转，苦不堪言。经过一段痛苦思索，懂得封建伦理道德的她，终于想通了，后来她回忆这段经历时说："达官贵人，有个三妻四妾是平常事，不足为奇，况且我丈夫身边也需要有贴身照料的人……"

说是想通了，但这真是一桩终身大事，怎可能轻易放下心来。不久，她在公婆同情、支持下带着李幼邻前往桂平，看看丈夫到底如何对待自己。

李秀文与李幼邻母子到了桂平。且看李宗仁在旧爱、新欢相见的紧张一幕拉开时，是如何亮相的。

李秀文在正厅落座后，伴随李宗仁的"德洁快出来"的话音，一个身材窈窕、面庞俊俏、打扮入时的妙龄女子走了出来，她大大方方朝李秀文含笑点头，又转身给斟了一杯热茶，之后从李宗仁怀中接过幼邻抱着戏逗。孩子有些认生，一脱身滑下去，依偎在母亲身边。郭氏遂转身入内。这时李宗仁说话了：

> 我娶了德洁来，为的是外面应酬多，身边有个照应，你来了，大家做个伴嘛，你看好吗？

李宗仁的一席话，说得是那么轻松、坦然，似乎对李秀文毫无伤害。

此刻，该见的人见到了，该说的话说了，李秀文也无可奈何。

李宗仁是怎样幸遇郭德洁这位红颜知己，把她娶进家门的？这件事李秀文有过叙述，唐德刚在《撰写〈李宗仁回忆录〉的沧桑》中有过描绘，苏理立写的《李宗仁与郭德洁》一文中，也有过表达。如今没有必要为这些对不上口径的文章，考证辨别这桩风流韵事。李宗仁与朋友吃火锅时，谈及此事。情节似较可信，正所谓：酒后吐真情。事情是这样：

刚刚接近十六岁，还未达豆蔻年华的郭儒仙，走在路上，偶然被在桂平县城门楼上的青年将领李宗仁好奇地偷看到，而被他看到的又恰是桂平女校校花，是众多小青年心中"美兮倩兮，目兮聆兮"，争献殷勤而追逐的对象。站在李宗仁身边的一位营长，把这一切都摄入眼底。离开城楼后，便和一些好友主动为之穿针引线，从中效力。李宗仁对此自是求之不得，而女方也竟能钟情于比她大十六岁的少壮军人。这样，月下老便充分发挥了积极性，男方横下一条心再娶，女方自是心花怒放，很快就成其好事了。

说罢这段插曲，再回过头来看李宗仁对找上门来的元配夫人作何安置。他没有学陈世美，对妻子又赶又杀。他对李秀文说："我这个军人最讲信用，日后决不亏待你。"

就吃、穿和日常生活用度而言，李宗仁的确没有亏待她。可是李秀文从三十多岁起，夜夜守空帷。李宗仁这一点对她是亏得很。李秀文虽不时有酸楚之感，可是她从不哭天抹泪。此时在她身边的李幼邻也愈益显得可贵，看到儿子，心中也得到不少慰藉。

此刻的郭德洁也面临着如何与李文相处的难题。这位不足二十岁的女性，居然不以受宠而跋扈，从而也就有了和李秀文和睦相处的基础。所以二人在生活中，谁都不曾口出恶言。后来李秀文在回顾这段生活时也公正地说："德洁是明理的，对我从没有不尊重，只不过后来涉世深了，社交应酬多了，经不起一些人的挑拨，才逐渐回避我。在宴请的时候，我去，她就借故不去……我们各自按着自己的兴趣去消遣日子。"其后随着李宗仁地位的升迁，社会应酬的频繁，每遇宴请，李秀文常不参加，但她看得出，她每参加一次，郭德洁必感不安一次。这个问题，最终是留给李宗仁去解决了。且看他的诀窍。

别看李宗仁有言在先，说什么决不会亏待李秀文，但在生活安排上，其倾斜度是明显地向着郭德洁。

郭德洁其人也确有与一般女性不同之处。试想：自民国以来，在众多知名女性中，凭自己奋斗，在社会上占有一席之地者，固不乏其人，靠丈夫之力，当什么"主任"、什么"长"者，又何其多也。而郭德洁呢？

1926年国民革命军誓师北伐，李宗仁官拜第七军军长，郭德洁荣登中国国民党广西省党部监察委员宝座，这虽属妻凭夫贵，但随后她当上广西女子北伐宣传队队长，出征北去。这时的她与"妖妻美妾"型的人物不同。这个年轻貌美的女性，脚穿长靴，跨上骏马，驰骋于军旅之中，活跃于两军阵前，所以当时有人把她比作"甘露寺"的孙夫人、"黄天荡"中的梁红玉。不难从这些反映中，看出她那时真是出尽了风头，但这主要不是靠丈夫。

此时的李秀文，因北伐出师在即，李宗仁乘势把这位缠足女性送回广西家乡。在家乡，她有吃、有喝、有住，也算是不亏待了。至少李宗仁是这样看的。

说罢这段插曲之后，再谈1947年时的李宗仁和郭德洁。此时他们夫妻已风雨同舟、患难与共几十年了。戎马倥偬了大半生的李宗仁，虽有闲得发慌之感，又觉得有闲畅游北平名胜古迹，也自会别有情趣。一日，他偕郭德洁趁雨观赏太和殿的雨中奇景。

故宫中的太和殿、中和殿、保和殿，通称三大殿，是宫中最重要的一组建筑，耸立在"工"字形的汉白玉台基上，金碧辉煌。其中的太和殿是清室历代皇帝登基大典，受百官朝贺之所在，其雄伟壮观之姿，令人叹为观止。三大殿台基上所有的栏杆纹饰精美，尤其是望柱头上的浮雕蛟龙，身绕柱头，昂首张嘴，令人称赞。每个台基的外檐还出有一千一百二十六个螭首。每个螭首张开的嘴里都打通了一个孔道，连接着基座的每层台面。下雨时，三大殿四周的雨水即顺着这些孔道，从螭首嘴里一层层地排泄下去，流到地面上的暗水沟里。雨小时，从螭首嘴里流出的雨水似根根不断的白线；雨大时，则形成白链。从这千余只螭首嘴里宣泄的水链，落在砖上，悦耳的响声，在空中震荡，为这气势磅礴的宫殿增添了玄妙的气氛。

李宗仁偕郭德洁来游故宫时，正值大雨滂沱，郭德洁睹此奇景，不仅交口称赞，且嗔怪说："来北平两年多了，这么好玩之处，怎么就你晓得？"李宗仁忙向夫人解释说："那还是有一次孙连仲来看我时，我俩在漫游故宫，巧遇大雨，才得睹此奇景。"

孙连仲是在台儿庄战役中与李宗仁结下友谊的。日本投降后，他被委任为保定绥靖主任，但仅允他只身赴任，指挥蒋介石的嫡系部队。跟他作战几十年的子弟兵，都拨归胡宗南的建制。蒋介石嫡系部队，多为骄兵悍将、"天子门生"，怎能听孙连仲指挥？唯其如此，蒋才放心，而孙却因此牢骚满腹，遂乘公务来北平之机，游故宫向李宗仁发泄。

在牢骚中李宗仁说了些气话，表示要急流勇退，可是牢骚过后没隔几天，蒋介石却想让他接替熊式辉担任东北行辕主任。李宗仁心想，东北全部落入中共手中只是迟早问题，华北大半已落入中共手中，我如何有此力收拾残局？于是他推说患胃溃疡须动手术，辞而不就。可蒋介石说："你去美国治病，先由白崇禧暂代。"李、白二人推辞不过，只好草拟一个东北军事部署方案，其核心是缩短战线。蒋不同意这个方案。这样，李、白谁也不去东北，蒋介石只好改派陈诚当东北"剿总"司令。

李宗仁坐困北平，终非了局，他想到自身处境，心绪颇不宁静：华北在名义上他是最高领导，实则和孙连仲境遇相似，他对党政军各方面，都是"既不能令，又不受命"。面对此情此景，他不能不想：日后如被共军包围时何以自处？向共军投降，无颜；封疆大吏，守土有责，不能弃职潜逃；自杀，又不甘心。此时，李宗仁的心态是十五个吊桶，七上八下。

天无绝人之路，正在这时，即1947年8月，美国总统特使魏德迈来华，使李宗仁在韬晦中，看到一线生路：竞选副总统！

魏德迈来华换马

解放战争进入第二个年头，国民党军队处处失利，情况颇为不妙。这年3月初，胡宗南即按蒋介石的指示，调集了6个师15个旅约15万人，于3

月 15 日进攻延安。费了九牛二虎之力，直到 3 月 19 日下午 3 时，胡宗南的第一师的攻城部队才在飞机掩护下，攻向延安老城西山的最高点，在半山腰乱放枪。待攻下这最高点时，发现这里只有解放军 6 人，由后山从容撤走。第一师进入延安后，城内早已空无人影。

胡宗南有惊无险地攻占延安之后，对蒋介石说来是一大喜讯，因为中共中央在此地住了 13 年，如今又落入蒋的手中。他致电胡宗南说："宗南老弟：将士用命，一举而攻克延安，功在党国……殊堪嘉奖……望弟勉旃"云云。

此刻的蒋介石做梦也没料到毛泽东没有离开陕北，而是在陕北召开军事会议，部署了三支大军渡黄河，直接打进国统区。国民党军队，在进攻的解放军面前处处失利。蒋介石的欢乐影子从面部消失了。一次他率领众爱将看完《岳飞》这部电影后说："不知将来历史会把我写成什么样的人。"

中国历史上的一些政要到了垂暮之年，都担心后人对他的评价。可是早知今日，何必当初。

此刻的美国，朝野上下也看出中国战局对它很不利，它对南京"国民政府"投入的 60 亿美元，很可能要血本无归。美国杜鲁门政府，禁不住亲蒋众议员周以德在国会里的闹腾，便特派魏德迈于 7 月 21 日来华进行调查。

1947 年，白崇禧和美国总统特使魏德迈在南京机场合影。

蒋介石得知魏德迈来华消息后，精神为之振奋，他为此约见了司徒雷登大使；国民政府外交部长立刻发表声明，欢迎魏德迈，说他是中国公认的朋友和了解中国问题的专家。国民党秘书长吴铁城也发表了相似的声明。连胡适这样的人也出来表态。国民党的《中央日报》，政学系的《大公报》和《重申报》，军方的《和平日报》，都发表社论表示欢迎。

欢迎，欢迎，为什么有这么多的欢迎？因为蒋家天下从上到下都认为，魏的来华，预示着美国对华政策将产生大的转变，国民政府会很快得到大量美援，把中国纳入马歇尔计划之内。

中国人对魏德迈并不陌生，此人在 1944 年 10 月 29 日，顶替史迪威，任中国战区参谋长，对蒋介石毕恭毕敬，蒋对此人深为满意。魏此次来华，蒋自然对魏寄予无限希望。

蒋家国民政府从上到下，谁也没料到他们的希望成为不切实际的幻想，他们的希望像肥皂泡沫一般破灭了。

魏德迈在国统区调查了一个多月之后的离华前夕，即 8 月 24 日，蒋介石在黄埔路官邸举行欢送茶会。这位当年对蒋毕恭毕敬的参谋长，此时完全是另一副面孔。魏在会上发表了一篇早经推敲过的访华声明，全文不仅没说蒋家国民政府一句好话，反而指责它"麻木不仁""贪污无能"，其中尤为重要的，也是蒋介石最不愿听又不能不听的一句是说："中国的复兴有待于富有感召力的领袖"。这对蒋真如当头一棒！蒋介石当时血压若高，非晕过去不可！

事后，蒋介石非常气愤，蒋家控制的新闻媒体感到失望。

自 1944 年 10 月至 1947 年 7 月，魏德迈对蒋前恭后倨，判若两人。但与其由此指责魏之人品，莫如追究蒋政权的贪污腐败。设若没有本书前节所揭之"三洋开泰""五子登科"，蒋家政府及其军队，绝不会在短短三年即在大陆上无立锥之地。

那么，蒋家政府能否在受到魏德迈的痛骂之后，洗心革面，惩治贪污腐败呢？请看蒋经国奉命到上海"打虎"的一出闹剧吧！

贪污、腐败、通货膨胀，使国民政府已病入膏肓，它遂于 1948 年 8 月

19 日下了"财政经济紧急处分令"，实行所谓"币制改革"，发行金圆券，

强令民间所藏的金银、外币、首饰，一律交出，换取金圆券，想以这样的强心剂，挽救濒于破产的经济。上海是主战场，成败关键所系，蒋介石特派爱子蒋经国为上海区督导副专员，统率"戡乱建国大队"，和由临时招募的"信仰"三民主义的青年组成的"上海青年服务总队"，威风凛凛抵达上海。蒋公子下车伊始，即发表题为《上海何处去》的演说："我们相信，为了要压倒奸商的力量，为了要安定全市人民的生活，投机家不打倒，冒险家不赶走，暴发户不消灭，上海是永远不能安定的！""上海许多商人，其之所以能发横财，是由于他们拥有本店制造的两个武器：一是造谣欺骗，二是勾结贪官污吏……"他表示一定加倍惩治贪官污吏。

蒋经国讲的这些富有鼓动性的豪言壮语，说出了蒋管区人民不敢说的心里话。但这些话不兑现，分文不值。

调皮的香港《文汇报》，以短评的形式，在断定"金圆券"的寿命不超过三个月的同时，配上一幅漫画：杀气腾腾的武松抡起老拳往下打，结果打住的却是一只猫。漫画作者的本意是同情蒋公子，说他纵有武二郎之勇，怎奈用非其地，用非其时，结局为人留下笑柄。

这《文汇报》不幸而言中了。

蒋公子上任的第一个布告上赫然写道："凡违背法令及触犯财经紧急措施条例者，商店吊销执照，商人送刑庭法办，货物没收！"蒋公子为打虎喊出的响亮口号是"只打老虎，不打苍蝇""打祸国的败类，救最苦的同胞"。

这时上海金管局、警察局、警备司令部稽查处、宪兵及江湾、沪宁路、沪杭路警察分局一齐出动，对上海的市场、库房、水陆空交通场所，进行大规模搜查；审查账目、查封库存，勒令金融界、工商界人士带头拿出黄金、外币、外汇去兑换"金圆券"。

第一个遭打的是财政部秘书陶启明。此人在上海滩是有后台、有背景、吃得开的人物，他利用职权泄露经济机密、牟取巨额暴利，人和赃物一起被蒋公子手下人拿获。蒋经国二话没说，挥动朱笔：枪毙，此人立即去阎罗王处报到了。接着送命的是上海警备司令部经济科科长张亚尼、稽查处第六大队长戚再玉。这二人犯了贪污勒索罪。

与此同时被捕入狱的巨商富贾有 64 人，其中就有蒋介石的老朋友、

"四一二"政变时为蒋立过汗马功劳的杜月笙的三公子杜维屏。

杜月笙在爱子被捕后，虽气个半死，但他外表上还很镇静，并迅即在他控制的几家报纸上，发表"辟谣谈话"说：近日港报说杜曾为儿子被捕事，三次晋谒蒋经国，均被挡驾，因此颇为怨恨云云。杜见此报道，十分惊诧，去信要求更正。并说："此次小儿维屏，以经营场外交易，违反交易所法，适逢抛纱案发，致被牵涉解送法院。自始至终，镛（杜月笙的名）即认为依法检举、依法办理，实为天经地义。其间……绝未说情，港报所载……全是向壁虚构……二十年来，镛之爱护领袖，服从政府，众所周知。"接下去又说了一堆冠冕堂皇的话之后，说港报当不值识者一笑。明眼人一看便知，杜已说了，他跟蒋二十多年，想不到你这样不讲情面，这话显然是指着和尚骂"秃驴"。

杜月笙之老谋深算，绝不止于发表谈话，他要伺机反攻。他懂得没有充分事实，绝不能回击对手，于是他派人作了确切的调查。一次在蒋经国召开的大会上发言道："我的儿子触犯法纪，罪有应得，我管教不严，也甘领应得之处分，但请一秉至公，平等办理。据我所知，扬子公司所囤积的纱布等货物，远远超过维屏等各家，泄露经济机密的情况，也远严重，请专员立即派员去查看，万勿听其逍遥法外，如此，则万众都心服口服了。"杜的一席话，使四座目瞪口呆。蒋经国骑虎难下，当即派"打虎队"由杜手下的人指引，搜查扬子公司，结果是"仓库非法囤积之货物，除已装配之新型汽车近百辆外，另有汽车零件近百箱，西药两百余箱，英美呢绒五百余箱，各类日用必需品不计其数，价值尚无法估计……"

面额 100 万元的金圆券

抢购黄金的上海市民

　　大老虎捉住了，这只老虎并非他人，乃是蒋经国的姨表弟，上海有名的恶少、孔祥熙的儿子孔令侃。

　　在这之前，这个小"衙内"干的坏事难以计数。他的公司从来只做现货交易，只收黄金、美钞，不收国币。他套用外汇指标从美国进口"雪佛兰""奥斯汀"等汽车，一千五百美元买进，五千美元卖出。1947年扬子公司非法从美国购进一批马口铁，被海关查出，于是孔"衙内"请出一帮"皇亲国戚"，威吓、说情、利诱，迫使海关放行，然后高价卖出。

　　孔"衙内"以为表兄会网开一面，谁知却碰了钉子。他眉头一皱，心生一计，给上海市市长吴国桢去电话。吴国桢早年留美，回国后历任国民党中宣部副部长、汉口市市长、重庆市市长，抗战胜利后任上海市市长，乃素为蒋介石器重的党国重臣。孔"衙内"在电话中对吴说："父亲刚从国外回来要见你。"吴国桢思忖："老孔下台去美国了，何时回来的？与此人素无来往，找我有何事？"吴考虑到这位富豪权贵既已相邀，还是去一趟为好。

　　吴到了孔家，在客厅落座后，孔"衙内"身着西服革履，大模大样走来，向市长大人略微抬了抬手，算是打招呼，之后坐在吴国桢对面沙发上，跷起二郎腿，也没说上一句人话。

吴国桢忍不住问道："孔院长呢？"

"还没回国。"

"谁给我打的电话？"

"我，我有件事想请吴市长帮个忙。"

吴国桢闻言，顿时火冒三丈，心想，这黄口小儿，竟如此大胆，敢戏弄我上海市市长！他疾言厉色指着孔的鼻子说道："大卫（孔令侃乳名），你太不像话了。假如你有公事，可到市政府去找我，有私事，就请到我家！"说罢拂袖而去。

小蒋对如何对付孔令侃这样的恶少也很发怵，因为他知道，在南京，交警见到 777 号汽车在马路上横冲直撞，从不敢管。他还记得香港《大公报》在 1939 年发表的题为《爸爸在朝当宰相，人人称我小霸王》的文章，讽刺的就是这位恶少。

如今，报上揭了孔"衙内"的经济犯罪事实之后，都加上一句"拭目以待，且看蒋经国如何动作"的文字。

此刻孔"衙内"真有些恐慌，万一丢了脑袋便找不回来了。父母又远在美国，远水救不了近火。他万般无奈，不得不给三姨去密电了。

此刻，蒋介石已急飞北平主持紧急军事会议，南京的总统府官邸，留给美龄贤内助主持一切。她接到一封来自上海的急电，久久不能放下。然后吩咐家人、侍从："备车，去机场，飞上海！"

蒋经国热情地迎接了比自己大不了几岁的后母，他们母子二人从未红过脸，这次相见，宋氏先耐心说服小蒋放过孔表弟，谁知小蒋一言不发，她急了，大声吼道："……快给我把这件案子撤销，你，你真不知天高地厚……"

小蒋说话了："不行，不办孔令侃不能服众，整个经济管制将前功尽弃，父亲的殷切期望会付之东流，党国的前途……"还有一句话，到了舌尖他又咽了下去："我的脸往哪里放。"

宋美龄的"懿旨"从无人敢顶，如今在儿子面前行不通，她气得浑身哆嗦，只说了一句话："好，好！你要得！你如此一意孤行，那只好到你父亲面前去理论。"说罢转身就走。

116 现代通信工具神速，当天下午蒋介石由北平发来电报，告诉蒋经国"且慢行事！"

蒋经国马上给老蒋回电："慢则生变，慢则倒台。沪人怨声载道，五百万人抢购势如狂潮，金圆券岌岌可危，经管毁在旦夕！"

蒋介石没有再给儿子回电，他在解决华北、东北军事危机的繁忙军务中，抽身飞来上海。下机后，他在党政军众多官员簇拥下，来到私邸，刚一落座，便当着文武百官说："……我认为，扬子公司的汽车、零件、呢绒、西药等货物并非日用必需品，并不触犯囤积令，不得查封！"

在座众官闻听此言，相顾愕然。怎奈权大于法、谁也不敢说"不"字。小蒋不怕，他霍地站起来刚要表示自己的意见，那机灵的宋美龄抢先说："总裁长途坐飞机，很累了，一切事情，明日再谈！来，经儿，扶你父亲进内室休息去。"

到了内室，蒋介石不快地对儿子说："太露，过火！"

"我是秉承您的旨意办事的呀！"小蒋委屈地申辩说。

宋美龄亮了底牌，把一封电报送到蒋经国手中说："看清楚点——"

小蒋只见电文上说："姨父，姨母，如经国兄六亲不认，逼人太甚，将请我爹公布你们在美国的财产数字——大卫。"

小蒋此时如泄了气的皮球，软瘫在沙发上。

魏德迈说对了：蒋介石不再有"感召"力了！

谁还有"感召"力？在司徒雷登心目中，在魏德迈的头脑中，都认为李宗仁差强人意。1947年9月8日，司徒雷登在答复美国国务院向他征询意见时说："一切迹象表明，象征国民党统治的蒋介石，其资望已日趋式微，甚至被视为过去的人物……李宗仁的资望日高……"

美国的看法，李宗仁迅即得知。

李宗仁在盘算着如何使自己的"感召"力充分发挥出来！

李宗仁感到问鼎的时机成熟了。

五 夺鼎白热化

桂系文武议竞选

魏德迈在黄埔路蒋的官邸的讲演和司徒雷登给美国国务院的报告，使李宗仁萌生了竞选副总统之心。那时的他，自我感觉相当良好，认为自己是"富有感召力"的人物。

说干就干，当机立断。先是和家中常客、心腹密友甘介侯酝酿，接着又将程思远招来。程自1930年起，即任李的秘书，深为李所信任。

1947年10月24日，正在庐山参加三青团第二次全国代表大会的程思远接到李宗仁电报，他这天正好当选三青团中央干事会常务干事。他见电后，即刻下山，飞奔北平。程到北平当晚，和李宗仁共同进餐，深谈竞选副总统之事：

程不同意竞选副总统，他说："根据去年12月国民大会通过的《宪法》，副总统是没有什么权力的，比美国副总统还不如。因为美国副总统还可以出席国家安全委员会会议，而且是参议院的当然议长。至于国民政府的副总统，在个人独裁体制下，是不能参与国家大计的，不知德公为何对此感兴趣？"

李说："我并不想拥有这'一人之下，万人之上'的虚名，只是想借此摆脱北平行辕主任这个职务。照我看来，东北和华北军事是没有什么希望的，如不趁早走开，我不知道将来如何得了，不是准备做俘虏，还有什么好的下场？！"

"如果竞选不成功，又怎么办？"程问。

"那只好解甲归田，不可能有别的打算。"

谈话至此，程思远心里明白，李已下决心竞选副总统，不惜孤注一掷了。

五天后，程返回南京时，带着李宗仁致蒋介石、吴忠信的两封亲笔信，表达他打算竞选副总统之意。另有一信，是用英文写成，红火漆密封，嘱程思远交给司徒雷登私人顾问傅泾波的。

李宗仁竞选副总统的打算，和白崇禧、黄旭初商量时，他们都不同意。

他们还为此派专人，劝李打消竞选之念。

竞选副总统问题，在北平北池子李宗仁官邸，他的高级幕僚们也有激烈的争论：甘介侯赞成参与竞选，王捷三力持异议，王说："依宪法，副总统有职无权，在总统因故不能执行职务时，方得代理。蒋介石撕毁政协决议……自绝于人民，你何必奉陪？……'他何时死，难；必得同共产党打败仗，他才会辞职。到那时候，试问你当代总统又能打胜解放军么？"王捷三的结论是："与其竞选，不如准备联合实力者，飞返西南，以武力反对'戡乱'，调停国共，于国于己，方为有益。"

甘介侯说："不然，夺蒋政权，武干冒险，不如文干待时。"

胡适虽未参加争论，但他闻风而动，给李宗仁写了一封短信，表示支持。信中说：竞选犹如运动员赛跑，虽"只一人第一"但"要个个争先"，"胜固可喜，败亦欣然"。

在众说纷纭的情况下，李宗仁派他的机要处处长李扬为专使去南京，给黄绍竑送去一信。黄绍竑心里明白，若非有十分机密事，李扬不会出动。李扬在交信时对黄绍竑说："李主任再过几天就回来。请季公多多考虑，当面再商量。"

黄绍竑拆开信一看，信中谈及竞选副总统的理由时，提了三条：

第一，李在北伐时期就当了第七军军长，后来又当了第四集团军总司令，和蒋是平起平坐的。现在，当年的第一集团军总司令蒋介石要做大总统，第二集团军总司令在国外，第三集团军总司令阎锡山不参加竞选，再没有谁有资格竞选副总统了。

第二，蒋介石在走向失败。竞选如成功，遇有机会即可同中共和谈，收拾残局。

第三，北平将守不住，不愿束手就擒当俘虏，竞选成功可离开北平，不成功也要借口离开。

一星期后，李、黄二人在上海会面了。谈起竞选之事，黄绍竑说："你托李扬带来的信中说的三条理由，我相当赞成，不过第二条有问题，老蒋如果真是垮台或死了，那倒好办；但也要考虑到他不死不垮台，那你就得当六年的大副官，实在没有什么意思。我倒欣赏你提出的第三条理由，借此离开北平，不论回广西或香港等着看，再作下一步打算。这个时候靠得太近了，实在不合算。"

听了黄的一席话，李说："你的意见很对，我的打算，积极与消极都有，不过总得先从积极方面着想。"

话题越谈越深入，黄反问李："这回副总统的竞选，老蒋以全力支持孙科，加上孙科的'太子'招牌，当选的可能性不亚于你，请你谈谈你的把握在哪里？"

李说："广西、安徽是我们自己的基本力量，就不必说了。华北方面，阎伯川不参加，但他答应尽力帮忙。这样，晋绥两省就有把握了。北平是文化中心，教育界对我的印象还不坏，而且胡适也答应帮忙，则教育界方面也有若干把握。上海银行界有陈光甫、张公权、奚伦、傅汝霖。傅是东北人，可以在东北拉票。帮会方面有杨虎带头。律师界有石超庸（广西人）和周一志……广东方面，张发奎系统……过去也有关系，请他们帮忙，他们也不好完全拒绝。此外，健生现在是国防部部长，与各省军人都有联系。尤其他是回教协会会长。……如果再加上你近几年来在蒋方面的关系，拉一些票，胜利就有把握了。"

"竞选经费哪里出？"

"要用钱，黄旭初、李鹤龄（李品仙）在广西、安徽两省早有准备。"

从李、黄二人谈话中听得出，李宗仁自以为如今已是万事俱备，只欠东风了。只要黄绍竑登上南屏山的法坛，借来东风，李宗仁肯定会坐到副总统的交椅上。

可是黄绍竑不同意李宗仁的分析、估量。黄说："人家答应的话，只可信一半，取得胜利还要靠自己努力。要知道，老蒋既然支持孙科，难道他的力量不比你的强吗？"

黄又说："我对你的竞选有两句评语：要么成功，也就是失败；要么失败，也就是成功。"

"这如何解释？"李宗仁惊讶地问。

黄说："这不难理解，若竞选成功，老蒋的江山稳固，你岂不是跟老蒋当六年的大副官吗？这岂不是成功的失败吗？……你如果竞选失败，不但要离开北平，而且还要离开南京，回到广西或到香港去，仍然树起反蒋的旗帜。这样，你就是国民党内最大的反对派，你今后在政治上的作用不比做一个副总统还强吗？"

"老蒋是一定要失败的。我做了副总统，绝不是他的大副官，我有我的做法。"

什么做法？李宗仁含而未露，读者切莫心急，下文自有分晓。

众"演员"登场演闹剧

在国民党一党专政下打出的"民主"招牌，能值几文钱？谁想竞选，无论党内提名或自由选举，首先必须得蒋同意。在那位蒋"总裁"点头的前提下，拉选票要拿出点真东西，作为物质刺激，体现出"物质第一性"的意义。

1947 年 3 月初，王捷三衔命去南京。行前李宗仁对他说："到了南京，你只需对吴忠信表明我竞选的决心，请吴在蒋面前说上几句就行。"

李宗仁又拿出一尊金佛说："这是日本人由东京本院寺移来北平的，原打算在北长街建寺供奉，非常名贵。请你将这金佛赠给戴传贤（戴季陶）。"王捷三遵李宗仁的旨意，交给戴季陶时，戴赶忙向佛合十膜拜，并口称："我无德消受，当转赠广东刘大师供奉。"戴接过金佛之后，王捷三对他说明来意，请他在竞选副总统时，助李一臂之力。戴看在"佛面"上，自是满口应承，还说："德邻公配合蒋先生，真党国之福也。"最后戴季陶给李写了回信，大意是说，关于李之选举事，大可放心，包在戴某身上。

国民党政府策划的竞选闹剧，高唱还政于民，无人不知这是一出假戏。可是蒋、桂双方都要把假戏真唱，以致最后弄假成真。这出假戏，开始模仿资产阶级，似乎有些文雅，可是到后来，竟演出全武行，真称得起好戏连台。

送金佛等等，这只不过是序幕。随着竞选帷幕的拉开，蒋、桂双方的众多角色，都在紧锣密鼓声中，一一粉墨登场。

戏一开始，桂系的表演和蒋系相比，技高一筹。在北平，李公馆气氛喧腾，东北、华北各省市的"国大代表"路经北平，李宗仁针对不同对象，派旗鼓相当的人物出面招待，显得非常亲热。在上海，为李捧场的人们，在"维也纳"跳舞厅，大开竞选茶会。竞选进入高潮的日子里，南京的百龄餐厅、重庆安乐厅、安乐酒家、龙门饭店、介寿堂、华侨招待所，天天人来人往，熙熙攘攘。参加竞选副总统的程潜、于右任、孙科、莫德惠等人，除了于右任囊中羞涩，打算"以穷取胜"外，其余的副总统候选人都在请客。就请客排场而言，除孙科（因蒋支持）外，谁也难和李宗仁媲美。

桂系文官武将倾巢出动，竞选副总统，这使蒋介石食不甘味，夜不能眠。于是有人给蒋出谋献计说："何不如这般？"蒋点头同意，依计行事：

在人们热热闹闹的竞选时，突然召开国民党第六届中央执监委员联席会议。会议的主题是为实行宪政交换意见。在开会休息时，洪兰友走到李宗仁面前说："请德公到会议室有事相商。"到了会议室后，李定睛一看，于右任、居正、吴稚晖、程潜、吴忠信、张群、陈果夫、孙科、丁维汾等人都在室内。见李进来，都起身相迎，又纷纷落座，彼此默不作声，气氛颇为沉闷。李宗仁此时已猜透这些人要干什么了。工夫不大，张群起来发言："奉总裁之嘱，特请诸位先生来此谈话。请稚老谈谈我们这小型谈话会的精神。"

吴稚晖受蒋的指使，开了腔："本党一向是以党治国，目前虽准备实行宪政，不过国民党本身须要意志统一，才能团结。这是本党内部的事，与实行宪政还政于民是两回事，不可混为一谈。所以，蒋先生认为本党同志参加正副总统的竞选应尊重本党意旨，由党提名，这办法确极公允，应该照办。"吴稚晖还想说下去，会看风色的张群，眼见与会者神色不对，忙打断吴的发言，以异常缓和的口吻说："总裁深恐由于副总统竞选引起党内摩擦，为防患于未然，总裁有意使总统和副总统候选人由党提名。如果大家同意，我即去另一间休息室报告总裁。"

原来蒋介石还在等张群回话。

吴忠信赶忙起来帮腔，问孙科的意见。孙说："绝对服从总裁的意旨。"

"我不赞成这项办法。"李宗仁明确表示。他接着解释说："选举正副总统既是实施宪政的开端，则任何国民都可按法定程序参加竞选，如果仍由党来包办，则我们的党将何以向人民交代？……以前在北平时，我便向总裁建议从缓行宪，先将国内政局稳定再说，总裁当时并没有考虑我的建议，只说解决今日问题一定要行宪。现在既已行宪，本人主张一切应遵循宪法常轨办理，任何其他办法，本人将反对到底。"

接着李宗仁讲话的是程潜，他赞成李宗仁的意见。

众人见李宗仁这个地方实力派的态度如此坚决，所讲内容入情入理，无懈可击，遂大眼瞪小眼，彼此面面相觑。稍后，居正出来打圆场说："我看德邻先生既不赞成这项办法，那就请岳军兄去回复蒋先生吧。"

蒋李短兵相接

会议如此僵局，张群汇报后，蒋说："德邻仗着他们桂系实力，不听话，我去和他单独谈谈。"蒋李见面后，没有寒暄，开门见山：

"德邻，我还是希望你放弃竞选。"

"委员长，我以前曾请礼卿、健生两兄来向你请示过，你说是自由选举。那时你如果不赞成我参加，我是可以不发动竞选的。可是现在很难从命了。"

"为什么？说给我听听。"

"正像个唱戏的，在我上台之前要我不唱是很容易的。如今已粉墨登场……台下观众正准备喝彩，你叫我如何能在锣鼓热闹声中忽而掉头逃回后台去呢？我在华北、南京都已组织了竞选事务所，何能无故撤销呢？"

蒋回答不了这些问题，但很干脆地说："你还是自动放弃的好，你必须放弃。"

"委员长，这事很难办呀。"

蒋威胁道："我是不支持你的。我不支持你，你还选得到？"

李宗仁火了，回敬道："这倒很难说！"

"你一定选不到。"

"我可能选得到。"

二人在短时间内相对无言。之后李宗仁打破了可怕的寂静说："我李某在此，天时、地利都对我不利。但是我有一项长处……我很容易和人相处，我得一个人和。……各界人士对我都很好，纵使委员长不支持我，我还是有希望当选的。"

蒋一听这话，顿时脸红了，脖筋胀起来了，"腾"地从沙发上站起来，冲着李宗仁说："你一定选不到，一定选不到！"

李宗仁也从沙发上站起来说："委员长，我一定选得到。"

蒋介石一向善于装腔作势。外表上威仪棣棣，被他召见的人，为其气势所慑，不敢仰视。如今被李宗仁顶得气都喘不匀了。这次谈话后，他对手下重要骨干说："李宗仁参加竞选副总统，像一把匕首插在我的心上，你们若真正效忠领袖，就该替我将这匕首拔去。"

蒋李二人这次不欢而散的谈话后，蒋介石采取了一系列重要措施。他首先想动用特务，抓走几个为李竞选的骨干。其后考虑多方因素，尤其面对有地盘、有军队又在竞选高潮中，怕影响太大，难以收场，没敢动手。但对选举有影响的一些重要人物，则打了招呼，要他们不要选李宗仁，于是胡适、戴季陶等人都发生了有趣的一百八十度的大转弯。

1948 年，胡适在行宪国大会议上发言。

在投票前夕，像盘点存货一样，要核实一下交易数字。李宗仁派王捷三往见胡适，一觇究竟。此时胡已得蒋密旨，对王捷三表示：副总统以孙科为宜。王捷三说："先生赞成李宗仁竞选信，早已登在报上，怎么好反讦呢？"

"岂但李德邻可竞选，任何人都可以竞选呵。中国事由武人包办，东一个将军，西一个将军，太不像样。这次副总统最好来个文人。"胡适如此一说，王捷三也无可奈何。

访胡适之后，李宗仁与王捷三又同去访戴季陶。戴季陶也变卦了，而且很不高兴地说："时局弄到如此地步，我一切听命蒋公，他说上天就上天，他说入地就入地。"这样一要无赖，李宗仁也无计可施，既未得到戴季陶的选票，又白白失去一尊金佛，只好自认晦气。不过此公之后不到一年，看到蒋家天下不会长久，真的自杀入地了，只不过不是由于蒋的命令，而是他自感大势不好。

狡猾的阎锡山，当着桂系人物明确表示：山西代表"一致选举德公"，还煞有介事地向山西代表发出指示信。背后却将票分两半，李宗仁、孙科各投二分之一，双方都不得罪。

在竞选闹剧中，拉选票是最精彩的情节。谁都明白，竞选闹剧，从始到终，都贯穿着一个假字，但假戏还必须真唱。这少不得候选人发表演说，谈竞选纲领。此时，报馆、电台也显得忙碌，报纸上、广播里，连篇累牍都是听得发厌、看了心烦、令人倒胃口的自吹自擂的表功文章。人们只对去大餐厅听竞选演说不烦，因为招待太丰盛了，不由你不垂涎。

唯有于右任在竞选中别开生面，他以"穷"为竞选"本钱"。此老不听邪，但是鬼也不给他推磨。

李宗仁为竞选发表演说的调门，随着掌声，越唱越高，什么实行民生主义，清算豪门资本，征用外国存款，实行土地改革、战士授田，保障人民四大自由。他还在千余国大代表面前说他"不怕戴红帽子"，博得了热烈掌声。此时的他忘乎所以，飘飘然了，接着大谈他的反共成绩，气氛顿时冷却，掌声稀疏得可怜。

李宗仁以退为进

为李宗仁主持竞选的是黄绍竑，此人在桂系是个足智多谋、摇羽毛扇的人物。自竞选副总统伊始，黄就不同意李宗仁参与竞选，怎奈李宗仁坚持，稍后他也知有美国支持李宗仁，因而也就答应下来。

在竞选按计划开展之时，坏消息一个个传来，什么蒋介石要李宗仁放弃竞选，什么戴季陶、胡适中途变卦、自食前言等等。不仅如此，忽一日又传来消息说，副总统候选人，要由国民党中央提名，而且只提孙科一人。

黄绍竑听到这消息，顿时一怔神，但他仔细想来，这可能是蒋方故意放出的试探气球，不过不可等闲视之。且广西在国民党中央的人，都是监委，无一人是中常委，若真的在国民党中央讨论此案，广西势必吃亏。

怎么办？怎么办？问号在黄绍竑头脑里急得直打转。他忽然心生一计：争取主动，先发制人。他坐车去国民党中央会见秘书长吴铁城和组织部长陈立夫。吴、陈都不在，他又去找副秘书长郑彦棻，郑说："吴秘书长和陈部长都出去了……如不是必须当面说的话，对我说也是一样。"

"对郑副秘书长说也是一样。"黄绍竑说。

"外间哄传副总统选举，要由中央提名，是吗？"不等对方回答，黄又说："如果是真的，广西和安徽的代表就要退出，不再参加选举……请你转告吴秘书长和陈部长。"

听了这话，郑很吃惊地说："我不知道有中央提名的事呀！季宽先生哪里得来的消息？"

"南京城里传遍了，何必问哪里得来的呢！"

郑见事关重大，当即又对黄说："我马上打电话给吴秘书长和陈部长，把季宽先生得来的传说和意见告诉他们。"

黄绍竑这一炮打准了，第二天，素无人来的黄绍竑官邸，陈立夫、吴铁城、余井塘（国民政府内政部长）、洪兰友（国大秘书长）先后前来拜访。彼此相见，免不了一番虚伪寒暄，之后吴铁城先道歉说：

"昨日不在中央党部，有失迎候。"

"季宽先生昨日对郑副秘书长所说的消息，都是反动分子企图破坏党内团结而散布的谣言，希望季宽先生不要轻信。立夫先生和洪秘书、余部长都在这里，保证绝没有中央提名的事。希望季宽先生以党国大局为重……团结一致，使国民代表大会顺利完成……使命。"

陈立夫说："这次国大的召开，是经过同共产党长期的艰苦斗争得来的。……这次国大是行宪的开始，除了选举大总统、副总统外，主要任务是团结全国的意志进行'戡乱'。现在'戡乱'军事正在进行，如果我们内部闹分裂，就正中了反动派的奸计。"

包括陈立夫在内，他们这些人都知道，这些狗扯羊皮的事，从根本上就和共产党不沾边。黄绍竑心里明白，陈立夫口头上骂共产党，其实是指桑骂槐，但他不去辩论这些，因为黄已达到了目的，只是说："我只是希望副总统能按照宪法自由竞选，既然你们各位保证中央不提名，我还有什么意见呢！"

黄绍竑将客人送出大门又走出一段路，因为他的邸宅门前，开不进汽车。他不无歉意地说："真对不起，我这房门口开不进汽车。"其实是黄向陈立夫等人敲脊梁骨，要他们知道：给我黄某如此不堪住的房子！

不管怎么说，桂系此刻又打响了一炮。蒋介石这一计又落空了。

黄绍竑计高一筹

蒋介石的竞选计划，到底包含些什么货色？

1948 年的国统区，谁都无力和蒋竞选总统。既然如此，又何必为一个毫无实权的副总统和桂系进行激烈竞争？而桂系为什么也一定要争，且势在必得呢？局外人对此不理解，固不待言，即蒋桂双方政要，开始时也认为多此一举。原因是他们都不知个中蹊跷和奥秘。

人们不会忘记 1947 年夏，魏德迈在南京黄埔路蒋介石官邸，当着蒋介石指责蒋政府贪污、无能，说中国的复兴，有待于"富有感召力的领袖"那番讲演吧？这话的弦外之音就是换马。若桂系李宗仁当选，第一步登堂入室，第二步就要夺其总统之位。李宗仁也真是这样想的。

若孙科当选，此人与乃父相差甚远，他当蒋的配角即已心满意足了。而这既有利于密切孙、蒋关系，有利观瞻，又有利于争取美援。这笔政治账是张群、吴铁城帮助算出来的。

竞选副总统前夕，宋美龄用英语同孙科进行了一次密谈，促孙出马竞选。

"我哪里去找竞选经费！"孙科说。

"费用你不必操心。"

听了宋美龄的话，孙科似乎想说什么，但话到舌尖又咽下去了。

机灵的宋美龄看出他的心事，进一步挑明问题，她说："如获选副总统后，还可考虑仿照美国的副总统兼任参议院议长的例子，你仍兼任立法院院长。"

孙科点头了，孙科手下的人也很高兴。

在投票临近的日子里，蒋、桂双方都使出浑身解数。蒋介石通宵不睡，把能够影响投票的文官武将，一一排好预定时间，由蒋亲自出面谈话。蒋对黄埔一期生贺衷寒说："你们要知道，自从李宗仁决定竞选之后，这件事对我好比一把刀指着胸膛那样难过，你们一定要明白我的苦心啊。"

与此同时，出现了对李宗仁私人攻击的传单："李宗仁戡乱不力""台儿庄胜利是假的"等等。

在李宗仁看到攻击他的传单的第二天上午，韦永成来找黄绍竑，对黄说："他们（指蒋方）还准备对李宗仁进行人身攻击和迫害，尤其要攻击郭德洁，说她在北平贪污受贿。"

这里要交代一下韦永成是何许人。此公乃广西人士，李宗仁的表弟，长得一表人才，出名的美男子，在德国留学时，与蒋小姐（蒋介卿之女，蒋介石亲侄女）一见钟情。蒋介卿不肯将金枝玉叶的爱女轻易许配给广西佬，怎奈蒋小姐非韦永成不嫁。抗战时，韦永成在安徽省任厅长，蒋小姐竟从上海经沦陷区到安徽与韦永成缔结良缘。一向对立的双方，竟成了亲戚。双方并未因是亲戚而消除对立，反而都想利用这层关系，刺探对方内幕消息。

这次韦永成所提供的消息，是蒋小姐从她二哥蒋纬国处听来的，当然相当可靠。

不过此时竞选副总统投票，已进行了三轮，这三轮李宗仁虽都是独占鳌头，但也都不足法定的三分之二票数。如今黄绍竑听到韦永成提供的消息，他预感到：照这样硬拼下去，不但副总统弄不到手，最后还要失败。切不可等最后失败再收场。在前三个回合胜利的基础上退出竞选，我们岂不是胜利者吗？

再者说，中途退出选举，看他老蒋的"国大"怎么收场，这样一来我们岂不更主动了吗？

黄绍竑把自己的想法向李宗仁、白崇禧提出加以研究时，李、白乍听之后都愕然，李宗仁尤其不解，他极不赞成。

"你不要为他们（蒋方）的行动或放出的空气所吓倒。各国的竞选都有这样的情况。我们已经赢了三场，最后一场打下去一定会赢的。"李宗仁说。

黄绍竑说："我是打牌（麻将）的老手，以打牌为例，前三圈打赢，第四圈不干，钱到手了。第四圈接着干，输个精光。竞选和这有相似之处。"

李说："打牌无故退场不行。"

黄说："竞选没有约定，你退出了，我们的代表都不入场参加决选，国民大会怎么收场呢？老蒋、孙科怎样收场呢？这就是我的妙棋。"

白崇禧先想通了，他说："这倒是一个好办法。好似下棋一样，将他们几军，缓和一下局势，虽然将不死，打乱他们的阵脚，办法就好想了。我同意宣布退出选举。"

桂系的惯例是三巨头会议作决定。黄、白同意了，李没有不同意的。唯有这次例外，李仍坚持己见，他说："煮熟快到口的饭不吃，还要等什么？你们要知道那些轿伕佬（指桂系的国大代表和助选人）是等着要吃饭的呀！"

"退不退出，德公作决定。我的计划就是这样。不采用，我就乘十一点钟的快车去上海不管了……免得神经紧张……我实在太累了，要回上海去休息。"李宗仁听黄绍竑如此一讲，忙说："等我考虑考虑。"

白崇禧在南京的公馆，这天下午，桂系骨干黄旭初、李品仙、夏威等都到了，会上仍是众说不一，赞成与反对各半。李宗仁仍是战场打仗的姿态，有进无退。

黄绍竑又说话了："德公，你还记得北伐时打德安之战吗？那次不是先退到箬溪，才最后攻下德安吗？否则就被孙传芳围歼了！现在打文仗也是一样，你同人家抢副总统这把交椅，若死抱着不放，手脚都被人家封住了，有本事也施展不出来，最后交椅仍然被人家抢去。现在的情形就是这样。你暂时放手，等他扑个空，然后反扑过去，打倒他们，这把椅子就有可能抢到手。我要你退出……正好借着这个题目好做文章。"

夜深了，时钟已敲响十下，黄绍竑见李宗仁还未想通，起身便走，赶夜车去上海。白崇禧赶忙拦住说："季宽的话有道理。"这时与会者全都同意黄绍竑的意见，李宗仁也终于同意。当即决定由黄雪村、邱昌渭起草，由李宗仁以候选人的名义，致信"国大"主席团，信中主要内容写道："唯迩来忽发觉有人以党之名义压迫统制，使各代表无法行使其自由投票之职权。似此情形竞选，已失其意义，特用函达，正式声明放弃竞选。"这信也同时致送南京各报馆登载，并立刻分头通知桂系代表概不出席"国大"，还派一些人到会场门口作纠察。

黄绍竑的计谋成功了，4月25日晨，此事举国皆知了。蒋介石也感到下不了台，当即召见白崇禧，向他表示，蒋某没袒护、支持任何一方。那些谣言、传单都是反动分子企图破坏党内团结而搞的，一定要追究。希望白崇禧劝李宗仁参加决选。

此时白崇禧有点"小诸葛"的样子，他顺风收帆，满口答应照办，随后他又以向记者发表谈话的形式，将老蒋的话透露出去，弄得老蒋啼笑皆非。

人们此时看得出，形势对桂系有利。桂系乘胜前进，当过浙江省主席的黄绍竑，竟将浙江选票拉过来三分之二，气得陈布雷大骂浙江代表。其他方面的选票也拉过来一部分。

于右任祝贺李宗仁当选副总统

决选那天唱票时也很有趣，当唱到孙科票时，孙派代表鼓掌一阵；唱李宗仁票时，李派代表同样鼓掌一阵。唱到李宗仁一千四百票时，孙科知大势已去，孙及其一派代表退场。

决选结果，李宗仁比孙科多一百四十三票，真是险胜。

李宗仁决选获胜后，夫妇二人满面春风，那群抬轿佬也喜气洋洋，似乎马上能分到一杯羹。

李宗仁为竞选花了多少钱？据说共用了一千多根金条（即一万两黄金），相当于一百万大洋。孙科用去多少公款，无人知晓，但有一点可以肯定：绝不会低于李宗仁用的数字。

此时内战炮火连天，国统区经济破产、民生凋敝、民怨沸腾，竞选却如此挥霍民脂民膏。人民无权，官僚们不会担心有人查账。失去人民监督，权力失衡，政权必然腐败。

李宗仁竞选获胜的当晚，即偕夫人郭德洁去孙科家里慰问。这种做法是从美国移植来的。据说在美国，竞选时对立双方唇枪舌剑、口诛笔伐，打得不可开交。一旦竞选揭晓，双方又复握手言欢，获胜者去慰问落选者。在选举中，不论谁反对谁，采取什么方式反对，只要不用暴力，都是被允许的，没有不能反对的对象。如今，竞选中败北的孙科，没有这个度量，不肯出来与李宗仁夫妇见面。他的代理人推托说，孙院长因太疲劳，到陵园休息去了。

落选的孙科虽很难过，但比他更难过的是蒋介石。蒋曾说，李宗仁参加竞选，犹如逼向他心脏的一把匕首，这把匕首，他不仅未拔掉，反而捅进他的心窝。据蒋的卫士讲，当蒋从广播中听到李宗仁当选的消息时，竟用脚踢翻收音机，气喘如牛，拿起手杖和披风，立刻命侍从备车。上车后侍卫问：

李宗仁夫妇在当选的第二天前去拜访蒋介石夫妇，图为四人在一起交谈。

"委员长，开到哪里去？"连问几声，蒋不应。司机知道，蒋每遇烦闷时，总喜欢到陵园去，于是将车开向中山陵。刚驶进陵园道上，蒋又高喊："掉转头，掉转头！"开回官邸，刚下车，立刻又上车，吩咐再开出去。侍卫们见状，恐怕他自杀，遂加派了车辆。

当选的第二天，李宗仁、郭德洁去蒋在黄埔路的官邸拜候。蒋比孙科的度量稍大一点，没让李、郭吃闭门羹，而是让他们在客厅坐了三十分钟的冷沙发，之后蒋介石夫妇出来与李宗仁夫妇相见，其尴尬之场面自不须细表。李向蒋表示谢意后，当即辞出。

话登极，末日总统

蒋家"国民政府"选举正副总统闹剧最后一幕，是正副总统就职典礼。

蒋介石和李宗仁是蒋家"国民政府"在大陆上的首任，也是最后一任正副总统。用蒋介石的话，此时正是他的"戡乱建国最艰难的时期"。即便如此，还免不了来一番张灯结彩，强打精神庆祝一番。

此刻的蒋介石，面对国内政治、军事、经济各方面的形势，心情沉重，

蒋介石、李宗仁在就职典礼上

偏偏在此刻，李宗仁又登堂入室，问九鼎之轻重，更是使人心烦意乱。所以，当李宗仁派人去侍从室转问蒋介石就职穿什么服装时，蒋说："穿西装大礼服。"李宗仁听了这话，心中有些怀疑：老蒋从来喜欢提倡民族精神，为什么要穿西装？怀疑归怀疑，实际上还得照办。就职前夕，侍从室又传出蒋的手谕，就职时穿军常服。

就职典礼的时刻到了，礼炮鸣放二十一响，赞礼官恭请正副总统就位。此时出台亮相的蒋介石，身穿长袍马褂，李宗仁身穿的是军常服，犹如一个大副官伫立在蒋的身后，形象难看。此刻蒋介石将近日来闷在心中的恶气多少呼出一点。人们也由此看出，蒋介石当年在上海滩从黄金荣那里学的一套本领，随时都能运用自如、得心应手。

蒋介石夫妇谒陵后步出中山陵的情形

蒋介石反扑桂系

总统竞选和登极的两幕闹剧过去，但政治斗争舞台上的帷幕并未落下。李宗仁当上副总统，这一闷棍表面是打在孙科身上，却痛在蒋介石的心头。

135

蒋不能对此仇善罢甘休。俗话说君子报仇十年不晚，但气得浑身发抖的蒋介石，哪能等那十年的漫长岁月，他要只争朝夕。

要报复，就要抓对象、找由头。第一个报复对象是黄绍竑，没有黄绍竑站在台前幕后活动，李宗仁未必能登上副总统宝座，明眼人一看便知。读者或许会问，黄绍竑不是早在30年代就已脱离桂系归顺蒋介石了吗？何以又重返桂系？黄在蒋的帐前，虽也是封疆大吏，官拜省主席之职，但终是难得蒋之信任，待遇也有差别，黄对此心情不畅。而李宗仁对人宽厚大度，颇有刘备遗风。所以，黄绍竑终能为李宗仁所用。

蒋介石不是笨蛋，要报复，又不能做得太露骨。于是蒋介石通过舆论界，集中火力进攻李品仙。李品仙时任安徽省主席，是个糊涂虫，报上连篇累牍指责他贪污舞弊，挖掘安徽寿县楚王墓，强买民间古画。随后国民党的监察院提出弹劾案，把李品仙搞得不敢见人，如同藏头乌龟，躲到上海去"养病"。一天，白崇禧到上海，约黄绍竑谈话，白说："鹤龄（李品仙，字鹤龄）在安徽弄得很糟，再难做下去了。老蒋有意请你去接任安徽省政府主席，把李调任广西省主席，把黄旭初调中央。德公（李宗仁）要我同你商量一下，听听你的意见。"

黄绍竑是何等聪明，此人有点类似梁山泊的吴用，他当即对白说，"这是老蒋的毒计呀！我们千万不要上当。"

"不见得吧！"白崇禧说。

"你读过二桃杀三士的故事吗？"黄绍竑反问白崇禧，之后黄又说；"桂系统治下的两个省——安徽、广西，李品仙在安徽弄得很坏，现在把他调回广西，岂不是也要把广西弄成安徽那样吗？黄旭初虽然没有什么才干，但守成是有余的。我是广西人，我反对把李品仙调回广西。这回蒋把我恨到了极点。他要我去安徽是好意吗？无非是要我到'戡乱'前线上去试试，再来整我，这个当我坚决不上……"

白听了黄的一番分析，恍然小悟，只得告辞而去。

在这之后，老蒋还不死心，又指使CC系中坚分子、《东南日报》总编胡健中前来劝驾。胡对黄说："季宽（黄绍竑的字）在浙江搞了十年，我们是知道的。此次到安徽，地方人士（包括我自己在内）必能通力合作，把安徽搞好……"

黄绍竑抱定一条宗旨：你有千条妙计，我有一定之规，不去安徽。

黄既如此坚决，又无小辫可抓，不得已，蒋只好把反扑的仇恨目光移向夏威。

夏威是桂系军队的兵团司令，桂系要人把此人视为投机分子。某日在白崇禧公馆，夏威和黄绍竑相遇，在深夜里夏约黄谈话。夏先开腔说道："蒋的江山看来是保不住了。我们是愿做时代的渣滓，随着洪流沉下去，还是自己找条出路呢？"

黄对夏的露骨试探回答说："没有什么办法，只好随俗浮沉，得过且过。"

"你是老长官，是四十年的知己朋友，所以把心里话对你说。你用这种态度对待我，真是岂有此理。"夏威很不高兴地说。

"你有什么办法呢？"黄反问夏。

"没有。只是想同你谈谈，大家想想办法。"

夏威这后一句是假话，因在此前夏已通过他的夫人陈明浩和他的参谋处长崔坚，同解放军进行秘密接触。不过没有多久，便为蒋介石的特务探知，于是借攻击李品仙之机，解除夏威军职，令夏去接替李品仙任安徽省主席。夏威军权被解除，使蒋除去一个危险人物，还撤了李品仙，塞住了桂系的口，一箭三雕。

蒋介石要报复的第二个对象是白崇禧。

中国古书上有这样一句话："赵孟之所贵，赵孟能贱之。"李宗仁的副总统，不论蒋如何不满意，却是通过"选举"形式选出来的，蒋对之无可奈何，于是必然要向白崇禧开刀。

抗战初期，白原是军训部部长兼副总参谋长。大约在 1940 年调任桂林行营主任，长江以南几乎由他执掌。不料桂南大会战，在有苏联空军参战的条件下，仍不能击退日军，蒋不得不撤掉桂林行营，白崇禧的虚誉，自然大受影响。不久，蒋要仿效美国，将军政部改为国防部。蒋对何应钦早欠信任，调任他当陆军总司令。陈诚资望低，于是国防部长这颗大印就交给白崇禧了，因为蒋一直欣赏白的反共态度，尤其欣赏白的"汉曹不两立"那句反共"格言"。

1948年6月1日，蒋介石突然任命白崇禧为"华中剿匪总司令"，任命陈诚为国防部长。白崇禧几乎被这一纸任命气昏过去。白坚决不干，带着夫人马佩璋去上海。此刻马佩璋也是满腹牢骚，她对郭德洁说："你的老公做了副总统，我的老公却把国防部长丢了！"

这实是"妇人之见"。谁人不知，白崇禧在国防部长任内有多少实权？还不是徒有虚名。

白崇禧出走上海，蒋介石下不了台。蒋先暗示上海市市长吴国桢、闻人杜月笙、顾嘉棠出面，请他吃酒、看戏，随后又派吴忠信去劝驾，都毫无效果。这时蒋介石脑海中闪出一个人影："何不让他去！"

蒋介石所想的"他"是谁？

蒋介石召开的某些会议，在李宗仁当选为副总统前，都有黄绍竑参加。在那以后，就没有黄的份了。端午节，蒋忽然邀黄到他家里吃饭，使黄感到惊诧的是，坐在餐桌上的人，除了蒋介石夫妇外，只有张群、吴忠信、蒋经国和黄绍竑六人。吃饭时，蒋很客气，素不饮酒的蒋，这次却破例举杯向黄敬酒，祝黄节日快乐。黄在吃饭时不断地想：这到底是为什么？饭后问题揭晓了，要他去上海，劝白崇禧到武汉就任华中"剿总"。黄当即点头慨允，并说当晚乘夜车去上海。蒋说："经国有专机飞上海，就与他同机去好了。"

黄绍竑在飞机上开动脑筋想，到上海如何说服白崇禧。用"党国为重""戡乱"的老一套行吗？不行。聪明的黄绍竑，灵机一动，计上心来。黄到家后，先抓起电话筒：

"喂，健生吗？我刚从南京飞到上海，想请你到我家来谈谈好吗？"

"谈什么呢？你的来意我早知道了。"

"你可能只知道一半，不当面谈，你不会知道。"

白崇禧放下电话，迅速来到坐落在霞飞路的黄绍竑家。一见面，白先说："你想想，陈小鬼（陈诚）同我是死对头，他在中央当国防部长，我这个仗怎么打！这不明明是要整我们（桂系）吗？岂有权奸在内而大将能立功于外者乎！"

黄绍竑笑着说："你还想把仗打好吗？"

"我这次来，不是用蒋的话劝你去就职为他好好打仗……因为早就看到蒋的仗是打不好的，才想来同你谈谈赶快到武汉就职，掌握一些队伍，尤其要抓回广西那点军队，不要把本钱陪着人家一起输光了。"

黄进一步说："你和德公在南京高高在上做副总统和国防部长，不是等于关在笼中的鸟一样吗？现在蒋把笼门打开放你出去，还不快快地远走高飞？……他（蒋）正开始要整我们，我们就要借此机会出去，到了外面，再反过来整他。"

黄又说："武汉是进可以攻、退可以守的地方，一旦时机成熟，就可以和共产党妥协言和。蒋到了无法应付的时候，必定下野，德公就可以出来收拾局面，我们岂不是大有可为吗？"

黄绍竑真不愧为"羽扇纶巾"式的人物，一席话说动了白崇禧：

"对！我明天回南京到武汉去就职。"

蒋见白已被说动，自是高兴。白乘机要求扩大华中"剿总"的权限和地盘，而最重要的是华中"剿总"直接向蒋负责，不受国防部及参谋总长的节制。这要求正合蒋意，因为蒋素爱直接指挥作战。这样做，对蒋政府的制度有什么不利之处，他就不想了。

蒋桂间之斗争，从未输过的蒋介石，此番输了一招。

六　和谈梦各异

风云变，蒋桂斗犹酣

前章谈了蒋、桂双方竞选副总统之争，几乎弄得不可开交。不料事隔三四个月，即 1948 年 9 月，济南即被人民解放军攻下。毛泽东抓住经济、政治、军事各方形势都有利于人民革命的时机，毅然发动了对国民党的战略决战，先后组织了辽沈、淮海、平津三大战役。人们现在翻开《毛泽东选集》第四卷关于三大战役的文章，就会发现，毛在指挥三大战役时，料敌如神，其行兵布阵之巧，几乎达到神机妙算的程度。10 月 19 日，锦州解放，辽沈战役的胜利已成定局。10 月 23 日，即长春解放的关键时刻，美驻蒋政府大使司徒雷登，针对当时蒋家王朝面临的恶劣情势，向美国国务卿马歇尔提出了五点建议，其中第二项，即"是否可建议委员长退休，让位于李宗仁"，马歇尔虽明确表示"美国政府不应置身于建议委员长退休或其他华人为中国政府领袖的地位"。但司徒雷登仍悄悄地在进行和谈运动，以期借此逼蒋下台。

司徒雷登的幕后操纵，使在政坛上对立的蒋桂双方斗争显得更加微妙。

在锦州失守后，何应钦感到，徐淮会战已如箭在弦上。10 月 22 日，他召集参谋总长顾祝同、次长刘斐、肖毅肃，第三厅厅长郭汝瑰等，研究中原作战计划。结果决定：由白崇禧统一指挥华中和徐州两个"剿总"所属的部队，以期集中兵力，保卫南京中枢。这个办法，白崇禧早在 1948 年 6 月就已提出，那时蒋未接受，如今军情危急，又重提旧案请蒋考虑。10 月 23 日由郭汝瑰送北平请蒋核定。郭汝瑰临行时，顾祝同再三要他向蒋说明："白健生统一指挥是暂时的，会战结束后，华中和徐州两个'剿总'仍分区负责。"顾祝同之所以再三解释，是因为他深知蒋不愿白崇禧掌握兵权过多。不料蒋介石听了郭汝瑰的汇报后却说："就叫他统一指挥下去好了。"10 月 24 日，何应钦电白崇禧告以由他统一指挥大军的决定，并以"酉阳儆挥电"下达这个作战指示。

10 月 27 日，廖耀湘兵团全军覆灭在大虎山地区。至此人们明白，在东北，蒋介石亲手丢掉了三个机械化兵团。

10月30日,蒋自北平飞回南京。他一下飞机,迅即召集翁文灏、何应钦、张群等举行紧急会议。蒋在会上讲话时,没有一点欢乐的影子,说目前军情为抗日战争以来之"最严重者"。美国合众社在报道中说,"蒋以最阴郁和最悲观的腔调讲话。"会后何应钦按蒋的旨意用长途电话召白崇禧即日来南京,洽商中原统一指挥问题。

10月30日下午4时,白崇禧飞抵南京,随后即驱车前往国防部,参加由何应钦主持的中原作战会议。

何应钦见白崇禧来到,先是寒暄,接着对白说:

"健生,我们这几天在研究中原对共军作战时,总统认为,指挥这次战役,非你莫属啊!"

"顾总长和我以及在座诸公也是这个意见。"何又补充说。

"既是总统和诸公如此错爱,我就只好勉为其难了。"白崇禧没有推辞。

第二天继续开会,研究战略部署、军事调动时,白崇禧变卦了,坚决不肯统一指挥华中、徐州两个"剿总"。

世间事物的发展,有时使人感到难以理解。白崇禧向来主张"守江必守淮"。他为此还在1948年6月向蒋提议统一指挥华中、徐州两"剿总",那时蒋不同意,怕他势力膨胀,难以控制。如今,蒋同意给他两个"剿总",白又坚决不干了。其中蹊跷之处何在?

野心很大的白崇禧,1948年要求两个战区的指挥权,是想扩大桂系;辽沈战役后,他扩大桂系的想法没变,形势变了,他不能不另有打算。在白看来,蒋的主力将被消灭在徐蚌地区(白也希望如此),到那时,蒋非滚蛋不可。如果如此,桂系部队则会保有武汉,兼领有湖南、广西、云南、贵州、四川。握有这西南半壁山河,退可和中共抗衡,进可争雄天下。白曾对宋希濂说:"到那时,只要能拖延一个时期,国际局势一定会起变化,我们将来可得到大量援助,则事情还大有可为。"

所以,现在他不要两个"剿总"的指挥权了。

白崇禧道破了全部"天机",蒋介石很快掌握了白的如意算盘。在淮海战役紧张阶段,蒋调第二十八军参战时,白不让走,经顾祝同亲自疏通,加上顾祝同和这个军有历史渊源，才勉强同意调走；跟着调第二十军，白崇禧利用这个军多为四川人、官兵不愿东调的情绪，唆使该军向国防部请求免调，同时下令运输司令部，没有他的命令不得登船。经多方斡旋，白才答应。最后轮到抽调第二军时，白坚决不同意。该军先头部队正拟登船时，白崇禧突然派其亲信干部率其警卫团将轮船看守起来。国防部电报、顾祝同电话，通通被顶回去。气得蒋介石没办法，亲自和白通话：

"喂，健生吗？徐州这一带，急需救兵，请你相协助，叫第二军快快来。"

"不是我有意扣留，实在是华中不能不要！"白崇禧说。

白、蒋在电话中越说越僵，最后蒋说："你为什么不服从命令？"

"合理的命令我服从，不合理的命令我不能接受。"

电话中蒋白二人吵了四十多分钟，真的达到不可开交的程度，最后蒋介石骂了一声"娘希匹"，把电话机掼在桌上。

和蒋介石相处多年的人，都知道他见不同的人，有不同的面孔。他经常是威严十足、凛不可犯的面孔，把自己打扮为一个天生的伟大人物，认为自己的意志就是"上帝"的意志，自己的话就是"圣旨"。当他踌躇满志时，是得意扬扬的面孔，取得某种胜利时，乐不可支，如日本宣布投降、重庆举行胜利大会时，他神气活现，笑得合不拢嘴。另一种面孔，当他不如意或有人触犯他时，他又怒气腾腾，有些侍从人员，包括戴笠之流的高级人物，时常被他骂个不休，甚而是拳打脚踢。当他想利用别人时，还会摆出一副假惺惺的和颜悦色的敷衍应付面孔。

这次蒋给白崇禧打过电话后，则是神情沮丧、两眼疲乏、焦灼不安、充满悲观失望。

12月8日晚，黄维兵团副司令官胡琏从双堆集乘一架小飞机来到南京，向蒋汇报战场上的坏消息。蒋介石听了之后，除了空言慰勉之外，拿不出一点挽救厄运的办法。由徐州南下的杜聿明兵团，已被围在陈官庄，蒋再也无可调之兵。这天晚间，蒋约胡琏、宋希濂、顾祝同、林蔚、王叔铭及蒋经国吃饭，饭后放映电影《文天祥》。看过电影之后，蒋向诸人点点头便缓步上楼去了，不免使人想起南唐李后主"无言独上西楼……别是一般滋味在心头"的凄凉情景。

"小诸葛" 谋划逼宫

淮海战役还未结束，人们即已判断出胜负谁属，而且早已料到蒋家王朝已是风烛残年了。

"打倒蒋介石，建立新中国"是中共的口号，是多年追求的目标。

12 月 18 日，白崇禧亲自到宋希濂家，把宋约出，再到白崇禧家的书房。二人落座后，白吩咐侍从人员下楼去，还嘱咐不要让任何人进来。之后，白对宋说："现在的形势已经变得更坏，黄维兵团十多万人已被全部歼

"小诸葛"白崇禧

灭。……杜聿明所率的三个兵团恐也不可避免地会遭到消灭。华北方面，天津已被共军占领……傅作义部已成瓮中之鳖……已经没有什么兵力可以再进行决战了。唯一的办法，就是设法同中共恢复和谈，利用和谈以争取时间，在长江以南地区编练新军一二百万人。如能做到这一点，还可与共军分庭抗礼，平分秋色。……但要想同中共恢复和谈，必须请蒋先生暂时避开一下，才有可能。"白的这番话，已把他的逼宫计划和盘托出，但还要讲究点方式方法。当年袁世凯如何逼隆裕和溥仪，段祺瑞如何逼黎元洪，懂得一些历史的白崇禧还可往前追溯，找出一点办法。

白崇禧接下去说道："现在华中地区属于黄埔军校系统的部队大部分都掌握在你手里。你如能和陈明仁、李默庵、霍揆彰等会商一番，然后由你领

衔电蒋先生力陈不能再战的理由，请蒋先生暂时休息一下，我想他一定会很重视你们的意见的。"

宋希濂婉言拒绝了白的要求，并不辞而别回部队去了。

"小诸葛"白崇禧何以敢向蒋介石的嫡系——亲信宋希濂有恃无恐地谈逼宫？这不能不从美国方面去查究竟。

早在 1947 年夏，美国驻华大使司徒雷登，在给美国国务卿的报告中，就说蒋介石已成为过时的人物，须李宗仁出来主政。其后到了 1948 年夏，美驻华使馆武官便频频与白崇禧秘密接触。这位武官对白讲：蒋介石集团政治腐败，军事上屡战屡败，国民党军队有被共产党全部消灭的可能；如果让共产党统治中国，这对自由世界将是一场灾难！美国政府愿意同李宗仁合作，希望白将军发挥军事才能，扭转目前时局。

白崇禧听到美国武官这番话，心中甜滋滋的，他似乎看到了桂系辉煌就在眼前。

蒋介石并非不知美国要换马。他在军事、经济、外交各条战线连连失利的形势下，不能不考虑下一步棋该如何走。他考虑了两手，一手是加紧搜刮老百姓：1948 年 8 月 19 日，以伪宪法《临时条款》授予的特权，发行"金圆券"，抢走了国统区人民手中多达 3.7 亿美元的金条、银圆和外币。他们四大家族私人手中的外汇，早已在这之前存到外国银行去了。

在中国近现代历史上，所有的反动统治阶级、反动人物及其子女，在他们行将垮台时，都是采取这种办法，概莫能外。在蒋介石逃台之后有人调查，蒋在美国有五亿多美元私人存款。

一切存入外国银行的不义之财和他们的所作所为，也将永远刻在历史耻辱柱上。不管他们自己和他们的子孙如何辩解，都改变不了历史的真相。

蒋介石的另一手，就是要挣扎，向美国求救。蒋介石感到杜鲁门政府对他的支持还不够劲，更对美国政府要换掉他深感不快，所以当美国大选时，蒋极力支持杜威，认为杜威一定会当选为美国总统，为此他将陈立夫派往美国，以参加"世界道德重整运动大会"为名，进行不可告人的政治活动。蒋介石这一宝又押错了，美国大选和蒋的预期相反，杜鲁门再次当选。杜鲁门当选后，蒋立即于 11 月 9 日致信杜鲁门，希望美国政府发表一篇支持他的宣言。11 月 12 日，杜回信严词拒绝。这时蒋介石真有些发懵，决定派宋美龄赴美呼吁。11 月 24 日，宋美龄打越洋电话给马歇尔，表示访美，马歇尔虽未拒绝，但很冷淡，要她以私人资格前去。11 月 28 日，宋美龄飞美，12 月 3 日，访晤马歇尔，10 日去访杜鲁门。她在访晤马、杜二人时提出一套要求美国援蒋的计划：

1. 美国发表支持蒋政府反共目标的正式宣言；
2. 派高一级军官来中国主持反共战争之战略与供应的计划；
3. 核准一个给蒋政府的军援与经援的三年计划，每年约为十亿美元。

这些要求为马、杜二人异口同声回绝了。美国认为："现在局势恶化之程度，除实际调用美国军队外，任何大量之军事援助，均于事无补。"蒋介石的头上被美国泼了一盆冷水，这盆冷水，倒也有点作用，他头脑似乎清醒了一些。他想起 1948 年 5 月初张治中递交给他的万言书，内中力言非和不可，还暗示蒋须考虑下野，让别人来主和；11 月，张治中到南京和蒋面谈时又重提此事，蒋断然拒绝道："现在不能讲和，要和，我就得下野，但现在不是我下野的时候。"最后，张和吴忠信经多次密商，和张群一起向蒋进言，劝他暂时休息，蒋仍不同意。淮海战役惨败后，蒋的头脑中翻江倒海一般，想想这些不愉快而如今又必须面对的现实。12 月 25 日，白崇禧发表倒蒋通电，张治中、张群、吴忠信三人再次向蒋陈达利害关系，蒋才不得不同意。

途穷日，蒋桂摊牌

蒋介石下野，张群、吴忠信代表蒋方，李宗仁、黄绍竑代表桂系进行谈判。不知人们对此事是否感到奇怪。

伪宪法有明文规定，总统因故不能视事时，由副总统替代，何须谈判？须知在旧中国，《宪法》《约法》先后有过几部，可是那些宪法的制定者，自袁世凯以来，哪一个遵守过宪法？那些高唱守法者，只是让老百姓规规矩矩，而他们则乱说乱动，胡作非为。所以，老百姓很少有人懂得宪法为何物，他们日出而作，日入而息，耕田而食，凿井而饮，谁知宪法与我有何益？

蒋桂双方谈判中，吴忠信首先提出下野文告字眼问题，吴说应该用"暂代"二字。吴进一步解释说："蒋总统因身体关系，暂时离职，随时可以复职的，只能算是暂代，连代理的字眼都是不相宜的。"李宗仁则坚持至少要"代理"二字。

于是双方为"暂代""代理"这几个字，反复磋商了几天，究其实质，关键是个"权"字。桂系要蒋交权，蒋却一定要恋栈，死死抱住总统这把交椅，不肯退出历史舞台。

在谈判中，桂系的黄绍竑心中忐忑不安，他想万一蒋军在淮海战役取胜，他和桂系的一些头目，都将成为阶下囚。幸尔淮海战役中，蒋输光了老本，才勉强同意"代理"二字。

桂系对蒋实行"逼宫"是经过深思熟虑、蓄谋已久的。还在蒋桂双方在"暂代"与"代理"进行讨价还价时，白崇禧即从武汉拍电报，邀张群、黄绍竑二人来汉口。张、黄二人到汉口后，白对张说，他发表"通电"劝蒋下台，是为挽救危局，绝无勾结中共之意，他请张群善言向蒋解释。

白送走张群之后，将黄绍竑让进他的卧室，桂系的文官武将，除黄旭初外，都先后来到。白崇禧首先发言道：

"这回同老蒋闹翻了。淮海战役一结束，他（蒋）迟早一定来收拾我们。南京的中国国民党党部是他的御用工具。我们一向是搞军事的，对于党务没有什么经验。以前我们屡次失败，都是没有政治上的支持，全靠枪杆子来干。这回就大大不同了，不但要对付国民党内部，还要同中国共产党打交道，你们看怎样行呢？"

还未等众人发言，白又说："我的意见，李任公（济深）一向反蒋，他团结有一些民主力量，与共产党也有交情，不如请他到武汉来主持政治，我们就专管军事，这样就不怕了。你们看好吗？"

会议的参加者都赞成，于是决定用白的名义给李济深写信，起草人两易信稿，都不满意。黄绍竑建议道："最好派与李任公有关系的人去香港，当面说明这里的情形，比写信好得多。但李任公在上海临走时同我说过，到香港一有机会就要到解放区去。如果李不在香港，同什么人接头呢？难道就空手回来吗？"

白略加思索后冲着黄绍竑说："这个重要使命只好请你承担。"

黄欣然领命，第二天便乘陈纳德在中国办的民航飞机飞往广东，之后辗转去了香港。遗憾的是李济深此刻已到了解放区，黄扑了个空。这些暂且按下不表，还是看看蒋介石的隐退吧。

引退之前虑后事

历史上，统治阶级主要掌权人物，每当政局出现危机之时，都要虑后事。这样做无非有两个目的，一是考虑身家性命的安全保障，二是以退为进，安排代理人，在适当时机卷土重来。蒋介石的引退即属后一种。

还在淮海、平津战役正在进行之际，蒋介石自己也感到他的统治势难维持，不能不暂避一时。12月24日，蒋正式任命吴忠信为总统府秘书长，这个重要的人事安排，是蒋准备下台的信号。照蒋的打算，拟在1949年元旦下野。孰料就在12月24日，白崇禧从汉口发出"亥敬"电，力言民心离散、士气消沉、军事失利、不能再战，非恢复和谈不可。蒋介石见此电文，认为这是落井下石，万分恼怒，拍桌破口大骂；"娘希匹白崇禧……"

同一天，蒋介石又找张治中谈话：

"翁（文灏）内阁是拖不下去了，我设想两个方案：一是你来组阁，不过你的态度太明显，恐怕立法院通不过……另一个是让孙科来组阁，你任副院长兼国防部长，这样就是个能战能和的内阁，你看怎样？"蒋以征询的口气问张治中。

"总统，我不宜组阁，最好副院长也不担任，国防部长更不合适；要和谈，也只能以代表身份去谈。"张治中说。

蒋对张治中，没有勉强他组阁之意。随后蒋找孙科谈组阁之事，孙满口应承，但有条件：一是组织"巨头内阁"，所谓"巨头"，指的是张治中、张群、翁文灏、吴铁城、邵力子、陈立夫等；二是张治中必须参加，否则不组阁。于是蒋再次找张谈话：

"文白兄，孙科组阁已得立法院同意，你还是得帮他忙才行。"

张见此局面，无法推辞，他对蒋说："我去和哲生面谈。"

张由蒋的府邸出来后，径直去孙宅对孙说："局势太坏，和谈已经为时太晚，但还是非谈不可，我希望在内阁中担任个名义上的政务委员，不任实职，地位比较超然，和谈时容易出面。"于是孙科组成了新内阁。

正当蒋介石为引退安排后事，蒋桂双方矛盾相当激烈之时，中共通过新华社发表一批战犯名单，共四十三人，蒋介石居首，李宗仁紧随其后，白崇禧第三。这第一批战犯名单的发表，对于仍想赖在政治舞台上观风向的蒋介石，不啻晴天一声霹雳，逼迫他下决心忍痛引退。

12 月 31 日下午，总统府举行迎新年便宴。这天，坐落在黄埔路的蒋介石府邸，火树银花，灯光耀眼，天花板下，彩带缤纷，墙壁上贴着圣诞节的七彩剪纸，不知底细的人，感到似有节日气氛。前来参会的人有副总统李宗仁、行政院长孙科、立法院长童冠贤、监察院长于右任、总统府秘书长吴忠信，以及国民党中常委张群、张治中、邵力子、陈立夫、谷正纲、张道藩、谷正鼎、赖琏、肖铮、刘健犀、黄少谷、倪文亚、柳克述、蒋经国、何浩若、贺衷寒、王世杰、王宠惠、范予遂、肖同兹、王启江、张其昀、郑彦棻、吴铁城、朱家骅、张厉生等，共四十多人。

今年的除夕聚餐人们感到和往年不同，请柬上没有请夫人，蒋夫人宋美龄也没有出席。移时，蒋介石从楼上下来。蒋在和李宗仁等一一握手时，与会者发现气氛异常：因为今晚在座的国民党大员都知道，自 1946 年 7 月内战以来，蒋为了表明自己是三军统帅的地位，在公开场合一向穿军装，今晚却反常，穿了一身灰哔叽长袍，料定其中必有文章。

蒋介石挥手请众人入席，餐桌上的山珍海味虽丰盛，宴会厅装饰富丽，也一如往年，但一个个脸上看不到欢乐的影子。饮宴间，彼此无觥筹交错，不互致贺意，也听不到愉快的交谈，看得出都是心事重重。

宴会正在沉闷气氛中进行之际，国防部第三厅厅长匆忙走进来了。蒋介石心里明白，这样一个比芝麻官大不了多少的人物此时出现，必有凶信。蒋当即离席，迎着第三厅厅长走过去。蒋从此人手中接过一份由永城东北地区发来的"十万火急"电报。电文大意说：恳求蒋介石为被围在中原旷野的二十几万啼饥号寒的将士们空投更多的给养，呼吁调军增援。

人们想必能记得，淮海战场上，杜聿明所率的三个兵团，原是奉蒋命"打通徐蚌，三路会师"，即和李延年、刘汝明两兵团会师。不料被解放军拖住，寸步难行，欲战不得，欲罢不能。后来，蒋见大势已去，想保住一点老本，命杜聿明放弃徐州，但为时已晚。此时，黄百韬、黄维两兵团已相继被歼。李延年、刘汝明两兵团闻风丧胆，转向南逃。结果，杜聿明兵团被解放军包围在永城东北，东西长不足二十华里、南北宽不足十华里的狭长地区。时值隆冬，天寒地冻，杜聿明这二十几万人，把一切能吃的东西都吃光了，一切可烧的东西都烧尽了，比三国时曹操兵败赤壁不知要狼狈多少倍。那时，曹操率败兵在华容道遇到关羽时，吓得几乎落马，含泪向关羽借路。蒋和曹操相比，运气好多了，他没在永城受冻，却正在黄埔官邸盛宴文臣武将。

不过，杜聿明发来的求援电，真是血凝泪铸，任你铁石心肠，也咽不下琼汁玉液。所以，与会众人在看到第三厅厅长进来的情景后，早已猜知大势不好，大家都在沉默中，象征性地举杯，之后便正襟危坐，等待下一个节目。

饭后，蒋介石以低沉的音调说："现在局势严重，党内有人主张和谈。我对于这样一个重大问题，不能不有所表示。现拟好一篇文告，准备在元旦发表。请岳军（张群，字岳军）先生朗诵一遍，征求大家意见。"

张群站起读"文告"，只听他念道："三年以来，政治商谈之目的，固在于和平；即动员戡乱之目的，亦在于和平。但是今日时局为和为战，人民为祸为福，其关键不在于政府，亦非我同胞对政府的片面希望所能达成。"

那么责任在谁呢？张群继续念下去："国家能否转危为安，人民能否转祸为福，乃在于共产党一念之间。"轻轻一笔，把责任都推给共产党了。

把责任推给政敌，推给革命的人民，这不是蒋介石的发明，慈禧、隆裕、袁世凯都是这样做的。然而历史告诉人民，无论反动统治者给革命者扣什么帽子，都挽救不了他们败亡的命运。

时至今日，蒋介石在已被中共宣布为战犯的形势下，还放不下架子。听听张群还往下念什么。

"只要中共有和平诚意，能作确切表示，政府必开诚相见，愿与商讨停止战争恢复和平的具体方法。"

接下去张群又念了蒋介石恢复和平的五条原则，什么国家独立，什么休养生息，什么保留伪宪法、伪法统等。

蒋介石的这篇求和文告，出自"江西才子"陈方的手笔，因为蒋介石的文胆陈布雷已在一个多月前服安眠药自杀了。

张群把文告念完后，全场一片沉寂。于是蒋介石先开口问坐在他右侧的李宗仁。

"德邻兄对这篇文告有什么意见？"

"我与总统并无不同的意见。"李宗仁答得妙。

在李宗仁谈过之后，会场上出现了令人难耐的沉默。这时，CC分子谷正纲出来讲话。他声嘶力竭地喊叫，既反对与共产党和谈，又反对蒋介石下野，他认为谋和与下野，都是不明智之举。说到伤心处，他声泪俱下，号啕大哭。接着张道藩、谷正鼎，作了类似的表演，致使新年的宴会厅内一片歔欷之声。这景象，令人油然想起元朝诗人萨都剌用《满江红》填的词："六代豪华，春去也更无消息！"这些冠盖之人，不能不留恋当年"王谢堂前"的欢乐，"乌衣巷口"的逢时，到如今，一切如过眼烟云，能不悲切？但，这怨得了谁？平日的作威作福、搜刮人民、贪污腐败、压制人民，种种倒行逆施，才招致今日为人民所唾弃，为海内外炎黄子孙所不齿。

萨都剌唱的是"六代豪华"，轮到蒋的名下，该是"七代豪华"，春去也，于今已是"玉树歌残""胭脂井坏"。

听，人民军队即将打孤城，春潮急！

这次晚餐，是蒋家王朝最后的晚餐。参加晚餐的人们在哀惋中散去。

1949年1月1日，郭德洁唤醒了李宗仁，要他听新华社播放的新年献词：《将革命进行到底》。

……现在摆在中国人民、各民主党派、各人民团体面前的问题，是将革命进行到底呢，还是使革命半途而废呢？如果要使革命进行到底，那就是用革命的方法，坚决彻底干净全部地消灭一切反动势力，不动摇

地坚决打倒帝国主义，打倒封建主义，打倒官僚资本主义，在全国范围
内推翻国民党的反动统治，在全国范围内建立无产阶级领导的以工农联
盟为主体的人民民主专政的共和国……这个政府将是一个在中国共产党
领导之下的、有各民主党派各人民团体的适当的代表人物参加的民主联
合政府。

听了这篇献词后，李宗仁对郭德洁说：和平的机会已经错过了。从李的
这句话中，不难看出他的阶级的局限性。他还不理解人民革命这壮丽的史诗，
他只能将人民革命的胜利，视为蒋政府政策的失败。

社会上对新华社新年献词的反应是热烈的，对蒋介石的文告是冷漠的。
国际上对蒋的文告不予理睬，蒋对此情此景颇有不妙之感。更何况蒋也听了
新华社的新年献词，他大致还记得其中有这样两句话："一九四九年将要召
集没有反动分子参加的以完成人民革命任务为目标的政治协商会议，宣告中
华人民共和国的成立，并组成共和国的中央政府。"

蒋介石思前想后，终于拿出了一个下策。1949 年 1 月 19 日下午 4 时，
蒋约了张群、吴忠信、孙科、邵力子、吴铁城、陈立夫、张治中等谈话。蒋
先对众人说："我是决定下野了，现在有两个方案请大家研究：一个是请李
德邻出来谈和，谈妥了我再下野；一个是我现在就下野，一切由李德邻主持。"

会上寂无人声，冷场了，蒋逐个征求意见。蒋问吴铁城的想法，吴说：
"这个问题是不是应该召集中常会来讨论一下？"

吴的话音刚落，蒋愤然说："不必，我现在不是被共产党打倒的，是被
国民党打倒的！我再不愿进中央党部的大门了！"这话很快传了出去，但被
人们做了些符合实际的改动——"国民党不是被共产党打倒的，是被蒋某人
打倒的！"

这个会，发言者寥寥，显示出总统末路、一片哀凉的气氛。

1 月 21 日，中央常务委员会召开临时会议，蒋在会上宣布下野。座中
自命"孤臣孽子"的谷正纲、陈庆云、何浩若、洪兰友、张道藩等竟痛哭流
涕，几至失声。

正当众人哀痛之际，谷正纲忽又止住眼泪大声疾呼："总裁不应退休，

应继续领导，和共产党作战到底！"

"事实已不可能"，蒋边说边从衣袋里掏出一纸拟好的文件，对李宗仁说："我今天就离开南京，你立刻就职视事……你就来签个字吧。"李签字后，蒋收回文件。这时，四周又是一片呜咽之声。

蒋介石起立宣布散会。

"总统今天什么时候动身，我们到机场送行。"李宗仁说。

"我下午还有事要处理，起飞时间未定，你们不必送行。"蒋说罢之后，拂袖走出门去。老态龙钟的于右任追上前去，口里喊"总统！总统！"蒋停下问有何事。于说："为方便和谈起见，可否请总统在离京之前，下个手令，把张学良、杨虎城放出来？"蒋不快地背着手说："你找德邻办去！"谁人不知这是托词，与会众人黯然神伤地从会议室走开。

午饭后李宗仁等纷纷赶往明故宫机场，孰料蒋离开会场后，便直奔机场，乘美龄号专机去杭州了。李宗仁等扑空后，再次尝到了蒋对他们的戏弄。

蒋经国后来在他所写《危急存亡之秋》一文中谈及下野这个问题时，说他父亲当年之所以要引退，是考虑到下面三个因素，"甲，党政军积重难返，非退无法彻底整顿与改造；乙，打破半死不活之环境；丙，另起炉灶、重定基础。"

为了重定基础，任命陈诚为台湾省主席，派蒋经国为国民党台湾省党部主任委员；为了应付和谈，让李宗仁出任代总统，用以掩护其重定基础的工作。

父子悲愤回溪口

且说1949年1月21日傍晚，蒋介石、陈诚、陈仪、汤恩伯、蒋经国和俞济时一行来到杭州。

杭州的市民们只见从机场驶向市区的五辆"雪铁龙"轿车，在"楼外楼"门前戛然停住。

时任浙江省主席的陈仪，知道这位刚下野的民国总统往日来到杭州时，都要吃西湖醋鱼，因此汽车便从机场直驶"楼外楼"。他们一行直上二楼，蒋介石坐在首位。

"总统，请尝尝这西湖醋鱼。"陈仪悄声地敬劝着。

穿着华达呢长袍的蒋介石，此时脸色清癯。他神思恍惚地点点头，缓缓地端起酒杯，刚碰到唇边，他又想起，自己毕生不喝酒，今天怎么端起酒杯了，遂赶忙放下。

"总统，这鱼很新鲜，请趁热用一点。"

蒋介石又点点头，拿起筷子在醋鱼上点了几下。

老头子食不下咽，众人都很不安。蒋介石忽地站起来，向窗边走去，他凭窗眺望西湖，苏堤和湖心亭都已笼罩在暮霭之中，群鸦围着秃树叫，叫的是无枝可依。汤恩伯、陈诚等人也都来到蒋的身边。见此局面，蒋经国先开口道："父亲，陈主席的好意，你还是吃一点吧！"

蒋经国又把他父亲扶回座位。

陈诚含着眼泪说："请总裁多少用一点才好。"蒋介石点点头，拿起筷子触着醋鱼，还是一点没夹起来。

席间的沉闷，犹如一块大石头，压得人喘不过气来。这时陈诚又苦笑着说话了："总裁的胃口既不好，还是早些休息吧！"

蒋介石点点头。

"俞局长，到笕桥机场航空学校空军俱乐部宿舍去吧！"蒋经国说。

俞济时轻轻地应声"是"，便下楼安排去了。

这一夜无话，可蒋介石也一夜未睡。蒋介石的思绪回到了1948年8月上旬，由他主持的最后一次军事会议上去了。那一天，南京国防部大礼堂里，坐着何应钦、顾祝同、白崇禧、关麟征、周至柔、王叔铭、桂永清、汤恩伯、陈诚、范汉杰、杜聿明、宋希濂、黄维、李默庵、孙立人，还有刘峙的代表李树正、胡宗南的代表沈策，和国防部、参谋部的一些主要厅署长，共一百二十多人。

此时蒋介石想起他在会上的一段讲话："我们的军事力量比对手强过十倍，为什么打不过对手呢？你们这些高级军官大发接收财，骄奢淫逸，溺于酒色，以致将骄兵逸，纪律败坏，军无斗志。"他警告与会者说："如今的对手势力日益强大，我们如再不觉悟，再不努力，到明年这个时候，能不能再在这里开会都成问题，万一共党控制了中国，则吾辈将死无葬身之地。"

这些话，本是对手下大将们的训诫，谁知却不幸而言中。

蒋对部下训诫了一通之后，离开会场，留下一位侍从秘书，观察会场动向和发言情况。

蒋走后，何应钦做军事形势报告。他列举这几年蒋军死伤、被俘、失踪的总数已超过三百万人，还列举了一大堆各种武器、战车等损失的数字。人们听得出，这是指责陈诚这几年指挥无能。

何应钦报告之后，众将发言。不知是谁沮丧地说："过去在江西时，共产党只那么一点兵力，还解决不了他们，现在他们的力量这么大了，这个仗怎么打下去！"

有的说："辞修（陈诚，字辞修）不能辞其咎。"

宋希濂说："士兵吃不饱、穿不暖……许多下级军官的饷银，维持不了其家属的最低限度生活，自杀者有之，卖淫者有之，弃儿鬻女者有之。总统说政府还有九亿美金，我建议：自本月份起，所有官兵伙食一律改为现洋，每人每月三元。将、校、尉级薪金也改发现洋，每人每月五元到三十元。"

"赞成！赞成！"孙立人、黄百韬异口同声地说。

蒋介石不会拿出美金当饷发，他要对他的属下进行思想说教。他穿起军装、戴上勋章，来到会场，对众将说："只要坚持奋斗，终能化险为夷。"他还说："就总的力量来说，我们仍比共产党大许多倍，没有任何悲观失望的理由。'破山中之贼易，去心中之贼难'。现在最要紧的是要打破害怕共军的心理。"

为时不到一年，参加会议的众将，有的死了，有的被俘，以后会是什么样的局面，他不敢再往下想了。

这一切，咎由谁取？他也不敢面对现实。

蒋介石在笕桥机场这一夜几乎没合眼，天破晓时有些朦胧，谁知睁开眼时，已是日近中天。他忙着叫俞济时备车回溪口。

蒋介石一行驶进溪口后，首先映入眼帘的是"武岭门"三个苍劲有力的大字，这是出自于右任的手笔。五岭门入镇五百步是"丰镐房"，这"丰镐"二字，"丰"是代表蒋介石一房，"镐"是代表他的亡弟蒋瑞青一房。瑞青早亡，由蒋介石兼祧承袭，所以名为"丰镐房"。此房原是蒋母王氏及蒋的元配夫人毛氏住处。蒋感到丰镐房地处溪口街心，民房围在四周，警卫多有不便，另在武岭山临溪南端建造了一宫殿式的二层三底小楼，起名"乐亭"。"乐亭"飞檐翘角，近水楼台，内有暖气、浴室、大小客厅、餐厅、卧室。以往蒋和宋美龄回溪口时，均以此为寓邸。"乐亭"东首建有一平顶洋楼，比"乐亭"低丈余，有水泥露天走廊相通，此楼专供来访达官贵人及侍从秘书下榻之用，陈布雷、汪精卫等都曾在此住过。洋楼下为机要译电室，楼顶为夜间警卫瞭望台。"乐亭"抗战时毁于日机炸弹，小洋楼依旧仁立。

雪窦山是奉化名山，其雪窦寺、千丈岩均为浙东名胜。顺千丈岩稍往西北，便是妙高台，距雪窦寺千余公尺，由于三面绝壁、山谷幽静，易于警卫，为蒋看中，乃建洋楼二间，余屋三间，还有平顶凉台，外建六角亭一座，总

蒋介石极重视修家谱。图为蒋介石第三次下野后与蒋经国在溪口老家翻阅家谱。

称妙高台别墅。蒋与宋美龄常来此避暑。

此外，蒋又在其母墓地山腰上的白岩山鱼麟岙上，筑有洋楼三间，起名"慈庵"。蒋介石这次"引退"后就住在这里。在这之前，每到清明，蒋都偕同宋美龄或蒋经国来此扫墓。

如今蒋介石"引退"后到此，他要修家谱，他对身旁侍立的蒋经国说："你告诉秘书，由你们两人负责，先修好蒋家的家谱，到宁波去找几个文人学者考察一下我们蒋氏祖先的来源。"

1月23日，俞济时早早来到蒋的住所，向蒋请示：溪口可否由八十七军担任警卫？

"你不知他是程潜的干女婿吗？"蒋轻声地反问。

"是！我明白了。"俞济时慌忙立正回答。

"可否从汤司令那里调一个可靠的军来担任警卫？"蒋经国插言说。

"我看还是调交警部队为好。"蒋介石稍加思索后说。

"那就给交警局长周伟龙下令吧！"蒋经国说。

俞济时答应一声"是"便退出去了。

俞走后，汤恩伯、陈诚二人进来告辞："总裁，我们要回去了，万望总裁保重。"

蒋紧紧握住汤、陈二人的手说："多谢你们相送。你们身负重任，宜早回去。"

"总裁还有什么嘱咐？"陈诚问。

"一切还望你们自行保重。眼下局势虽然如此，但前途未卜。"蒋说罢，又对汤说："淞沪乃最要紧处，希望好自为之，切勿疏失。"蒋又望着陈诚说："至于台湾——你自明白，我不多说了。"

汤恩伯又说道："总裁，溪口外卫既有布置，内卫也应加强。可否从俞局长任职过的七十四军中抽调……"

蒋未等汤说完便说："这事我有数，你放心好了。"

蒋送陈、汤二人出慈庵，望着二人下山。

天近中午，俞济时向蒋报告说："总裁，周伟龙回电说，他那实力较强的交警第三旅第五、第六两总队已调往湖南去了。"

蒋听到这消息后，勃然大怒，想不到周伟龙这小子也居然变相拒不接受命令。俞济时继续汇报："周局长说，他准备调第三旅第七总队驻山乃县，第十二总队驻慈溪。他说这两个总队素质好，战斗力强，官兵多系江浙子弟，可保无虞。"

"放屁！娘希匹！"

此刻，蒋气不打一处来，真达到三尸神暴跳、七窍内生烟的程度。

蒋平日对国民党要人、名流学者，看来比较和蔼，对他的内侍下属，则毫无顾忌。

蒋对俞说："他是想保存实力，进行政治报仇……你要密切注意他，必要时密裁！"

事隔不久，周伟龙果遭暗杀。

蒋何以如此生气，原来这交警部队前身是"忠义救国军"，是一支特务武装，是戴笠亲自训练出来的，一直为蒋所宠信。蒋做梦也没想到这支部队会变心。

挣扎中遥控江南

且说蒋介石虽引退回溪口，可是他人退心未退，或者说表面上退了实则没有退。他和当年袁世凯削职回项城、段祺瑞下野回合肥一样，在溪口小镇洋房上架天线，放射电波，继续发号施令。

1月25日，他回溪口第四天，就召集何应钦、顾祝同、汤恩伯等到奉化小镇，开了一次小规模的军事会议。

会上汤恩伯先以带有不满的口吻说："南京不知怎么搞的，总裁一走，就放了三百多个在押的政治犯。我找覃异之查问，覃拿出李宗仁的手令。"

"他（李宗仁）是想抓住这块释放政治犯的招牌，抬高自己！"蒋介石说。

"总裁，我已遵照您的命令，把全部政治犯移往上海。"汤恩伯说。

蒋又说："我决定把长江防线划分为两大战区。湖口以西归白崇禧他们去管，其兵力大约有四十个师；湖口以东归汤恩伯，大概有七十五个师，四十五万人。"

蒋又冲着顾祝同说："墨三，会后你派专人把作战方案送交白崇禧，命其执行，湖口以东的作战计划不用告诉他们。"

蒋又接着说道："京沪杭战区作战方针大致是：以长江防线为外围，以沪杭三角地带为重点，以淞沪为核心，采取持久防御方针，最后坚守淞沪，与台湾相呼应。必要时以优势海空军从台湾支援淞沪，然后待机反攻。"

"江宁要塞的大炮，你（汤）要秘密拆运去上海。"

"你在南京孝陵卫总部指挥所，要经常控制一二百辆卡车，以便随时调用；你要把主力放在镇江以东，确保沪杭。"

蒋说到这里，又怒火上升，大骂桂系，说："共产党只要我的命，可是桂系既要我的命，又要我的钱。"

最后，蒋给与会者打气："我们要争取一年时间。麦克阿瑟表示，只要我们能支持一年，他们一定会全力支援我们。一年后国际形势必将发生重大变化，第三次世界大战会打起来。"

蒋的这几位部下，对于能否打起第三次世界大战来，说不准，对于在京沪杭支持一年，有怀疑。但他们谁也不敢在蒋面前谈不同看法。

蒋介石的遥控，当然远不止于此。即便是南京总统府的代总统，也照样须按蒋的旨意行事。不信你看：

李宗仁当上代总统不几天，出现内阁危机，孙科这行政院长干不下去了，可是找不到接替之人。李费了不少口舌，说动了刚从驻联合国军事代表团卸任回来的何应钦，但何有先决条件：没有蒋的许可，不敢做任何事。

吴忠信挂电话到溪口请示，蒋在电话中说："让德邻弟自己安排，我是退休的人，能说什么呢？"何应钦听了这客气的回答后，毛骨悚然，对李宗仁说："请你允许我远离政界吧。"于是李宗仁又派吴忠信去溪口，请求蒋给何说几句话，蒋才又在电话中对何说："既然德邻想让你担任那个职务，就接受下来吧。"何听了这冷淡的回答后，才敢接受行政院长的职务。

李宗仁刚坐上代总统交椅时，曾下令释放张学良、杨虎城。谁知一纸命令，一文不值。张学良早被蒋介石解往台湾。听说杨虎城关在重庆，李给重庆市市长杨森打电报，要他放人。杨推说不知道，要李去问毛人凤，然而李遍问各地，怎么也找不到毛人凤。

3月2日，张治中、吴忠信二人同乘一架飞机，在宁波栎社机场降落，前一天到达宁波的屈武和奉蒋之命来迎接的蒋经国，都在机场上迎接张、吴二人。这四人乘两辆汽车，直驶溪口：

屈武和小蒋是同窗好友，同在苏联留过学。

抗战时期他们在重庆、衡阳、昆明等地，都有携手同游的踪迹。于今相见，彼此似乎很亲热。

小蒋先说话了："你不在迪化，怎么也来了？"

"是文白先生叫我来，说是李代总统要我为和谈奔走一下。"

小蒋沉默片刻说："你就为这事从新疆来了？"

160　　"是呀！"

"你以为和共产党和谈，能谈成吗？"

"这个——"

"告诉你，和谈是绝对不可能的！李公他们这样做，完全不懂美国方面的真正意图。你想想，过去他们花了几十亿美元、几万吨军械来支持我们戡乱，目的无非是要消灭共产党。只怪我父亲手下那班人太无能了，贪污腐败，丧失民心，弄得我父亲不得不下野。……但美国并不要他（李宗仁）和谈……据我所知，目前尚有十几条船的美国军火在运华途中。这一点，还不明白吗？"

"总统在文告中，不是讲要和谈吗？也说到国事为重呀！"屈武探问一句。

"国事？国事都坏在我父亲所重用的那批老朽无能的军政官僚手中啦！"

"老朽"是哪些人？小蒋没说。不过屈武明白，其中肯定少不了他的岳丈于右任。

谈出国，与虎谋皮

张治中一行乘汽车来到溪口，驶进武岭门，在蒋经国陪同下，到了丰镐房，进入候客室落座。

蒋经国笑着说道："三位请少憩片刻，我父亲此刻正在慈庵。"

"多谢。"张治中说。

过去，国民党文武官员，凡来溪口者都先到丰镐房正厅，向蒋氏祖先牌位行礼。这时张治中想到此节便说："经国兄，请带我们到厅堂行个礼吧！"

"怎敢有劳大驾！"

"不用客气，咱们去吧！"

三人来到这古香古色的厅堂，向蒋氏祖先牌位致敬后，被引到"乐亭"旁的小洋房下榻。这小洋房依山傍水，幽静异常，屋内陈设也很典雅。张、吴住在楼上，屈武住在另一栋二楼招待所。

第二天，张、吴、屈三人来到慈庵，先在蒋母墓地行礼，后到蒋的会客室。蒋介石出来与三人寒暄后，不等张、吴等人开口，先说道："你们的来意是要劝我出国的吧？"蒋指着手中的报纸说："你看报纸上登出来了。"

张治中听后为之一怔，但瞬间即镇定自若。

蒋接着忿忿地说："他们逼我下野尚可！逼我亡命是不行的！我如今是个普通国民，到哪里都可以自由居住，何况是我的家乡！"

张治中的嘴巴被蒋介石这几句话封住了。原来张治中此次溪口之行，真有劝蒋出国之意。因为南京的李宗仁感到各个方面的工作，都因蒋在背后钳制，难以开展，下面的人更是不尴不尬，难以适从，劝蒋出国后，以便李宗仁放手工作，以利和谈。现在，蒋如此一说，张也不敢再提，只好讲和谈之事。

"总裁，南京方面对中共所提八项的第一项，意见是统一的，都认为不能接受。"

蒋听了这话，脸色有些缓和，"当然喽！德邻现在的责任就是我的责任，德邻的成败也是我的成败。文白，你可以告诉德邻，我一定全力支持他！我愿终老家乡，绝不再度执政。"

"是，总裁英明。"

张谈到军队改编问题，蒋没有表示意见。

谈到国共两党管辖范围时，张治中说："南京方面希望保持长江以南若干省份的完整性，由国民党领导；东北、华北各地，由共产党领导。必要时，让步到鄂、赣、苏、皖四省和宁、沪、汉三市联合共管。"

"我看这事不必由我们提出吧！"蒋介石说，"恐怕毛泽东不是这个看法哩！""依我看，我们现在还是要备战求和，仍然要以整饬军事为重点，不宜分心……"

"至于德邻呀！上半局棋我很明白，也是和我一致的，希望划江而治；至于下半局棋，太不高明了，逼人太甚了！"

蒋说到此，张纳闷地问："总裁有何见教？我不明白。"

"德邻一方面通过傅泾波、司徒雷登向美国要军火，想武装他们自己桂系的军队；另一方面又派人拉拢苏联武官罗申。他们想联美、联苏、联共来压我，取而代之。哼，这能瞒得过我吗？文白，你给德邻带个信，请他尽管放心好了，我是不会再出山了，我这一生不会再执政了！"

话题转到国民党参加和谈的人选时，张说：南京方面提出要让张群、吴忠信参加。

"我坚决不干！"吴忠信说。

"不干也好。"蒋点头说。

"我也不想参加。"张治中说。

"这，倒值得考虑！恐怕摆脱不了吧！"说完这些后，蒋又说："我们暂时谈到这里为止吧！我们去看看雪窦寺、妙高台吧！"

在一路漫步中，张治中总想拐弯抹角谈蒋出国之事，可是一提出国事蒋就发火。谈不拢，他只得于 3 月 12 日返回南京。

七． 残局察蒋桂

守残南京筹难展

素怀问鼎之志的桂系，自李宗仁坐上代总统的交椅后，似乎是如愿以偿或基本上如愿以偿了。实则不然，这位代总统从"代"之日起，既无财权也无人事权，更无军事调动权（桂系军队除外）。现在人们看到，李宗仁也品尝到，蒋介石虽是毛泽东手下败将，在桂系面前他仍是强者。

还在淮海战役激烈进行之际，蒋介石已看出大势不好，即已作了放弃大陆、退保台湾的战略准备。在李宗仁要行"代总统"职权前五天，美驻华军事代表团团长巴大维找上门来，谈及此事。这位美国佬说：将台湾归还中国，开罗会议时虽有决议，但在对日和约之前，究未有法律根据。现在蒋介石将嫡系部队部署在台湾，他要抗议。李宗仁直到此时，才晓得蒋介石的真实动向。

退守台湾，是蒋深思熟虑后的举措。谁去为他承担这项任务？第一位"种子选手"自然是陈诚。陈诚1948年春初在东北败阵铩羽归来后，旅居南京上海一带的东北籍人士，即群起攻陈，恨不得杀之啖其肉而后快。任凭骂声四起，蒋介石仍有自己的打算，他安排陈诚辞职赴台湾养病。半年以后，全国形势紧张，蒋便突然免去魏道明的省主席之职，另任命陈诚主持省政。陈接到任命后，即刻自草山迁入台北到职视事，其行动之迅速，在国民党政府官员中实属罕见。这项任命，不仅李宗仁毫无所知，行政院长孙科也不曾与闻。

陈诚走马上任后，蒋便密令将国库所存全部银元、黄金、美钞运往台湾。

据当时国民党政府监察院财政委员会秘密报告讲，往台湾共运走金钞3.55亿美元，黄金390万盎司，外汇7千万美元，还有价值7千万美元的白银。

1949年1月21日，即蒋介石正式下野那天，蒋又亲下手令，从中国银行提取一千万美元，汇交在美国的毛邦初。毛是蒋的内侄，时任国民党空军购料委员会主任。蒋还嘱咐毛将这笔巨款和毛氏手中余款，全部自纽约中国银行取出，再改用毛氏私人名义存入美国银行。毛在越洋电话中问蒋，为什么用私人名义？蒋说：现在正在进行和谈，万一联合政府成立，绝不能让这笔款落入新政府手中。

这件事办得神不知鬼不觉，非常机密。不料后来空军司令周至柔与毛邦初因宿怨纠葛，互控对方贪污。周指控毛购料时舞弊，毛指控周将公款私自提存于香港某银行据为己有。蒋派人去美查账，结果无账目不清迹象；而对周将公款私存之事，置之不问。毛邦初大喊不公。结果，在宋美龄的怂恿下，毛被撤职，并勒令将私相授受之公款交出。毛以该款并无公款佐证，拒不交出，不了了之。

据公款为私有，或借职权之便贪污巨款，这是权力失去监督、舆论无权监督的必然恶果。当今世界上几个有名的贪污国家都有类似情况。那些贪污分子，以权牟钱，花样翻新。谋得外币，存于国外。各国有识之士对此痛心疾首，却又徒唤奈何。

且说蒋介石既把全部金银及硬通货劫走，李宗仁政府自然就失去了发放军饷、安定民心的手段。李宗仁心里明白，靠继续滥发"金圆券"向社会掠夺，军心民气都将随物价之暴涨而丧尽。李宗仁在万般无奈的情况下，屈尊来到美国使馆，他对司徒雷登说："大使先生，我的政府分文没有，开支困难，希望你向美国政府转达我的请求，贷给中国一批白银，以安定金融。"

"代总统先生，恕我直言，你这位代总统有其名无其实，政府实权完全未更动，不管美国运来多少金银，还会和以前一样，完全浪费掉。"司徒雷登回绝说。

李宗仁电令驻美大使顾维钧就近向美国政府交涉，顾遵蒋意，敷衍不办。

如此一来，李宗仁政府的军政开支都无着落。俗话说"巧妇难为无米之炊"，此刻的李代总统，也几乎是号令不出总统府，他的政府机器很难运转了。

还有使这位李代总统颇感难堪之处：在他眼皮底下的浙江省的省主席陈仪，从撤职到被捕，李宗仁都一无所知。

陈仪原是政学系的重要成员，是蒋介石信任的人物。1948年他在浙江省主席任内，赶上淮海战役，居然斗胆上书蒋介石，说："当前形势，敌强我弱，只可言和，不可言战。"蒋没有接受这个意见。陈不愿和蒋家王朝同归于尽，想自行通电起义，而且想联络一些部队起义。这样，起义既有安全保证，又有声势，起义后还可从中共方面获得较高的政治地位。恰在这时，驻江、浙、沪一带的国民党部队，统归汤恩伯指挥。汤和陈仪又有很深的历史渊源：二人是浙江同乡，陈是汤的老师，又曾是汤的上司，汤受过陈的栽培、提拔。陈仪满怀信心地以为这位老部下会追随他起义。陈为此亲自去上海，鼓动汤率部起义。汤当陈的面，虚与委蛇，背后对特务毛森说："陈仪见徐蚌会战（指淮海战役）失败了，认为大势已去，发生了动摇，想作傅作义第二……这个老糊涂，真岂有此理。"汤还对覃异之说："毛泽东的声明，把我们都列为战犯，使大家都知道，除了坚决死战之外，没有别的出路。"于是汤恩伯当了犹大，向蒋告密，将培养他的恩师、提拔他的老上司出卖了。

最可叹的是陈仪直到被免去省主席职务时，他也没有想到这是汤恩伯的出卖，宅邸布下了特务监视网，陈也没有觉察。稍后，人民解放军百万雄师横渡长江时，陈仪再次来到汤恩伯军营，劝汤道："长江那么长，怎么能守得住？大势已去，不是一条长江能挡住共产党的。与其将来兵败名裂，作阶下囚，不如早向后转，还能成为共产党方面的座上客。"

汤恩伯也有自己的盘算：抗日战争时期，留给国人的名声太臭了。他还清楚记得，当年河南省参政员，在国民参政会上提议要求枪毙汤恩伯之情景；中共各解放区上演的话剧《血泪仇》，主题就是揭露汤某。他权衡利弊，担心共产党不会放过自己，况且毛泽东已经把他列入战犯名单。

汤恩伯横下一条心，跟蒋跟到底了！

汤恩伯再次向蒋告密。

没过几天，毛人凤持蒋的手令来找汤恩伯，二人商议逮捕陈仪之事。

陈仪被软禁后，才有觉察，为时晚矣！恨只恨陈某自己糊涂，无识人之明。孔明当年挥泪斩马谡，如今陈仪挥泪被人斩。

这宗宗件件之事，使李宗仁感受不到代总统的"代"字，真的被黄绍竑不幸言中了——李宗仁成为蒋介石的大副官了。说得本质些，是蒋的傀儡。

李宗仁决不甘当傀儡，他要摆脱这种处境。1月24日，他下令行政院办以下几件事：

1. 各地"剿匪"总部改为军政长官公署；

2. 取消全国戒严令（近前线者，俟双方下令停止军事行动后再取消）；

3. 裁撤戡乱建国总队；

4. 释放政治犯；

5. 启封一切在戡乱期间因抵触戡乱法令而被封闭的报馆杂志；

6. 撤销特种刑事法庭，废止刑事条例：

7. 通令停止特务活动，对人民非依法不得逮捕。

李宗仁下的这个命令，照样难行得通。1月26日，行政院会议上，除不同意取消戒严令外，表面上接受了李的指示，实际上他们耍花招。行政院的一个官员说："开释政治犯与戒严系属二事。触犯戒严法不能称为政治犯。戒严法所规定之事项，无一为政治犯性质。在戒严地区负责当局，为维持治安与秩序起见，自仍应按照戒严法办理。"把这话解释明白，就是将"政治犯"换个罪名，不释放了。2月11日，汤恩伯在谈话时，针对李宗仁，更为露骨地说："一、南京上海等地区接近前线，在全面和平未实现前，仍继续执行戒严令。二、本人是以手令守备京沪各地，以后不准有罢工、怠工及聚众威胁情事。为安定各地秩序，如果有暴动情事发生，为首暴徒，由地方军法机关处理，就地枪决。三、希望南京上海新闻界根据正确事实报道，以安民心。如有破坏政府全面和平主张、破坏军事区安全、扰乱社会秩序者，将予以严处。四、奉令停刊之报纸杂志，在没有正式接到复刊许可时，不得复刊。"

李宗仁下的手令，被行政院某官员和汤恩伯的谈话全部抵消了。

看得出，李宗仁守残局，一筹莫展。

假和谈美梦难成

蒋桂两派系的利害冲突、矛盾斗争，二十多年来从未间断。伴随时间的推移，其规模愈来愈大，其焦点愈益集中，其理由愈益动听，其性质绝无改变。试想他们间的所争、所斗、所抢、所夺，都不过是为争夺即将被人民革命风暴吹落的那顶王冠。

蒋桂两派在连续不断的斗争中，也有一致之处，那就是"划江而治"。可是"划江而治"是办不到的，因为毛泽东要将革命进行到底，他绝不给反动派以喘息的机会。他深知若同意"划江而治"，将意味着反动派日后对革命的反扑。他在为新华社撰写的1949年的新年献词中，告诫善良的人们，毒蛇虽已冻僵，但还没死，千万不要怜惜蛇一样的恶人，要把革命进行到底。稍后他还说"宜将剩勇追穷寇，不可沽名学霸王"。

美国呢？深深介入中国内战的美国，其态度如何？

美国不愿看到国共和谈，更怕国共和谈成功，尤其不愿看到中共在中国执政。这不是笔者信口开河，有事实为证：

李宗仁刚当上"代"总统不久，司徒雷登改任美国驻华大使的某一天，派傅泾波去见黄绍竑。彼此寒暄后，傅开门见山地对黄说："司徒雷登大使不便来，所以要我来拜见您。"

"有话请讲。"黄绍竑说。

"美国对国民党一向是尽力支持的，在蒋总统任内给了几十亿美元、几万吨军械和各种设备。蒋总统之所以失败，是他不善于利用美援，他手下的官吏将领又贪污无能。现在蒋总统下野，美国对李代总统仍愿尽力援助。据我所知，现在还有十几条船的军火在来华途中，美国愿意把这些军火直接交给李代总统，用来戡乱，以后的援助仍将源源不断。但如果同共产党和谈，则美国的态度就要另作考虑了。"

在傅泾波大谈一通后，黄绍竑说："这是国家大事，上有李代总统和行政院作主，我是个闲人，不敢有什么意见。"

黄绍竑的表态，使傅泾波不得要领而回。其后，中国的形势也没有按司徒雷登的意志发展。他不愿看到国共和谈，可是李宗仁还是派出了和谈代表团。

在国共和谈问题上，李宗仁和蒋介石是异床同梦，都想使"划江而治"的美梦变为现实，后来的事实使他的美梦像肥皂泡沫一般破灭了。

1949年4月1日，以张治中（后排挥帽者）为主的国民党和平代表团赴北平
谈判在南京登机时合影。

李宗仁在何应钦组阁后，派出了和谈代表团，首席代表张治中，成员有
邵力子、章士钊、刘斐、李蒸等六人，另有秘书长卢郁文，顾问屈武、李俊
龙、金山、刘仲华。

这个代表团带着行政院拟出的《预拟与中共商谈之腹案》和国防部《对
于国共停战协定最低限度之要求》，飞赴北平。代表团的成员中的某些人已
预感到中共不会接受这个《腹案》和《要求》，但也只好像李宗仁所说那样
"死马当活马医嘛"。

飞机飞临北平上空，代表团中的一些人在想：中共方面谁会来接呢？

"起码是北平市市长叶剑英。"

"周恩来会到机场迎接，他是中共方面的首席代表。"

张治中也估计周恩来会来接。

下飞机后一看，来迎接的人寥寥可数，经介绍才知这些穿着土里土气
的人是中共代表团秘书长齐燕铭、北平市副市长徐冰、东北野战军参谋长
刘亚楼。

代表团来到下榻的六国饭店（今之北京饭店前身），进门就看到一条"欢迎真和谈代表"的横幅标语。张治中心里明白：假和谈代表当然不受欢迎。

晚六时，周恩来率中共代表团林伯渠、叶剑英、林彪、李维汉、聂荣臻来看望南京代表，并设便宴款待代表团全体成员。饭后双方代表即开始商谈，经双方同意，商谈采取分头个别对话形式，周恩来对张治中，林伯渠对邵力子……

会谈一开始，周恩来问张治中："你为什么离开南京前到溪口去见蒋介石？"张治中对这冷不防的提问，正想解释时，周恩来又说："你这样做法，完全是为了加强蒋介石的地位，起了混淆视听、破坏和谈的作用，同时，也充分证明了蒋介石所谓下野完全是假的，而实际上他还在幕后操纵控制。"

张治中说："我不能不去溪口，是我自己想起要去的，既不是蒋叫我去的，也不是李要我去的。我之所以想起要去，一则想到蒋虽下野，实力还掌握在他手上。我们虽然接受以毛先生所提八项条件为和谈基础，但蒋究竟同意到何种程度，我不能不摸个底，才好进行商谈。二则蒋虽然不当总统，但还是国民党的总裁，我们也有义务去看望他。我是首席代表，只好由我去了。三则近来京、沪间一些人纷纷发表言论，提出许多主张，给和谈制造障碍，我去溪口并且在回京后马上发表新闻，对这些人起到威慑的作用。"

周恩来听了张治中的解释后说："不管你怎么说，只能说蒋还在操纵指挥……这种由蒋导演的假和平，我们是不能接受的。"

"周先生未免也太挑剔了吧，我去看蒋，这是我们国民党自己的事。"张不愉快地说。

"但这是影响国共和谈的事。这不能不使我们怀疑，你们要的是假和平。"周反驳说。

"我受李宗仁先生委托到北平来谈判，当然是为了国家民族实现真正的和平，而不是你们所说的假和平。"张治中说。

"今天在南京发生的流血惨案，就是证明。学生要求南京当局接受我们提出的八项和平条件，何罪之有？……文白先生，在率领代表团来北平即将开始谈判时，发生这件惨案，不能不令我们怀疑南京当局和谈的诚意。"周的这番话，使张无法回答，他表示要用电话联系，查明究竟。

双方情绪缓和下来，谈判进入正题时，南京代表拿不出正式方案。对此，中共早有所料，于是中共方面提议，用个别对话形式，互听对方意见，五天内提出成熟的方案。

4月10日，国共和谈正式开始。中共代表以周恩来为首由勤政殿东向进入会场，南京代表以张治中为首由勤政殿西向进入会场。谈判开始时，周恩来先把拟好的和平条款宣读一遍，然后发给南京代表，希望南京代表会后讨论再作答复。南京代表回到下榻处后，当即开会，所有代表参加，顾问、秘书列席。他们反复讨论，不外两点：一是和平条款的具体内容与1月14日发表的毛泽东提出的八项条件内容是一致的，也为李宗仁所承认；二是感到与南京蒋桂双方幻想"划江而治"提出的条件相差太远了，但只能以中共所提条件为基础和谈，力争纳入南京方面某些可纳入的内容。

面对解放军兵临南京城下的形势，也只能如此。

南京代表团，对中共的和平条款提出了四十条修正意见，中共为了表示和平的诚意，接受了二十多条。尤其对惩办战争罪犯这一条改动很大，如："一切战犯，不问何人，如能认清是非，幡然悔悟，出于真心实意，确有事实表现因而有利于中国人民解放事业之推进，有利于和平方法解决国内问题者，准予取消战犯罪名，给予宽大待遇。"

在国共谈判中，中共坚持了它所应坚持的，忍让它所可以忍让的。对此南京代表也不能不钦佩。

《国内和平协定》共八条二十四款，4月15日，周恩来在双方第二次会议上宣布，以4月20日为限期，南京代表团是否愿意在协定上签字，届时须表态。为此，南京代表团推举黄绍竑回南京汇报请示。

周恩来得知黄绍竑回南京时，立刻在六国饭店召见他。在询问他病情之后说：

"你辛苦了！明天还要带病乘飞机，为保险起见，我打算从北京医院派一位大夫陪你前往。"

周恩来还说："你肩上的担子不轻哟。我们等你回来。……即将成立的中央人民政府，已经选定了中南海这个地方办公。……我希望协定签订后，国共两党的领导人今后还将长期在勤政殿一起共商国是，去建设一个人民自己的强大的新中国。你把这个意思，再次转达给李德邻先生，希望他能飞到北平来签字。"

黄说："我对李、白虽能说得动，但这次回南京，照我看至多是五十对五十的希望，或者还要少些，我终归努力进行就是了。"这话听来调门不高，但符合实际，是真心话。

周最后对黄说："为了表示我们对和谈的诚意和对桂系的希望，我们释放了白先生的外甥海竞强师长，你明天带他回南吧。"

第二天，黄绍竑和屈武带着海竞强，乘飞机抵达南京后，即驱车去傅厚岗李宗仁官邸，进屋后发现白崇禧、黄旭初、何应钦正等候在那里。当这些人听了黄的汇报，都不免黯然神伤，脸色难看。白崇禧先怒气冲冲地对黄绍竑说："为难你呀，像这样的文件也带得回来！这样苛刻的条款我们能接受吗？！"何应钦说："这么重大的问题，不能够随便决定，行政院要开会研究才好答复。"

李宗仁、黄旭初一言未发。

次日行政院开会了，由何应钦主持。这个会不伦不类，使人们感到奇特：代总统李宗仁列席会议，吴铁城以中央党部秘书长身份，由广州飞来参加，刚从太原逃出来的阎锡山被邀参加，顾祝同以总参谋长身份被邀参加，行政院秘书长黄少谷和几个部长参加。

白崇禧没有参加，他有不愿外讲的打算，飞回武汉，去指挥、部署他的军队去了。

黄绍竑报告谈判经过，最后他说："代表团的全体代表认为，中共这个和平条款与 1 月 14 日的和平谈判八项条件，没有什么出入，李代总统以前也曾发表声明，承认中共提出的和平谈判八项条件，所以全体代表认为中共提出的和平条款是可以接受的。"

吴铁城先开腔道："中央常务委员会是党的最高决策机关，中常委并未承认 1 月 14 日中共提出的八项和平谈判条件。"

吴的话很有技巧，一枪打两眼，对李宗仁像似开脱，实是谴责。吴还说："李代总统的声明，也只是说可以商谈，并不是完全承认。"他还指责张治中为首的代表团，不经请示中央竟完全承认。吴最后说："宪法是国家的根本大法，法统是实行宪法的表征，如果都废除了，中国将成为什么样的国家呢！"

黄少谷逐条分析批驳中共的和平条款。

顾祝同说："照我掌握的情报判断，解放军正在部署渡江攻击，中共和谈绝无诚意。"

"阎长官有什么意见？"何应钦低声问阎老西。

"这个条款实质上是难以接受的，即使接受了，以后也很难解决问题。"阎老西这短短几句话，为会议作了总结。

此刻列席会议的代总统李宗仁最为尴尬：反对和平条款，自食其言；若赞成则和既得利益有矛盾，而且一定要和党方（中国国民党）、军方发生冲突，甚至有可能被拘禁或哄下台。

主持人何应钦在宣布散会时，表示不接受。

黄绍竑见此情景，心想要赶快离开这是非之地，迟则生变。他迅即设法脱身，乘飞机去香港。在机场遇到屈武，对屈说："你快回西北去。"屈点头会意。

第二天，李宗仁、何应钦联名拒绝在《国内和平协定》上签字。

这次在北平的和谈，是国共两党在大陆上的最后一次谈判，以国民党不接受中共八项条件而破裂。

"引退"在溪口的蒋介石看到顾祝同派人送来的这个协定时，狠狠往写字台上一摔骂道"文白无能，丧权辱国"。这话听来令人感到有些语无伦次了。"丧权辱国"这严厉措辞，指的是对外关系，如袁世凯签订二十一条、塘沽协定、何梅协定的签订等。而今张治中谋求国内和平，丧了何国之权，辱了谁人之国？

却说蒋介石正在生气时，王世和手拿一封信进来说："总裁，屈武从北平回到南京，带回文白先生给您的一封信，刚从南京送来。"

"拿来我看。"

不看则已，当他看到下面几段文字，气得手有些发抖：

"默察大局前途，审慎判断，深觉吾人自身之政治经济腐败至于此极，尤其军队本身之内腐外溃，军心不固、士气不振、纪律不严，可谓已濒于总崩溃之前夕。在平十日以来，所见所闻，共方蓬勃气象之盛，新兴力量之厚，莫不异口同声，无可否认。假如共方别无顾虑之因素，则殊无与我谈和之必要，而且有充分力量以彻底消灭我方。凡欲重振旗鼓为作最后之挣扎者，皆为缺乏自知，不合现实之一种幻想……"

蒋看到这里，一掌猛击在写字台上，时值夜静更深，显得很响，他悻悻地对王世和又像自言自语地说：

"文白着了共产党的魔了！"

张治中这封信虽然逆耳，蒋又不知下面还说什么，不得不按捺胸中之气往下看：

"前与礼卿（吴忠信的字）先生到溪口时，曾就两个月来大局之演变情形加以研究判断结果，认为无论和战，大局恐难免相当时期之混乱。而钧座虽引退故乡，仍难免造成混乱之责任，此最大吃亏处，亦最大失误处。惟有断然暂时出国，摆脱一切牵挂为最有利。当时亦曾面陈钧座，未蒙示可。谨再将其利害列述如下……"

蒋正在气头上，转身对王世和说："去叫蒋经国、俞济时来。"

不移时，蒋（经国）、俞都站在老蒋面前。

"你们看看，张治中的来信，他想在这样的《国内和平协定》上签字，办不到。"他手指着俞济时说："快，传我的指示，叫迁到广州的中常会和中央政治会议发表声明，绝不能接受共产党的条件！叫中宣部的程天放向报界发表声明！"

俞济时领命出去，王世和又轻步走进，对蒋说："总裁，刚刚接到消息，张治中和邵力子的家眷已离开南京、上海，不知去向。"

蒋介石朝着蒋经国说："你听见了吧，快通知毛人凤，把于右任送到台湾去，莫让屈武把他弄走。"

蒋经国向前躬身说声"是"，便转身退出。

这时，室内就剩蒋介石一人，他自言自语道："这个张文白，还催我出国。我就是不出国！我就要亲自指挥一切，和共产党作战到底！"

宴溪口，兵荒马乱

蒋介石说要和共产党作战到底，这话道出了他心里的真实想法。他"引退"到溪口后，就在他的小洋房上架起了七道天线，发射电波，对江南半壁继续发号施令。此时国民政府首都形式上在南京，实际上已转移到溪口。一应军国大事，没有他首肯，谁也办不成。党、政、军大权他抓得紧紧的。他驽马恋栈豆，人退心不退，照旧瞎指挥。

然而，不管老蒋怎么用力抓权，包括他自己在内，都明白这种局面维持不了多久了。所以，他对汤恩伯、顾祝同等亲信要打气，对他们说："只要我们能坚持一年，国际形势必将发生重大变化。"

他乞灵于第三次世界大战的爆发，期待着再一次得到大量美援。

蒋介石回到溪口时，已近农历年关岁尾，值此节日来临之际，他要和家乡父老同乐，以示安度晚年，别无野心。

浙东一带民俗，除夕要吃"年夜饭"，为此蒋经国奉父命，在除夕召见驻扎在溪口内外的警卫部队团长以上的军官，在武岭学校大礼堂举行宴会。以示优宠，实则是笼络。

武岭学校礼堂装饰华丽，壁灯和挂灯发出五彩缤纷的光辉。礼堂中间架起几台圆餐桌，刘培初等几十名军官前来吃年夜饭。

"人到齐了没有？"蒋经国问俞济时。

"只有八十八军军长杨柳青未到。他从杭州赶来，可能要迟一些。"

"不等了。"蒋经国挥手请众军官就座。

酒过三巡、菜过五味，蒋经国起立讲话：

"诸位，家贫出孝子，国难出忠良。当我们走上坡路时，别人跟着我们跑，这不稀奇；而我们走下坡路时，你们从各地费了不少周折，来到我们跟前，这才是最最难得的啊！"说到这里，他两眼有些湿润。他继续说："反共不会孤立，美国必然会出兵干涉。上海有汤司令守卫，只要我们守住长江，守住上海，美国不可能不出兵。"

蒋经国继续说些鼓舞士气的话之后，端起酒杯说："现在我们在这里吃团圆饭——"

还未等这句话说完，俞济时走近前附耳说："……小轿车。"

蒋经国没听真切，又继续说："团圆饭就是团团圆——"

这时俞济时又拉他一下，蒋经国不解地问："什么小轿车？"

"是八十八军军长的小轿车"，俞济时轻声说，"丢在段塘过来的一段公路上，但是车上没有人。"

"人呢？"

"可能被四明山共党俘去了。"

"何以见得？"

"车上和附近都没有尸体，看来没有发生过战斗。据鄞西梅园乡公所报告，他们看到有几个穿草绿色制服的军官被四明山土共押着向建岙方向转去。"

"哦！那么快派警卫！"

"是，我已派警卫部队到三十里外的蜻蜓岗去警戒了！"

蒋、俞二人的对答，都被参加吃团圆饭的众军官听去了，使吃年夜饭的众人兴味索然，强颜欢笑，敬酒猜拳，可是谁都驱不散凝结在心头的恐惧感。

后来确知，这位八十八军军长，真是被中共四明山鄞西地区武工队俘虏了。这支武工队真够得上胆大包天了，居然在蒋介石头上动土，搅得他这春节过得既不愉快也不安宁。真是运交华盖，流年不顺。

修家谱，不堪当年

不论蒋介石对江南半壁如何遥控，外表上总要有个"引退"的样子，以装潢门面。所以，春节过后，蒋介石问蒋经国修家谱之事。在旧中国，不论谁人，一旦成名，则修家谱，炫耀门楣。蒋介石没有脱俗，自无例外。他修家谱是从1947年动手，聘吴稚晖、陈布雷为正副"大总裁"，沙文若具体执行策划其事。沙某又找到他的朋友冯孟颙、朱赞卿、杨菊庭从旁协助，居然将《溪口蒋氏宗谱》写成，如今蒋问起此事时，当即呈上。

在修家谱时，遇到两个难题，多亏吴稚晖能想办法。

难题之一是蒋介石元配毛氏夫人的地位怎么处理？因为这关系到宋美龄的位置。这位毛氏名福梅，生于1882年农历十一月十九日，奉化岩头人，她比蒋大4岁。1905年蒋到宁波文昌街陈家祠堂读书，毛氏奉婆母之命去伴读，小夫妻感情尚好。半年后，蒋把毛氏送回奉化溪口，自己考入浙江武备学堂，后又进保定军校，去日本留学。1910年，毛氏生蒋经国。辛亥革命后因袁世凯篡窃革命果实而有反袁之役，不料反袁之役失败，沪军都督杨善德缉捕蒋介石，他逃进陈英士的姨娘姚怡诚卧室内，后遂纳姚氏为侧室。姚无所出，领养戴季陶的日籍外室的遗婴为养子，她视此子如亲生，所以此子（蒋纬国）也视姚为亲母。不久，蒋介石又爱上一苏州女子陈洁如，以八抬大轿将她娶进家门。陈洁如受过中等教育，能说俄语，蒋对外交际应酬，常偕这位新宠出入于社交场合。

1924年春，蒋任黄埔军校校长，追随孙中山，参加北伐，崭露头角。其后蒋为与宋美龄订婚，先到溪口，与毛氏强行离婚，不过他采取了离婚不离家的办法，让毛氏仍住在蒋的老家丰镐房，生活也由蒋供给，仍为蒋家一成员。此后毛氏靠诵经拜佛打发日子，她把后半生的希望寄托在蒋经国身上。姚怡诚以蒋纬国养母身份移居苏州。中华人民共和国成立前夕，随蒋纬国逃往台湾。对陈洁如，蒋在与宋美龄结婚前，给了十万大洋，派往美国留学。中华人民共和国成立后，陈任上海市政协委员，1963年经特许去香港居住。在家谱中，姚、陈二人可以不谈，毛氏怎么办？溪口人谁不知她是蒋的元配夫人，若不提，溪口人通不过，于蒋经国的面子也过不去。于是吴稚晖大笔一挥，在家谱中说毛氏为"蒋母王氏义女"，是蒋介石的"义姐"。

吴稚晖在三十年代，全口牙掉拔光，人称此公为"无耻之徒"。齿、耻音同，有意骂他。今观此公如此拍蒋马屁，倒也名不虚传。

蒋纬国怎么解决？总不能视为螟蛉吧。于是吴稚晖别出心裁，在宗谱中把他以红线吊在宋美龄名下，一生未曾生育的宋美龄，经吴稚晖的大笔一挥，居然有了亲生儿子。

这两个难题过去之后，还须考证蒋氏先祖。经杨菊庭根据蒋氏旧谱内来自宁波一说，言明为四明的"竹湖蒋氏"，杨遂在竹湖二字上狠下功夫，查来查去、七扯八扯，竟然查出北宋时，有个金紫光禄大夫蒋浚明，生有二子，二子同年中进士，蒋浚明原籍奉化，杨菊庭便以此为凭，大作考证，证明蒋浚明为溪口蒋氏先祖。

蒋介石对于找到一千年前的先祖是位光禄大夫一事，心情颇佳，这也算退隐溪口不快中之快事。他当即吩咐蒋经国去上海，请一戏班子到溪口，招待乡邻，以示庆祝。

戏刚唱过，元宵佳节又到。奉化民间，逢年过节，喜舞龙灯。这个三四十万人口的小县，中华人民共和国成立前龙灯多达四五百条。这位引退的蒋总统，十五六岁时就喜舞龙灯，还曾带着龙灯队给岳父拜年，结果岳父毛鼎和骂他"外攀"（奉化土话，意思是不正经或不走正道）。

今年又在上元之夜大舞龙灯，丰镐房前，锣鼓喧天，蒋介石的孙儿孙女都乐得手舞足蹈，可是蒋介石却神色凄然。他不由得不想到过去，真是沧海桑田不堪回首。他清楚记得，48岁那年，他与夫人宋美龄都在溪口，农历九月十五日是他生日。在九月十二日那天，宋美龄就吩咐下去："先生看到武岭学校新校舍落成，非常高兴，生日那天要大大热闹一下，你们去找些龙灯来庆贺。"

九月十五日这天入夜时，溪口镇灯火辉煌，丰镐房内外，张灯结彩，笙歌盈耳。坐在文昌阁台阶上的蒋氏夫妇笑得合不上嘴。高兴之余，蒋吩咐每条龙灯赏银洋十元，宋美龄说："我看这些小青年舞龙蛮吃力嗯！"蒋说："好！每条龙赏银洋二十元。""同族五服内贫苦老年无靠者，每人给十元。"

这些事都发生在1934年，当时蒋介石把红军长征当作自己军事上的一大胜利，心中高兴，又舞龙又发赏银。可是又谁料想，就是这支红军，到达陕北后，经过抗日战争和解放战争，竟使他的数百万军队，歼灭的歼灭，投降的投降。

想到此，他不仅仰天长叹！

雪窦山夕阳残照

元宵佳节一过，很快到了阳春三月。此时携三大战役之余威的人民解放军，真的来到长江北岸，名副其实地"饮马长江"了。

这时蒋介石也感到，富贵虽吾愿，家乡不可栖。许多后事，都须早些考虑。他在遥控指挥之余，以惜别的心情，重游一些地方。雪窦寺是他最难忘之处。

去雪窦山必经山麓之"雪窦山亭"，该亭始建于北宋时代；元、明两代都曾重修，题额为"善息亭"。此亭在抗日战争时为日机炸毁。抗战胜利后，杜月笙来此访谒蒋介石时，捐资再建，在匾上题为"入山亭"。从此亭盘旋而上，尽是陡峭之路。前人因此赋诗有云："十里松风听欲尽，磬声犹在白云间。"

那雪窦寺乃浙东名刹，距溪口二十余里，这座名刹就建筑在雪窦山上。去雪窦山必过千丈岩，人还未到岩时，在远处便可听到如雷震耳的瀑布声。这瀑布原是山上的两道溪流奔腾直泻倾注进锦溪池，然后穿过关山桥，到岩口倒泻而下，宛如水晶帘自九霄云际直挂下来。岩壁腰间有块突出的巨石，瀑击巨石，激起碎玉飞珠，晶莹四溅，看上去如雪花飞舞，之后又相聚，代作白练逶迤而下，如一条白龙，奔腾而去。正是"拔地万里青嶂立，悬空千丈素流分，共看玉女机丝挂，映日还成五色纹"。这是宋神宗朝宰相王安石观千丈岩瀑布时的即兴之作。

登上雪窦山，便看见它由五峰环抱，玄珠峰其圆若珠，天马峰腾空飞舞，象鼻峰象鼻朝天，桫椤峰状如桫椤叶，琴峦峰状似琴台。五峰绝顶处有一块百余顷的平地，建有古刹，即雪窦寺。雪窦寺已毁于抗日战争时期。

雪窦寺的山门前有"御碑亭"，相传宋仁宗曾梦游一寺，醒来下旨，命各地绘山川寺院让他看，他翻阅到雪窦寺时，仿佛如梦中所见，遂御书"应梦名山"四字，勒石建亭。雪窦寺内也有蒋介石题写的"四明第一山"的匾额。这些情节，都使蒋介石留恋此地。

蒋介石分明还记得第一次下野回溪口时的情景。那时他曾和同父异母之长兄蒋介卿同游雪窦寺，寺内住持名叫太虚法师。此人是"政治和尚"，闻蒋来，即走出山门，将蒋迎进佛堂，未等蒋坐稳，便合掌问道："总司令从广东出师以来，所向披靡，不到一年，即平定长江流域，贫僧这厢有礼了。"

太虚又说："令堂的陵寝是一道龙脉，宛如一尊弥陀佛，有印山，有明堂，左右环抱，真乃天造地设，不久还要发达。"

大和尚如此眉飞色舞一说，直说得蒋介石笑逐颜开。

蒋答谢道："老师父未免过奖了，我现在已是在野之身，不久就要出国去日本了。"

太虚略想片刻又说道："敢问总司令贵庚时辰？"

蒋介卿代答道："光绪十三年丁亥九月十五日午时。"

太虚从经架上取出一本线装本来翻查，然后合掌施礼道："妙哉！善哉！""恭喜总司令，从此逢凶化吉。论总司令的八字，今年流年是丁卯，犯天狗星，不死也受伤，但公在行运，后福无量，绝不妨碍，多则两年，少则一年，必然东山再起，那时总司令的权位，要比现在高，贵不可言。明年流年戊辰，非常顺利。"

太虚接着又捧出一盛有许多红纸卷的圆木盘子说道："敢请总司令抽一卷。"蒋信手取出一卷打开一看，上面写道："飞龙返渊，腾骧在望。"太虚见此忙说"贫僧预为祝贺"。

蒋介石听后，连声说道："若果真像老师父所言，日后我必重谢师父，还将重修庙宇，再塑金身！"

后来太虚圆寂在上海，蒋特地派人将他的一部分遗骨迎回雪窦寺，筑塔安放。

蒋介石自与宋美龄结婚后，早已皈依上帝耶稣，但仍受母亲之影响，对佛门还有善缘。所以这次"引退"回来，意态彷徨，虽无雪窦寺可拜，还是到武山庙去抽了一次签，住持僧先抽一张递给卫士，签上写的是"大意失荆州，关公走麦城"，卫士一看，示意住持另抽一张，递给蒋介石，展开一看，上写："困居长坂坡，失陷落凤坡"，几行小注写道："出师不利、丧妻失偶、早求退路"。那卫士忙说，"这种事，不信则无。"

如今（1949年春）蒋介石再次来到雪窦山，看看他在妙高台上建筑的二层楼的别墅，向太虚和尚埋骨的石塔恭恭敬敬鞠了一躬。稍事休息后，又坐着竹轿（类似四川的滑竿）到三隐，再往仰止桥走去。

蒋介石此次来雪窦山，实含有惜别又不得不告别之意。细心的卫士们早已看出，他和以往几次游山玩景时大不相同。此时他正在想，岌岌可危的长江防线怎么办？在"划江而治"这点虽和李、白一致，可是这二人早有异心，他们既逼宫在前，难道不会僭位于后吗？多年的亲信陈仪要倒戈，还有人提出要释放张学良、杨虎城，谁能料到还会有什么人，提出什么难题。

蒋介石思念及此，感到此处风景虽美，终非久留之地，于是匆匆催轿夫加快步伐，赶回溪口。

蒋介石想得没错，他刚下竹轿就接到南京卫戍司令部急电："溪口蒋总裁，驻京四十五军九十七师复江投向共军。"

蒋见此电，大吃一惊。

惊反戈，料峭春寒

自1946年内战的炮火弥漫中华大地以来，国民党军队在战场起义，可以毫不夸张地说是不胜枚举，最早有高树勋邯郸起义，潘朔端海城起义，刘善本驾机起义……直至九十七师反戈前一个多月的"重庆号"巡洋舰起义，蒋介石的神经都有些麻木了，何以独对九十七师的起义吃惊？

九十七师起义非同一般，它的前身是首都警卫师，师长原由他的侍卫长石祖德兼任。组成该师的三个团，也大有来历：二八九团前身是军委警卫团，直接负责蒋介石的警卫工作；二九〇团，前身是陈诚任第六战区司令长官和军政部长时的警卫团，负责陈诚的警卫工作；二九一团，前身是顾祝同的第三战区司令长官的警卫团。这样三个团组成警卫师，共一万三千多人，士兵个个身强力壮，装备精良，配有美式冲锋枪，轻、重机枪，重追击炮、火箭筒、防坦克炮，短枪是清一色二十响驳壳枪，其数量也远远超过一般部队。士兵伙食好、待遇高，冬季每人发一套呢制服。这是一支纯牌"御林军"。

由于军事上失利，兵员不足，首都防务空虚，不得已蒋才把这支部队和一〇二师合编为四十五军，名义上属国防部，实际上仍旧负责南京城内和近郊的警备任务，归南京卫戍总司令张耀明指挥。蒋介石"引退"溪口前，特别对汤恩伯、张耀明讲，要重视这支部队，它既可阻遏共军渡江，又可对桂系起威慑作用。

蒋介石手中捏着九十七师反戈电报，脑子里反复翻腾。该师师长王晏清，此人是蒋经国推荐的，当时任八十七军副军长，听蒋经国当时介绍他是：

黄埔六期生，在陈诚的第十八军供职，参加过对江西苏区第三次"围剿"；抗日战争时参加过淞沪战役，负过重伤；1945当青年军二〇八师副师长；1948 年改编为八十七军，驻北平……

蒋介石还记得 1948 年 8 月中旬召见王晏清时的情况。此人四十岁上下，中等身材，五官端正，态度沉静，军衔是少将。蒋问道：

"你从哪里来？"

"从北平来。"王略显紧张地回答。

"你的部队在做什么？"

"部队是由新招来的北方失业青年编成，正在整训。"

"你没有当过师长？"

"是的。"从副师长到副军长，他的履历表上缺的是"正"字。

"嗯，你回去吧！听我的命令。"

王晏清立正行礼，转身告退。走到门口，蒋经国代父送客。这位曾是青年军总政治部主任的蒋经国，与王晏清握手道别时，意味深长地一笑说道："王师长，你要把兵带好哇，再见吧！"

蒋介石回忆这一幕情景时，怎么也想不明白，这样一个由自己儿子推荐，由他召见审察任命的人，为什么竟然倒戈？

倒戈原因说来话长：1931 年王晏清奉命去江西苏区"围剿"，他带的一个连有一百四十人，几个月后只剩下一半。在"围剿"作战的几个月中，王亲眼看见红军留在墙上的标语"工农兄弟联合起来，受苦人莫打受苦人"！他心想，这话符合三民主义精神。他也亲眼看到江西苏区，并不像蒋介石说的那样，红军也不是杀人放火的土匪，而是一支有素养的军队。这些事，他都和亲舅父探讨过。他的舅父邓昊明，曾参加北伐，后赋闲在南京从事反蒋活动。解放战争时，由他牵线，使王晏清和南京地下党的史永发生了联系。

史永，真名沙文威，鄞县沙家人，长兄沙孟海，著名书法家，二兄沙文求，中共广州市委秘书长，广州暴动时牺牲，三哥沙文汉，中共上海市地下党负责人之一，三嫂陈修良是中共南京地下党市委负责人。"重庆号"巡洋舰起义的策反工作，即与陈修良有关。

这一切，蒋介石都毫不知情。

蒋介石又想：1949 年 1 月 21 日，他最后一次去拜谒中山陵，那天沿途担任警戒的正是九十七师。那天寒风凛冽，愁云惨雾弥漫，蒋介石迈着沉重的步伐拾级而上，当时王晏清在侧，在登上三百六十多级台阶时，众多党国要员都气喘吁吁，唯独这王晏清，气不长出面不改色。

想到这一切，蒋对俞济时说："去电问张耀明，为什么没及早发觉？没有把这个王晏清扣起来？"

张耀明回电，详告其事是这样：

3 月 24 日，军统稽查处发现王的部下赵昌然策动宪兵叛乱，张耀明对覃异之说九十七师师长王晏清有通敌嫌疑，请他约王晏清来总部谈一谈。覃说："王是军校学生，又在陆大毕业，必须谨慎处理，如果搞错了，将影响高级军官的情绪。"当天中午覃正和王谈话，电话铃响了，是汤恩伯打来的，命覃把王晏清扣押在总部待查，覃说："王晏清已回师部去了，已电赵军长就近办理。"覃放下电话对王说："你赶快逃走！"

当晚王晏清以过江演习为名把部队带走。天亮后蒋军派飞机撒传单，各团陆续回原防，王仅将师部警卫排带到解放区。

但张耀明在回电中，没有讲覃异之放走王晏清的情节。

王晏清的起义计划，没有完全成功。原来，他与中共南京地下党商定：一旦和谈破裂，解放军渡江时，九十七师开放江防正面六十华里，以一个团占领下关，阻止浦口敌二十八军南撤；以一个团占领机场，截断空运；师直属队和另一个团，开进南京维持治安，保护仓库物资。不料事出意外。

幸运的是，王未被扣留，取得部分成功，他从此走向新生。他为此高兴地诵诗一首：

王濬楼船下益州，金陵王气黯然收，
千寻铁锁沉江底，一片降幡出石头。

八　蒋李两分道

四散逃亡别金陵

话说自 1949 年 4 月 20 日，李宗仁、何应钦联名电复北平，拒绝在国内和平协定上签字后，消息迅即传遍南京，人心顿生波动，市民外走，沪宁火车、宁杭汽车都拥挤不堪。4 月 22 日上午，沪宁火车中断，外迁人流一齐涌向宁杭汽车。撤往杭州的国民党军队，也奔逃在这条狭路上。放眼看去，人流望不到边。南京城内已听到炮声。

4 月 22 日上午，蒋介石派吴忠信乘专机来接李宗仁、何应钦到杭州开会。时值农历阳春三月，江南草长莺飞，花红柳绿，春和景明，岸芷汀兰，郁郁青青。可今日李宗仁等在飞机上俯瞰西子湖，却为一片灰蒙蒙的雾气所笼罩。三潭印月、苏堤，也都和飞机上的乘客心境相似，朦朦胧胧。下飞机后，换乘汽车，路经湖边。湖水像有重重心事，微波不兴，锦鳞不游，舟人绝迹。在辽阔的天宇间，目之所及，尽是悲凉景象。

李、何从机场来到笕桥航校，进屋一看，白崇禧、汤恩伯都在场。蒋介石脸色铁青，露出一副神色不安的面孔。他正在讲话，顾不得和刚进来的李、何二人打招呼，只听蒋在说：

"长江防线，除上海附近地段外，已被共军全线突破，江阴要塞和荻港都已丢失。今晨我接到第七绥靖司令张世希告急电报，我命令二十军杨干才和九十九军前往堵击。刚才得知，九十九军将到宣城，江防部队已放弃阵地。九十九军只好沿芜杭公路退到杭州来。固守安庆之第八绥靖区夏威所属部队，也陆续绕过鄱阳湖退至九江方向……"

蒋说到这里，侧过脸问汤恩伯："江阴要塞反攻进展怎样了？夺回了没有？"

汤恩伯结结巴巴说："我已命五十四军星夜反击，同时命栖霞山的九十九师速赶赴上海，不料该师兵车刚通过，沪宁路即切断，五十四军出击三个团，被共军包围，正在激战，情况不明。"

蒋听了这些，拍了一下桌子骂道："混账！像戴戎光这种人早该枪毙！"

蒋介石为什么这样发火，竟不顾及李宗仁、何应钦在场，而且为何又冒出枪毙戴戎光这句话？这戴戎光原是南京陆军汉阳兵工处少将处长，顾祝同的同乡。1948年5月，江阴要塞出缺。这个要塞，不仅军事上重要，且是八面进财的肥缺，那时这样重要军事人员的任用，都由各处向蒋保荐，经军务局长俞济时汇总签呈蒋介石批准。俞在签呈中的第一名，有更大的获准可能性。这次出缺时，俞将胡宗南保荐的人列在第一位。不料戴戎光得知这一信息后，通过各种关系，上下其手，偷偷将戴戎光列在第一位。蒋果然和往常一样，将被人偷换了的俞济时签呈的第一名戴某圈上。

不几天，蒋要找戴谈话，戴先把头剃光，又把金牙拔掉，因为戴听说蒋从来重视部下外表，不喜欢军人戴金戒指、镶金牙，所以戴要投其所好，可见戴之善于钻营。

经过苦心钻营当上要塞司令的戴某，为人狡猾，贪污中饱，对下刻薄，因而部下对他也是阳奉阴违。中共地下党人吴广文等乘机展开活动，戴一无所知。1949年4月21日凌晨1时，解放军万船齐发，先头部队渡江后，在地下党配合下，潜入要塞，活捉戴戎光，占领要塞，调转炮口，向汤恩伯的二十一军猛轰，导致汤军全线崩溃。

正值蒋介石为戴戎光事发火时，只听门外喊："报告！"随即走进一个军官，呈上战报。

"念！"汤恩伯以命令的口吻说。

"五十四军三个团激战至今天中午，一个副师长阵亡，军长阙汉骞不敢反击，采取守势，掩护撤退。"

这时蒋对汤恩伯说："现在南京处在共军钳形包围之中，已无可挽救了。只有两个字：炸！撤！……江阴要塞以东之两个军，沿铁路和公路向上海撤；江阴以西的两个军，可以经常州、溧阳、宜兴、吴兴、嘉兴，绕过太湖向上海撤。驻镇江之第四军及首都卫戍司令部所属之四十五军，统归张耀明指挥，沿京杭国道撤到杭州。由第二十八军作掩护，然后也撤向杭州。"

蒋一口气说完这些之后，又说："针对当前时局，我提议成立国民党中央非常委员会，我出任主席，德邻为副主席。"他用手指何应钦、张群说："你们二位也参加。"何、张二人当即随声附和。蒋的话音刚落，李宗仁马上对蒋说："我为和平而来（指当代总统），也为和平不能实现而去。这是责任问题，并非借故规避。今后战祸再起，亟须全面动员。此非蒋先生出来领导，不足以适应时势的需要。"

蒋却说："你继续领导下去，我支持你到底，不必灰心！"

谈过这些话之后，蒋李二人又到另一房间密谈，李对蒋说："你如果要我继续领导下去，我是可以万死不辞的。但是现在这种政出多门、一国三公的情形，谁也不能做事，我如何能领导？！"

蒋说："不论你要怎样做，我总归支持你！"这一席话，李听了之后不再说什么了。来开会前，白崇禧要李对蒋摊牌要权，怎奈蒋的话使李的心肠软了下来，感到危难之时难以启齿。

二人临分手时，蒋问：

"撤退之事已部署完了，德邻，你呢？"

"我一个人先留在南京。"

"南京失守后怎么办？"

"当然去广州啰！"

"唔、唔，小心为是。"

"南京的下关火车站、码头、电厂都要炸掉，不能给共产党留下一点东西！我们要在浙赣以北山区建立第二道防线，确保沪杭！"

在李宗仁去杭州和蒋开会时，南京卫戍司令部也在开会，在争论：火车、码头、电厂炸还是不炸？争论得反复而激烈。最后卫戍司令张耀明同意副司令覃异之的意见——不炸。

会后张耀明悄悄对覃异之说："有人劝我不要走。"

"你决定怎么办？"覃反问张。

"我不反对中共所提出的和平条件，但要我背叛老汉（蒋介石），我实在做不到。"张明确表示。

张、覃二人又商定留下一个营，在国民党卫戍部队撤走后，维护南京社会秩序。

当李宗仁由杭州回到南京时，卫戍副司令和警察厅长先后来向李宗仁报告：长江中下游局势恶化，谏劝李宗仁即刻离开南京去广州。

夜深了，但不寂静，枪声、炮声、哭声、喊声，聚汇成一股巨大的声流，冲击着这座古都，也撞击着李宗仁的心。这一夜他没合眼，在斗室中踱来踱去，蒋桂间斗争的往事涌上心头，他觉得陶渊明在《归去来辞》中的一句话说得很好："悟已往之不谏，知来者之可追。"一个和蒋介石分道扬镳的腹案，初步勾画出来了。

李宗仁又来到庭院，借着炮火的闪光，最后一次以代总统身份，对这座古城投以难舍难离的留恋目光。他环视周围，真有满目萧然之感。

南京，古属徐扬，领十四府、十七州、九十六县。楚威王时，以此地有龙气，特埋金以镇之，由此而得名为金陵。如今，蒋、李离开这里不须埋金了，新的主人将不以它为首都了。

蒋介石威风了二十年，可谓弹指一挥间，成为匆匆过客。回眸凝视其失败之处，不外贪污腐败，独断专行，从上到下，率皆如此。在这个政府中，并非无个别好人，他们或难有作为，或另起炉灶。他们无论属于哪种情况，都回天乏术，因为那种独裁专制制度，就使得他们只能徒唤奈何！

再说李宗仁由室外又走进室内，要秘书接通给周至柔的电话：

"喂，是周司令吗？"

"您是——"

"我是李宗仁，请你把我去广州的四引擎专机"中美"号，改换成小一点的"追云"号可以吗？"

"可以，我照办就是。"

次日凌晨，天将破晓，李宗仁乘车来到明故宫机场，在"追云"号机旁，和还未撤走的国民党军官怅然握手，登机而去。

"追云"号南飞一个多小时后，李突然下令改变航向，飞往桂林。此时人们恍然大悟，原来改换"追云"号小飞机，是为了适应狭短的桂林机场跑道。

在飞往桂林途中，李宗仁将亲信随员叫到身旁，说明自己飞往桂林，为的是和蒋彻底摊牌。

李宗仁走后，南京被解放军进攻的炮火和灿烂的朝霞染得通红。东方升起了一轮红日，新的时代新的一天来到了！

李宗仁再失良机

却说李宗仁飞回桂林后，稍事休息，即于当晚在他的官邸召集桂系高级军政人员开会。李对到会者说："我在南京坚持到最后才飞出来的，南京失守前一天，曾去杭州与老蒋开会，本想和老蒋摊牌，可是他要我当国民党非常委员会副主席，我不好反对，但老蒋要和我发联合会通电，宣布国共和谈破裂。昭告中外，戡乱到底，我没同意。"

第二天，李宗仁接到邵力子、章士钊的电报，劝李切不可失去悬崖勒马的第二次机会，要李开府桂林，屹立不动，继续以和平大义相号召，李宗仁虽没将这电报告诉桂系文武官员，但他表示"绝不回广州，绝对不糜烂广西"。

会散了，李任仁和陈雄二人商议："我们联合高干，给他上个意见书，使他知道广西干部的和平倾向，下决心在和平协定上签字。"

广西的高干会，在 4 月下旬，在王城内省府大楼会议厅进行。广西省政府的厅长、委员，广西籍的部分中委、监委，还有刚被白崇禧派回来担任广西绥靖主任的李品仙参会。

会上争论是激烈的，以李任仁为代表的多数干部主和，他认为"纵使不能争取其他省份一同行动，广西也应该要局部和平"。

李品仙说："桂系军队还没有受什么损失，可以和共产党打到底，宁为玉碎，不为瓦全。"

李任仁反驳李品仙说："抗战胜利后，国民党人心丧尽，民怨沸腾，一味蛮干下去，想瓦全而不可得。"

最后，省主席黄旭初，这位一向寡言少语的人表示同意写一份希望和平意见书交李宗仁。意见书着重写了这样几点：

1. 国民党政府已至末日，大局绝无挽回的可能；

2. 广西省和平安定，有军队，可据险而守，能与中共作有条件之和谈；

3. 充分发挥李济深的居间斡旋作用，与中共言和；

4. 不能以实力与中共对抗，只能与中共妥协。

这封信上，只有李品仙等二三人未签字，其他到会厅长、委员、立法委员等几十人签了名。

这封信，李宗仁看后，触动很大。两天后，李宗仁冒着瓢泼大雨，乘车来到李任仁家。二李没有寒暄，李宗仁开门见山地说：

"我还想重开和谈，想请你替我到北平走一转。"

"仗是不能打了，非和不可；再打，连广西都要糜烂。你和中共的人和文化界的人熟识不少，所以要你走一次。"

李任仁说："只要决心和，我就去。"

李任仁正在准备进行联系，事情起了变化：白崇禧于5月2日飞回桂林。此人多次在人前、背后、会上会下，总是说他与中共是"汉曹不两立"。看来此人把诸葛亮的《前出师表》背得很熟。既是"汉曹不两立"，自然是"王业不偏安"了，所以，他要和中共作战到底。

白崇禧到桂林的当晚，即和黄旭初出面邀请桂系文官武将，到文明路李宗仁公馆开会，省政府的厅长、委员，绥署高级负责人，部分桂籍立法委员、监察委员也都到场了。

李品仙力求使自己意见能占上风，所以抢先发言，他大谈"中共不要中国历史文化、不要老人、拆散家庭等"。人们听得出，李品仙的一番话告诉人们，此公不仅反动，且又愚昧无知。

李任仁起来反驳，他举出延安有中国历史研究会、演京戏等，说明中共对历史文化，不仅是要，而且还投入人力进行研究。他还举徐特立、董必武、李鼎铭等人为例，驳斥李品仙"中共不要老年人"的胡说八道。

这个会，涉及桂系的前程，与会者关心，发言者不少，但明显的对立发言是李品仙和李任仁。这二李，前者是白的部下，后者与白有师生之谊。袒护部下，拿不出令人信服的论据，批驳老师，也举不出什么事实。最后白崇禧怒冲冲地说："和战取决于德公。"此言一出，人们都不作声，望着李宗仁，李宗仁一言不发。看得出此时的李宗仁又动摇了。

白崇禧坚定地要与中共"划江而治",否则谁谈和就把谁抓起来,这是他飞离桂林前,对他部下高级军官的指示。

李宗仁在两天前冒雨去李任仁家,要他去北平,再次和谈。事隔两天,那股求和劲哪里去了?事出有因,并不蹊跷。

和白崇禧同来桂林的还有居正、阎锡山,他们还带来了蒋介石致李宗仁的亲笔信,内容很动听。蒋在信中对李说:

"现在党国处在危急存亡的最后关头,你身为代理总统,对党国、对国民负有不可旁贷的责任,岂能儿戏视之一走了事?"信中又说:"我是国民党的总裁,就我的处境和地位,义应党存与存,你存我存。只有党存在,你存在,我才能存在。也只有你有前途,我自己才有前途,此外别无出路,决没有不全力支持你的道理。"信的末尾,蒋开了一张空头支票:"只要你李宗仁到广州来,一切军、政、财权都可归你掌握,一定使你要钱有钱,要人有人,要军队有军队。"

李宗仁把这封信和《国内和平协定》来作对比,心想:那八条二十四款,简直和投降无异。于是他又摇摇摆摆地和居正、阎锡山一齐飞往广州。

李宗仁又中了蒋的圈套了。

世界政治舞台上的政客,无不是说得动听,仁义道德挂在嘴上,坑蒙拐骗时刻在干。

恋栈回穗,再代总统

却说李宗仁经不住蒋介石拿出的"苹果"的诱惑,终于在 5 月 8 日飞抵广州。后来黄旭初对程思远说:

"这次德公入穗,事前太没有布置了,连广州警备司令也不派人担任,这是很大的疏忽。不久广州就要陷入南京那样的局面。"

到了广州的李宗仁先提名居正为行政院长,立法院以一票之差,未能通过。6 月 1 日,他不得不改提阎锡山组阁,狡猾的阎老西,自然要看蒋的脸色行事。组阁时广东实力派余汉谋、薛岳等强烈要求白崇禧入阁主管国防,李宗仁慑于蒋的威势，未敢提出。

6月13日，刘斐乘去港接眷属之便，秘密到广州，对李、白作最后一次劝告："和平起义机不可失，毛泽东表示'白崇禧过来，也可以给他带兵'……"

刘斐辞出后，李宗仁对白崇禧说：

"怎么样，你手中有枪杆子……"言外之意，你白某可自由行动。但，白不表态。

没有几天光景，美国国务院发表了《中美关系白皮书》，一些无聊政客一时间，竟想搞什么"第三势力"，由顾孟余出面组织一个"自由民主大同盟"。李宗仁表示支持。

李宗仁为什么对这第三势力感兴趣？原来是这样：有一天美驻华公使衔代办路易士·克拉克由何义均陪同来迎宾馆见李宗仁，谈到美国战后的对外政策：在欧洲以马歇尔计划为核心，在亚洲以援助蒋介石为主，前者是成功的，后者失败了。因为蒋介石政府贪污无能，扶不起来。说到这里，克拉克喟然长叹道："中国只有共产党势力和蒋介石势力，却没有介乎两大势力之间的第三势力，难道地大人多的中国没有主张自由民主的中间分子吗？"从此后童冠贤、何义均、顾孟余等频繁接触，于是而有所谓第三势力的"自由民主大同盟"，还办了个刊物叫《大道》。其后国内没有人欣赏这一套，国共两党都不理它，也就不知所终了。

不出人们所料，李宗仁回到广州再次"代"总统之后，日子过得很艰难。蒋在致李信中答应的一切都不兑现，要钱没有，调兵不动。李宗仁寻思：行政院副院长朱家骅是CC派得力干将，和宋美龄的夫人派也有很深的渊源，派朱去台谒蒋，或许会使蒋开恩，施舍一点银圆、黄金与美钞。结果，朱两度去台，一无所获。李宗仁不得已乃派甘介侯为代总统私人代表，以专使身份，向美国总统杜鲁门、国务卿艾奇逊求援，也是空去空回。

白崇禧控制的华中战区，辖豫、鄂、皖三省，淮海战役后，国民党政府国防部打算将江西划归白指挥，蒋说不行，徐蚌会战（即淮海战役）时，他不服从调动，见死不救，足见此人不可靠。应成立"东南军政长官公署"，任命陈诚为公署长官，把江西划归陈诚指挥。在江西驻扎的胡琏也不听调动。

这样，皖南、赣南都出现防守上的真空。

李宗仁和何应钦拟定自宁夏、甘肃、西安，经鄂北、湘北、南昌，至粤北、闽南，摆开一字长蛇阵，与中共再作一次挣扎性的抗衡。孰料张轸、陈明仁先后率部起义，宋希濂抗命。而白崇禧亲自指挥的衡宝战役，也是先获小胜，随后大败，"小诸葛"比当年孔明误用马谡失街亭时的情景，不知狼狈几多。

不久，香港《大公报》上又发表了黄绍竑、龙云、刘斐、覃异之等44人签署的《我们对现阶段中国革命的认识与主张》的联合宣言。

8月25日，程思远回到广州，在迎宾馆和白崇禧相遇。得知白此来是向蒋提出两个作战方案：甲案是白率其所部各军由湖南进广东，保卫广州；乙案是由湖南回广西。照甲案办，白须当国防部长，蒋当然不同意，因担心白的兵权过大。白随后将部队开回广西。

这样，广州的防守力量就很单薄了。

此刻，坐困广州的李宗仁，在10月1日从广播中听到了震颤心房的消息和他熟悉的声音：毛泽东代表中华人民共和国中央人民政府向全世界庄严宣告：

中华人民共和国成立了！

中国人民从此站立起来了！

电台中还播出，参加开国大典，站在天安门城楼上的还有宋庆龄、张澜、李济深等一大批国民党元老。

李宗仁心境不宁，感叹不已。

10月10日，这天是"双十节"，这天人民解放军的炮声代替往年的烟花爆竹响遍广州。从南京逃难到此的李宗仁、何应钦、阎锡山政府，刚刚半年，可以说是喘息稍定，又要出逃。

逃到哪里去？广州是大陆的最南端，除非渡海去海南，逃到"天涯海角"。思来想去唯一退路是重庆。10月12日，解放军兵临广州城下，李宗仁带着几名随从再次乘飞机去桂林，第二天，他又飞往重庆。

李宗仁到重庆时，得知蒋介石也正在重庆。重庆的城防，川东、川北的军队，都是蒋的嫡系。此时的广西部队，正在遭受解放军的追击。解放军进占广州后，一路循西江西上，直捣苍梧，攻击白崇禧的右侧，一路直趋雷州半岛，切断白崇禧撤往海南的退路。

此时蒋介石的心情有些轻松，面部不时露出笑容，因为他的政敌桂系这回算是彻底完蛋了。共产党替他除去了一块心病。

蒋介石是从哪里到重庆的？作者一支笔，难以同时写两家事，这须从蒋介石、李宗仁 4 月 22 日杭州会议之后说起，在以后的几节中会说清楚。

战上海，蒋介石再败

前一节谈过李宗仁，如今再谈杭州会后的蒋介石。

蒋介石在李宗仁走后第二天，俞济时手持战报进来，他逐字逐句把战报念给蒋听：

"二十军、八十八军、九十九军（缺九十九师），于 24 日在芜湖以南屯溪间被共军所歼；二十军军长杨才干阵亡，九十九军军长胡长青受重伤。"

俞看蒋似有所思，稍停一下，又念下去：

"第四军、四十五军、六十六军之大部及五十四军之一部，于 26 日先后在溧阳、朗溪、广德、长兴间被共军消灭。六十六军军长罗贤达、二十八军军长刘秉哲被俘。二十八军和首都警察总队，不顾大局，为抢夺卡车，大起冲突，结果都为追击之共军俘去。"

俞济时继续念道：

"第四军军长王作华和四十五军军长陈沛，擅自丢下部队，乘吉普车逃到杭州。"

"把他们给我找来！"蒋介石高声说。

"这两个军长向军需部门骗取了全军经费，化装逃跑了。"

"娘希匹！"骂了一句之后，蒋就仰靠在沙发上。

南唐李后主的那首词，也恰是对此刻蒋介石的写照："小楼昨夜又东风，故国不堪回首月明中……问君能有几多愁,恰似一江春水向东流!"

蒋介石刚要闭目养神,只听室外喊道:"总裁,溪口有急电。"随着声音,石祖德进来了。

"什么事?"蒋问。

"在溪口附近的绥靖总队一部分人,被副总队长项充如带走,投向四明山中共。"

"竟有这等事?!"

"叫经国来!"

蒋对小蒋骂道:"看你训练出来的人!什么青年军预备干部训练总队,前几天在嘉兴不是被姓贾的带走了一部分吗?今天又轮到溪口总队!明天还不知会轮到谁,这都是你的子弟兵!"

蜂拥离华的外侨

蒋经国低头听父亲数落。

蒋介石又急又气,大声喊道:"你是死人?站在那里干什么?还不快去溪口把内卫工作重新布置一下。"

蒋经国此时赶忙退出,奔向溪口。

"等等走。杭州方面,我已经布置好了,万一守不住,先炸钱塘江大桥!你回奉化,我想去上海一趟,那个地方非守住不可。"

"还有,你要去拜访竺可桢,争取他去台湾。"

"是!"

蒋经国这才轻轻退出。

小蒋刚走,又一份载有坏消息的战报,送到蒋的面前:

"陈毅、粟裕、谭震林所率第三野战军，一路越过浙皖边境，挺进丹阳，直奔上海；邓小平所率第二野战军之一部，正向浙赣边境的开化进军……"

此刻，蒋介石顾不得休息，他要去上海。这个远东的最大城市已经告急。那些富绅巨贾看到这里集结的三十万国民党军队，料想必有一场恶战。所以，近些天来，纷纷转移财产、迁走家眷，向台湾、香港、澳门甚至海外逃亡。许多工厂停工了，商店的经营规模缩小了，资金抽逃了，一些员工被遣散了。物价如断线风筝，向上飞涨。"金圆券"遭拒用，绝迹多年的、发行"金圆券"时都未能搜刮净的银圆，又开始流通了。

此刻，上海人惶惶不可终日，部队也是军无斗志，靠权力暴富的达官贵人，正打算溜到美国，效仿当年的"白俄"去当"白华"。

蒋介石在这种形势下，对团以上军官分三批进行训话。他对部下说："共产党的问题……不是一国所能解决的问题。……必须依靠整个国际力量。目前盟国美国要求我们给他们一个准备时期，这个时期也不会太长，它只希望我们在远东战场打一年。因此，我要求你们在上海打六个月，就算你们完成了任务。那时，我们二线兵团建成了，就可以把你们换下来。"

"训话"之后，蒋又听取京沪杭警备司令汤恩伯、海军司令桂永清、空军司令周至柔有关保卫上海的作战方案。

只听汤恩伯说道："由陆根记公司承包的钢筋水泥工事，已基本完工。阵地三华里以内庄稼都已铲掉、坟墓夷平、房屋拆去、射界扫清。市内的国际饭店、汇丰银行、海关大楼、十六铺德国仓库、哈同公寓、四行仓库、提篮桥监狱等二十二处建筑，都已成为市内核心工事。"最后他作了一个不伦不类的对比："我们的大上海，将成为攻不破、摧不毁的斯大林格勒第二。"

周至柔说："空军以四个大队一百四十架飞机，逐日分三批，日夜不停、轮番协助地面部队作战。还准备利用盟国的航空母舰。"

桂永清说："海军第一舰队与吴淞要塞炮台配合，负责吴淞、高桥两岸地区炮击及地面部队之火力支援，并保证吴淞口外海上运输之畅通。"

炮兵指挥官邵伯昌、装甲兵司令蒋纬国也相继做了汇报。

最后汤恩伯又补充说："我已颁布了十条杀战令，违抗命令，临阵退缩者杀……擅离职守者杀……"

蒋介石一摆手说道："不用说下去了，我知道。"这时他把汤恩伯叫到身边，附耳低言，如此这般。然后汤恩伯当众宣布说："你们当中有些人觉得自己是'黑官'，不安心，是吗？我现在宣布：你们现在是什么官阶，等这次打完仗都一律晋升；打得好的、有功的再予升级，蒋总裁会指示国防部这样办，不须顾虑。"

在上海，军事部署、作战动员一应事情办完之后，蒋介石又回到溪口。蒋刚进屋，毛人凤随后赶来。

毛人凤是军统特务头子戴笠死后的继承人，国防部保密局局长。此人无论走到哪里，都给人以不祥之兆，唯独蒋介石欣赏他、欢迎他。

蒋见毛人凤进来，劈头一句先问："于（右任）老头子呢？"

毛说："我几次派人去请他，要他去台湾，他总是不肯走，最后只好强制性地请他去台湾。"

"你们当初若对张治中的老婆也采取类似办法，她怎能跑掉？！"

毛人凤是诺诺连声，没敢讲清其中原委。

张治中的夫人，何以能在毛人凤眼皮底下溜走？这里面还真有些故事情节。

在等待国民党政府在和平协定上签字的几天中，周恩来即特别指示南京、上海地下党，设法将张治中一家安全送到北平。南京方面，由在国防部当参谋的地下党员沈世西负责。沈将张家在南京某中学上课的几个孩子，带到火车站，在拥挤不堪的站台上，把他们从车窗塞了进去。在上海，空军基地指挥官邓士章夫妇，又将张夫人洪希厚和她的几个孩子，送到机场。邓夫人嘱咐她们一家，先分散在机场的各个角落，以缩小目标，见到熟人尽可能躲开，躲不开时也少说话。等飞机快起飞时，一起快步登上飞机。邓士章又派人将机场上的特务们灌醉。

一切依计而行，果然成功。当特务头子毛森得知张夫人乘飞机去北平时，急请示汤恩伯，打算派飞机去追。汤故作嗔怪状骂道："饭桶，一架飞机都看不住，还追什么！"实则是汤有意放走。因为张治中与汤私交甚好，汤之青云直上，和张治中不无关系。况且人已飞走，送个顺水人情，何乐而不为。

且说在蒋介石和毛人凤谈了于右任等情况后，蒋又吩咐毛说："第一，要协助汤恩伯和陈良办理抢运物资工作；第二，控制住上海的所有轮船和帆船、大小木船，不让他们走脱一条；第三，集中沪杭间的交警部队，其中以六个总队参加上海作战，归汤恩伯节制，两个总队负责护运物资；第四，监视资本家的动向，劝他们赶快将物资运到台湾或香港去。"

毛人凤说："我们已经把招商局和民生公司的轮船统统控制起来了，除留一部分军用外，其余都可运输物资；帆船及大小木船已扣留下三千多艘，不过其中一半左右不能驶往外海。"

毛又请示说："还有一些机器设备、车辆、纸张、棉纱、棉布，是运往台湾呢还是怎么办？"

蒋说："机器、车辆、纸张运往台湾，棉纱、棉布，一部分运往台湾，一部分运往香港。你通知上海市政府派人到香港去管理，就说是我让办的。"

"总裁，上海的一些著名资本家，有些已逃到香港去了。杜月笙、王晓籁也到香港去了，荣德生也走了……"毛人凤讲这话，意思是：你叫我怎么监视资本家？人家已经走了。

"总还有没走的吧！"蒋说。

"你们抓了多少人呀？你告诉毛森，决不可姑息养奸，凡是嫌疑的人一律逮捕！对张澜、罗隆基这些人，要严密监视，必要时不要手软！"蒋说。

"报告总裁，在各地抓了三千名左右的嫌疑分子，我们一定要把这些人处决掉。对张澜、罗隆基，他们给共产党摇旗呐喊，杀了他们，人家反而说我们容不得民主人士，我认为不杀比杀了好。"

"你的话有道理。"

毛人凤从蒋介石处告辞出来后，给毛森挂电话：不要杀张澜、罗隆基。毛森在电话中说："你这电话再迟一刻，就把他们干掉了！算这两个老家伙命大！"

驻澎湖，飘忽不定

1949年5月，是台湾海峡的梅雨季节，随着热风吹来的是阵阵急雨，

201

天空阴霾，使人感到气压太低，令人抑郁。

在澎湖列岛的马公岛，一座富有亚热带风味的华丽别墅掩映在绿荫丛中。这房子的主人就是在大陆上显赫了二十多年的蒋介石。

前节中不是说蒋介石要他的部下在上海死守一年吗？何以在如此短暂时间内丢掉了？

俗话说"当事者迷"，说的是离开客观环境办事，终至事与愿违。对于上海，老蒋是想守一年，小蒋认为能守半载，汤恩伯私下对人说能守三个月。这个如意算盘刚定下，人民解放军便直插浦东和吴淞口，眼见汤恩伯所部三十万人马成为瓮中之鳖。

就在上海失守前夕，新华社又播出一条使蒋介石非常不安的消息：

"国民党空军总部所属之伞兵第三团全部及伞兵司令部，一、二团各一部，共二千五百余人，在第三团上校团长刘农畯、上校副团长姜健、中校团副李贵田率领下起义，参加人民解放军。起义前该部队系奉伪国防部命令赴福建任蒋介石之卫戍部队，于四月十三日乘招商局中字一零二号坦克登陆艇（载重三千吨）离沪，在驶往福州途中转向北开，于十五日安抵解放区某地，受到当地人民解放军、人民政府和当地人民的热烈欢迎。"

这消息带给蒋介石的是震怒，是酸楚，使他体验到了"众叛亲离"的滋味。他大骂："娘希匹！"

站在老蒋身旁的俞济时，一时不知所措。倒是在苏联学过哲学、懂得辩证法的蒋经国的解劝，使老蒋感到些宽慰。他说：

"父亲，用不着为这事气恼。我看这倒是一件好事。这批人去了也好，留在身边反而有危险。他们迟早要叛变的，今天不叛变，将来还是要叛变，所以，迟去不如早去。"

老蒋虽感到小蒋之言不无道理，但胸中之气一时难消，他告诉俞济时，把伞兵司令张绪滋撤职。

张绪滋这个伞兵团，是抗战后期在昆明由杜聿明的第五集团军与美军合作建立起来的，伞兵中的军官绝大多数也是从杜聿明第五集团军中抽调来的。士兵中有不少是学生，他们有文化、体质好、装备精良、待遇优厚。伞兵三团的上校团长刘农畯和中校团副李贵田，早已是共产党员。在他们的部下中，还有一批中共地下党员，组成了党支部。他们接受中共上海局的策反委员会的领导，制订了严密的起义计划，在起义中一枪未发，就将全团官兵带到了连云港。只有上校副团长姜健到连云港后坚决要求回去，中共本着"愿留则留、愿去则送"的政策，送姜回到国民党这边。姜没有因此受赏，反而被蒋枪毙了。

伞兵起义一事刚刚过去，俞济时又进来向蒋报告。他一进来，蒋就知道不会有什么好消息。果然俞济时手持战报念道："五月一日，共军三野七兵团一部攻占孝丰，即以日行一百二十里之速度，疾取余杭。三日拂晓，分兵二路向杭州挺进。其中一股经南高峰、九溪，抢占钱塘江大桥。我军两个军南撤……"

"钱塘江大桥炸了没有？"蒋问。

"共军突然出现在大桥上，来不及下手，只炸了大桥一点皮。"

蒋"哼"了一声，没说什么。但他心里明白：一千六百公斤炸药，怎么只炸了一点皮？其中有鬼。俞济时继续往下念："五月三日杭州失陷。现在萧山已落入共军手中。"听到这里，蒋长叹一口气，吩咐秘书："叫经国来。"蒋经国进来后，老蒋对他说："我们不会在此久住了，近日一定要去葛竹一次。你们夫妻，爱伦、爱民都去。"

蒋经国当着父面诺诺连声，退出后和俞济时商量怎么办。

"既然总裁要去，不好推托，是不是先在这一带搞一次清剿？"俞济时建议。

蒋经国表示赞成。

葛竹，坐落在嵊县与奉化县交界的深山大岙中间，全村五六十户人家，大多数姓王。村周围群山环抱，到处是峭壁悬崖，十分险峻。蒋母王采玉的娘家住在这里。王采玉先嫁嵊县竺姓，夫亡，在家诵经拜佛，后在兄弟们劝谏下，再嫁奉化溪口蒋家，时年二十二岁，第二年（1887年）生蒋介石。抗日战争时期，有个名叫郑绍发的河南人，跑到重庆，自称为蒋介石的长兄，此人比蒋介石大十岁。懂得加减法的人都不难推算，二十岁的女子，怎会有十岁的娃娃？前几年有人著文考证此事，诚属不智。

话说蒋介石一行来到葛竹，山村中人都出来迎接。蒋坐的竹轿走进一幢大院，这院的规模不亚于丰镐房。这是王震南的宅第，王震南乃蒋介石的堂舅王贤甲的儿子，曾因裙带关系，当过南京政府军法处处长、上海特刑庭庭长。因王震南宅第气派、宽敞，蒋每次来葛竹就下榻于此。第二天，蒋便在王贤钜、王贤裕（蒋的亲舅父）陪同下，来到外公王有则和外婆坟前扫墓，向两位已逝老人辞行。

在葛竹扫墓之后，蒋又要去四窗岩。俞济时说："总裁，这四窗岩是四明山区中心，地势险恶，道路崎岖，是土共出没之地，还是不去为好。"

蒋介石执意要去，他对蒋经国说："你和芳娘、爱伦、爱民就不必去了。"

蒋经国放心不下，硬着头皮陪着乃父，其余的人打道回溪口蒋府去了。

这四窗岩乃四明山的一大胜景，岗峦起伏，树木葱郁，鸟语花香，游人到此多流连忘返。相传刘晨、阮肇即在此遇仙，在山上住了半年，回家后方知已历七载。明朝张瓒咏四窗岩诗中曾说："自从刘阮遇仙后，溪上桃花几度红。"

蒋介石为什么不顾中共游击队之出没，坚持要上四窗岩呢？原来蒋曾在四窗岩做了一场"奇梦"，预示他后来飞黄腾达。其中情节是这样的：1913年反袁之役失败，袁世凯下令缉拿蒋介石，蒋逃到奉化乡间。奉化县也奉命追捕他，于是蒋逃到葛竹堂舅王贤甲（王震南之父）家，其舅把蒋匿于四窗岩。某日下午，蒋忽忽悠悠睡去，适有两个丫环模样的女子走到蒋的面前躬身说："主人有请"。问主人是谁，对方不答，他只好跟随前往。不多远，来到一大殿，一个穿道袍者，降阶相迎，被让进大厅。主人连声说："大驾到此，有失远迎，幸勿见罪。"随即吩咐侍女献上香茗。蒋见状也谦逊道："某本逃犯，无处藏身，何敢受此隆情！"那主人笑道；"君不必过谦，今虽蒙灾，但不日即可飞腾，今后贵不可言，福寿无双，幸勿忘之。"蒋正想答话，却为雷声惊醒，原是南柯一梦。

如今蒋介石明知已不能在大陆立足，仍特意前来，向四窗岩神灵拜别，求神灵庇佑。他此刻心境中的愁云，觉得似乎驱散了些，居然在走路时吟出唐诗：

苍崖依天立，覆石如房屋，
玲珑开窗牖，落落明四目。

四明山就由刘长卿这首诗而得名。

蒋来到大山脚下，轿已无法抬上。蒋弃轿攀登而上，来到一个山顶，举目环视，只见青峰叠立，峭崖飞泉，匹练奔泻，声震林壑；复前行，穿过竹林，到另一山崖，蒋以手指道：这就是四窗岩。小蒋和俞济时扫视一番，只见巨崖接天凌云，崖上有四个洞穴。进入洞内，四洞互通，因洞口较大，光线很好，洞内的嶙峋青石、洞顶的倒垂石乳，都清晰可见。从洞口向外眺望，青峰挺秀，灵岩错落，薄雾氤氲，修竹葱郁，分外雅致。在洞内，蒋一人独立燃香亮烛，默念多时。

蒋经国提醒他的父亲，时间不早该回去了。小蒋此时神情黯然，他在脑际萦绕着这样一诗句："无限江山，别时容易见时难。"

却说蒋介石告别家乡之后，来到马公岛上，把此岛权做第二个退居之地与海上指挥中心，溪口的七部电台也都移来。他的初步想法是：建设台湾闽粤，控制两广，开辟川滇。

蒋刚到马公岛，顾祝同前来报告他的台湾之行：

"当上海外围不守时，我奉总裁电令，通知第十七兵团司令官侯镜如、第七绥靖区司令官张世希、第八兵团司令官刘汝明、第九编练部司令官张耀明，统归京沪杭副总司令兼金华指挥所主任李延年指挥。但是这些司令官不听调遣，一味溃退，现已全部退入福建省内。刘汝明、张雪中原先报告说，由于共军刘伯承、邓小平部大军紧逼，所部已退入闽北之南平。实际上刘汝明竟擅自退到闽西南之龙岩，由长江一线一退竟达一千五百华里。后来查明，尾追的共军实际上不足一个军。李延年、张世希、侯镜如等部在共军陈毅、谭震林部追赶下，也已退入闽东之福安、长乐及福州附近……"

蒋问："那么，刘汉鼎的十一师呢？"

"陈辞修已派船将该师接到台湾去了。"顾祝同说完这句后，还补充道："这是陈诚的基本部队哟。"

"我军退入福建的部队，除刘汝明部比较完整外，其他各部缺员太多……"

"那你就先和辞修磋商个整编方案吧。"蒋说。

"四个兵团决定只保留第六兵团番号……"蒋同意。

留经国，五厂拒迁

来到马公岛临时驻足的蒋介石，虽然兵败的消息一个接一个传来，但终究比在溪口踏实多了，比在"太康"号军舰上也稳定多了。前几天在慌乱中来不及想的事，现在又在头脑中"过电影"。他把蒋经国找来。

"父亲有什么事？"蒋经国问。

"你前些日子和竺可桢谈话效果如何？"老蒋问。

"我去他家时，他正在住院，我说父亲要召见他，他说有病走不了。"小蒋答。

其实蒋经国有些话没有讲，怕他父亲生气。

事情是这样的：上海、南京解放前夕，文化教育科技界的一些知名人士"失踪"了，蒋想尽量网罗一些人才去台湾，便派蒋经国去请浙大校长竺可桢。听说竺有病住院，便驱车赶往医院探病。他对竺开门见山地讲：

"父亲派我来转达他的意思，请你到台湾去办学校。"

"谢谢你父亲的好意。我看不必去了。"

"为什么？"

"大势已去，在台湾你们能维持多久呢？我看国家总要统一的吧，自古亦然。"

由于竺可桢和小蒋私交较好，所以才敢如此大胆讲。

小蒋听了很不高兴，但他还是平静地对竺说："竺校长，时局绝非如此，你还是到台湾去办大学吧，当教育部长也行，你我知交，我决不会对不起你。"

"我看你也不必去台湾了，你留下来吧！"竺还说："大家都是中国人，炎黄子孙，有什么不可讲的呢？"

竺可桢也太大胆了，竟敢这样说。

蒋经国听了这些话，站起身来冷冷地说："人各有志，你不愿走，也不必劝我！"

老蒋听了，只是"唉"了一声，又转问："南京五厂是否迁台了？"

"听说，当初父亲追问这件事时，孙越崎去找李代总统，对李代总统说：你正在想派和谈代表去北平，如果在首都南京拆迁工厂去台湾，让对方知道，会说我们对和谈没有诚意，这对和谈是不利的呀！这虽是蒋总统的意思，但外人不明真相，你和我都有责任哩！"

"那李宗仁是怎么说的？"

"李宗仁说，对，我支持你，不要拆迁了。"

老蒋听后骂道："孙越崎拆烂污！他不迁厂，又骗了我的钱。"

说到骗钱，不能不说明这事的缘由：

1948 年末，蒋介石下野前，召见资源委员会委员长孙越崎时问道：

"你们南京有几个工厂？"

"有五个大厂：电照厂、有线电厂、高压电瓷厂、无线电厂和马鞍山机器厂。"孙答。

"把五个厂迁到台湾去。"蒋说。

"总统，现在外边谣言很多，说江阴要封锁，轮船不好雇，运输有困难。"孙推辞说。

"现在铁路畅通，可以把机器设备由铁路运至上海，再装船运到台湾去。"

"总统，铁路运输谈何容易，五厂现在经济已很困难。拆、运、建需要很长时间，又要大笔经费。"

蒋没有接受孙的意见，他从正面提措施反驳了孙："这不要紧，你做预算来，我交财政部照拨。为了快和省钱，你们一面拆，一面派人去台湾勘察厂址，把设备直接运到新厂址，免得将来倒运，费钱误事。"

"总统，设备可以运去，可是原料呢？原料都在大陆上呀，这怎么能运走……"

"可以进口。"

孙越崎见蒋介石如此坚持，难以使他改变主意，只得点头。

孙在从蒋的办公室退出时，蒋还叮嘱：快把预算送来，越快越好。

蒋在下野前就把资委会南京五厂拆迁费一百三十二亿"金圆券"拨来，

每天派人督促拆运。不得已，孙越崎只得租一艘八千吨的新华轮，停靠在下关码头，同时通知将机器拆下，运至下关。

1949年1月21日，传来蒋介石下野的消息，孙越崎以为蒋介石这回该出国了，立即通知各厂把码头上的设备全部搬回原厂，重新安装。

蒋介石在溪口得到密报，气得三尸神暴跳、七窍内生烟，忙把翁文灏找来，对翁说："我要孙越崎拆迁五厂去台湾，他没有迁，我看他是糊涂了，被资委会的中共地下党分子包围了。"蒋说完看了翁文灏一眼，又慢吞吞地说："不过这人对我们有用处，他是少有的矿业专家，你回去劝劝他，叫他不要上当。你这位资委会前任委员长，会说服他。"

翁来到南京，把蒋介石关于迁厂的谈话，如实讲给孙越崎。那时，孙未免有些吃惊，听后仔细一想，蒋只说他"糊涂了""上当了"，也就放心了。

谁知没隔几天，汤恩伯给孙越崎拍来一封电报."奉层峰电令，南京五厂速迁台湾，盼电复。"

孙越崎想："层峰"，可能是蒋已下台，不便再称总统之意。孙手拿电报，召集各厂厂长来开会。各厂厂长闷不作声，孙越崎只得站出来说："工厂不迁，电报不复。"这话不多，却有分量，没有胆识和勇气讲不出来。

孙越崎的话感动了电照厂厂长沈良骅。沈说："孙委员长的意见很对，不过看来情况非常严重，也不知道将来会发生什么风险。工厂不迁台湾，是我们员工的共同愿望，孙委员长说了大家心里想说的话、想做的事。将来追究责任时，难道要孙委员长一人承担吗？不能由他一人承担，我们大家愿共同承担。"其他厂的厂长点头赞成。想什么对策呢？沈良骅说："我想好了，由我们各厂厂长陪孙委员长上个报告，说轮船开跑了，机器在码头上被风吹雨淋，容易损坏，请求搬回厂，你批准了我们的报告。这就可以减轻你的责任。"

孙越崎大受感动，老泪纵横。

几天后，蒋介石又来电催。孙越崎急中生智，拿电报去见李宗仁，李点头同意，于是而有本文对这件事开始叙述时二蒋的那段话。

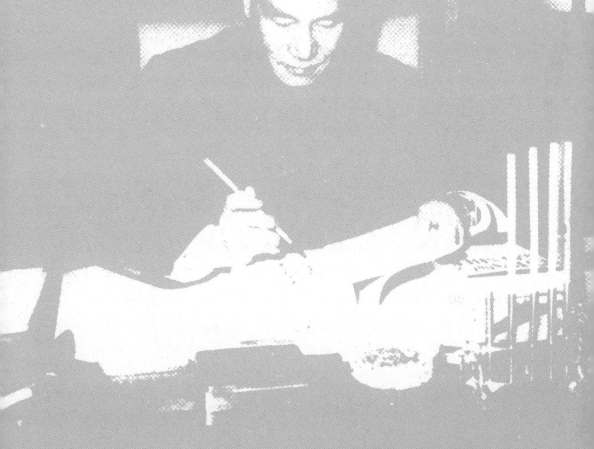

九　天府蒋李别

蒋介石赶往重庆

前一章谈到，蒋介石在广州没有同意白崇禧的作战方案，之后匆忙离开广州。

蒋离广州后，没有去台湾，而是飞到重庆去了。

山城重庆，扼江雄踞，地势险要，它是大西南的门户和该地区的政治经济枢纽。抗日战争时期，蒋把它作为陪都，当时装备精良的日本侵略者，垂涎此城却拿不到手。如今，蒋又幻想重温旧梦，使之成为大西南的"反共堡垒"。为此已将胡宗南、宋希濂两大主力调来据守，值此非常时期，对这两大主力不能不倍加抚慰。

蒋乘坐"美龄"号飞机前往重庆途中，真是思绪万千。他万万没料到在四平街战役中，与共军血战，被视为党国"中坚"的陈明仁会在长沙和程潜一道倒戈。尤其可恼的是，在蒋得知程在长江有不轨行为时，给陈明仁去亲笔信，要其大义灭亲，必要时把程潜干掉，可是陈却没有理睬。

今后会不会出现张明仁、李明仁或者什么明仁呢？不能不由此及彼，认真想想守川诸将领，须亲自和宋希濂、王陵基等谈谈，摸摸他们的底。尤其地方实力派刘文辉、邓锡侯等人的政治态度、动向都若明若暗，岂不危险？

这"美龄"号飞机速度很快，正当蒋介石思考着上述这一幕幕情况时，飞机已在重庆机场降落。蒋介石在蒋经国、黄少谷、陶希圣、谷正纲、俞济时、曹圣芬等簇拥下，与前来欢迎的文武官员招手致意，随后上了轿车。沿途通往市区所经之处，欢迎人群稀稀落落、无精打采，和从前持旗列队、夹道欢迎的场面不可同日而语了，真是此一时彼一时也。

8月29日上午，蒋在西南长官公署召开了军事会议。张群、宋希濂、胡宗南、钱大钧、刘文辉、王陵基、邓锡侯等全都到会。

会上首先讲话的自然是蒋介石，他先向与会者作一番精神动员，告诉这些人："目前局势已经稳定，形势即将好转，"他还说，"过去有些人投降共产党，现在……觉醒过来了，今后不会再有叛变投降的事了……"最后他强调西南地区的重要性，"我们还有一百多万陆军，有相当强大的海空军……望大家……坚定信心，坚持奋斗以争取胜利。"

会后在聚餐时，胡宗南提议，由十几个将领联名写信，请求蒋长驻重庆或成都，就近指导。信写完后，众将领签名，推胡宗南、宋希濂、罗广文于次日前往"黄山官邸"当面呈交蒋介石。

蒋看信后很高兴，边点头边说："我以后会常来四川的。"

接着，蒋与一些将领个别谈话。他先找宋希濂谈：

"程潜、陈明仁在长沙叛变，你事先知道否？"

"不知道。"

"当事情发生后，我立即查问电台和陈明仁的电台是否尚可联络，电台说可以，我即刻给陈明仁去电，探询真相。第二天，陈复电，申述他脱离中央、投向共军的原因，并希望我也和他们采取一致行动。我复电拒绝，以后再没有联络了。"

接着宋又按蒋的要求，汇报了他手下的军、师长情况，蒋比较满意。

蒋特地把王陵基、杨森找去同他们一起吃饭，边吃边了解情况。王、杨二人，都属北洋军阀余孽，混迹官场，乃寡廉鲜耻之徒。杨森二弟的女儿杨汉秀是共产党员。1949年9月2日，重庆发生一场大火，烧毁了三十多条大街小巷，死五千多人，伤五千多人。火灾后，杨汉秀曾去现场查看，杨森想嫁祸于中共，遂秘密逮捕了自己的侄女。杨森逃离重庆前，将杨汉秀勒死于狱中，以此在蒋面前讨取"大义灭亲"之名。张群、刘文辉、邓锡侯三人共同向蒋提出要求：撤换王陵基四川省主席之职，为蒋一口回绝。

代总统飞往异邦

前章谈到李宗仁于10月12日逃离广州，飞回广西，第二天飞到重庆。

李到重庆后，住在歌乐山脚下林森的故居。闲来无事看报，有几份报纸称蒋介石为总统，看得出这绝非排版的疏漏，是蒋介石想复职了。

不出李宗仁所料，朱家骅前来拜访。朱对李说：

"德公，当前局势紧张，急需总裁来渝坐镇，您是否拍一电报去请总裁一下。"

"蒋先生一直飞来飞去，向来不需我敦请，现在何以忽然要我拍电报促驾呢？"李说。

朱家骅碰了个软钉子，悻然而去。随后张群又来拜访。他开门见山对李说：

"德公，四川天府之国，过去诸葛亮辅佐刘备在此立蜀汉，现在这里四五十万人马都是蒋先生的学生带的，最好请蒋先生来渝主持大计。"

"这事不用我提的，这批将领也只有蒋先生指挥得动。"李宗仁说。

张群走后，吴忠信又来了，所谈仍是劝李退位。你来我往，犹如走马灯一般。

吴比朱、张二人更干脆，而且吴的话软中有硬。他说：

"德公，这里一些将领和党内人士都有这个意思，请总裁复职，仍担任'总统'，以统率三军。德公，您看是否能引退，和大家一起劝蒋总裁复出，以挽救大局？"

李宗仁感到欺人太甚了，于是他高声对吴说：

"礼卿兄，当初蒋先生引退，要我出来，我誓死不愿，是你一再劝我勉为其难。后来蒋先生处处在幕后掣肘，把局面弄垮了。现在你们又来要我劝进。蒋先生如要复辟，就自行复辟好了。我……我不管。"

李、吴二人争吵时，居正和内政部长李汉魂也在座。吴走后居正对李汉魂说："你也快辞职吧！前次你在广州和薛岳他们凑热闹，说要改广州为省辖市，蒋先生很恼火。你如不辞职，蒋先生来了，恐怕你的命也难保住……"

居正这话是说给李汉魂的，实则也是说给李宗仁听的。

李宗仁领悟得很快。11月3日他得知蒋介石离重庆去台北，便带着李汉魂飞往昆明"出巡"去了。

李宗仁座机在昆明着陆后，机场上有云南省主席卢汉率省内高级官员，把这位代总统迎进五华山绥靖公署，连日设宴相待，卢汉每晚又前来问候，促膝谈心，推心置腹。

"永衡（卢汉，字永衡），我这个代总统是代而不理，而蒋先生却是退而不休呢！"李宗仁说。

"总统，我很同情你当前的处境，蒋介石手段毒辣，兄弟也深受其害……"卢汉说这话，不是无缘由的。

原来卢汉和龙云是同母异父，就亲戚关系而言，是表兄弟。抗战初期卢曾率军参加台儿庄血战，立下战功，升为第一集团军总司令。日本投降时，卢奉命率滇军六十军、九十三军入安南（今之越南）受降，云南空虚，蒋介石乘机解除龙云武装，将龙云押到重庆，安上一个军事参议院院长的头衔，由李宗黄代理省主席。但此人有负众望，蒋不得不将卢汉调回云南任省主席。

卢接任省主席后，蒋又下令把六十军和九十三军调去东北打内战。卢在云南势单力薄，蒋乘机将嫡系部队开进云南，再派进大批特务，企图使卢汉听其摆布，所以卢汉心情非常不快。

正在这时，中共华南分局和云南地下党派人对他做了工作，使他认清形势，态度有所转变，对中共云南地方武装——"边纵"在军用物资方面给予一些支援。

李、卢二人谈起蒋介石来，有共同语言，不过李劝卢，无论搞什么反蒋活动，切不可冒失。

李宗仁到昆明第三天，张群也赶来了，他说：奉蒋公之命，劝德公立刻回渝，共商大计，主持政府。

决心不想回去的李宗仁推说："我要对各地作短期巡视，重庆方面有责任内阁，总统不在无关大局。"

张群估计难以劝说，只好回重庆复命去了。

张走后，李宗仁飞往桂林。11月14日，同白崇禧飞往南宁，16日飞往海南岛。李到海南一看，岛上只有陈济棠、余汉谋残部，共计不足万人，刘安琪兵团已被蒋从岛上调往台湾。兵力如此单薄，难以立足，又飞回广西，和白崇禧、夏威、李品仙、黄旭初等商量今后大事。李宗仁说：

"我胃病很重，决定赴美就医。"

正谈话间，副官送来一封蒋介石发来的急电：

"德邻弟，吾已飞渝，望急返渝，共商复国大计。"

"德公，别理他，你出国养病去吧。"几个人异口同声地说。

李宗仁仰靠在沙发背上，对白崇禧说："健生，你代我去重庆走一趟，请阎锡山以责任内阁名义全权处理国政。就说我身染重病，出国治疗去了。"

不久，李宗仁真的赴美治疗胃溃疡。从此后"代总统"和"总统"虽通过书信，有激烈的争吵，可是再没有见过面，也不可能见面了。

惶惶中，蒋别山城

李宗仁出国后，没有谁和蒋唱"配角"，于是由蒋、李合唱的"二人转"变成蒋一人独唱的"单出头"。时值中华人民共和国成立不久，人民解放军正奉命追亡逐北，势如破竹，直捣西南。眼看重庆有累卵之危，成都朝不保夕，川、康、云、贵摇摇欲坠，各地告急电报如雪片一般飞到蒋介石手中，只急得蒋介石在台北与重庆之间频频飞来飞去，用热锅上的蚂蚁来形容他，一点都不过分。

蒋介石对宋希濂的部队寄予很大期望，可是宋希濂所部六个军，连遭打击，残缺不全。在迫不得已的情况下，11月14日，蒋又一次由台湾飞到重庆。

11月16日，蒋召见四川省省长王陵基和重庆卫戍司令杨森等商讨"军政一体化"的作战方案。该方案将四川化为四个作战区：川北战区、川东战区、川中战区和川西战区，分别由胡宗南、孙震、杨森和王陵基负责。在开这次会议的同时，蒋通知宋希濂到重庆汇报军情，可是宋说"军务在身"不能前去，还是到江口会面吧。若是从前，对校长如此不恭，早就要遭到蒋臭骂了，现在是非常时期，只得将就。可是蒋又怕丢面子、降低身份，遂派蒋经国代他前去江口。

11月17日，小蒋衔父命来到江口，下午宋希濂带着陈克非匆忙赶到小蒋下榻处。小蒋满面笑容降阶相迎，他客气地说："宋长官，陈司令，领袖叫我代他向你们问好！"进屋落座后，拿出六封信，分送二人，说："这是领袖亲笔写给各位将军的。"

给宋希濂的信，共五张信纸，写的是毛笔大字，每张六七十字。蒋在信中，先说他 1 月间"引退求和"的"苦心"，可是中共却让我们投降，这样，"吾辈亦将死无葬身之地"。为此，他不能不与大家一起与中共作生死存亡的斗争。

蒋在信中还说，共军是可以击败的，最近在金门"毙伤俘共军万余人"就是证明。

饭后，陈克非先告辞回营。陈走后，小蒋问宋有什么困难时，宋说："恕我直言，共军实力雄厚，总兵力远远超过我军。共军官兵战斗意志旺盛，作战时猛打猛冲，经常抄袭我军侧背，将我军分割包围，逐个消灭。我指挥的六个军，除第二军较有战斗力外，其余都残缺不全，而且军粮不足，军服、给养接济不上，士兵吃不饱穿不暖。"

说到这里，宋有些哽咽说不下去，停了一下。这时小蒋眼望窗外，士兵身穿单衣，萎靡不振，看来宋没有夸大。

宋还想谈谈部下军、师长的思想情绪。例如刚刚先回营地的二十兵团司令陈克非吧，他就曾这样说过：

"袁世凯为首的北洋军，经历了三十年就完蛋了，我看校长为首的黄埔系，也快三十年了，看来也快完了。三十年一个轮回，这是天命，气数已尽。"

在宋希濂军队中，类似陈克非想法的，大有人在。这些情况，宋没有讲，他话到舌尖留了半句。此时，宋想到了今年 8 月初的事件：程潜、陈明仁起义时，陈拍密电给宋，约他采取一致行动，宋虽回绝了，但未即刻向蒋报告。蒋得知此事，派内侄毛景彪到重庆调查。后来蒋为此事还单独与宋面谈过（本章上文谈了此事）。虽未抓住把柄，但还是不放心，他要陈克非随时报告情况。

这次老蒋写给陈克非的亲笔信，由小蒋当着宋希濂的面交给陈克非时，陈受宠若惊，喜形于色，宋在一旁不能不想问题。使宋感到寒心的是，在时局如此严重的情况下，蒋还在耍手腕，亲一派疏一派，厚此薄彼。

蒋在给陈的信中，究竟写了什么呢？请看：

克非吾弟：

八年抗战，全国军人历尽艰险……获得胜利。……戡乱以来，赤祸未止。……国运更是日非，国土接踵以狼烟。……凡我总理三民主义之信徒，均应本黄埔革命之精神，同心同德……矢勤矢勇……挽狂澜于既倒……不完成建国统一，决不罢休。临书匆促，不尽一一，特饬长子经国持书前来代达余意，并祝

军祺

中正手启

陈克非边看信，边心跳，全身的血都沸腾了，你看：

蒋介石亲笔称自己为"克非吾弟"，何等光荣；信末尾说"饬长子经国持书前来代达余意"，又何等体面；信落款"中正手启"，更是何等亲切。他对蒋真是感激涕零。

可是战争发展非常迅速，还未等陈克非拿出实际行动报答蒋对他的知遇之恩，解放军已兵临重庆城下。宋希濂落荒而逃，将要顾祝同给胡宗南挂电话，调第一军来重庆。顾说："胡宗南请求不要调第一军，因为目前广元也吃紧。"蒋闻言大怒，叫顾接通电话，亲自跟他讲。电话接通了，蒋拿起电话机喊：

"怎么，你不执行我的命令吗？"

"总裁，我实在抽不出部队来。"

"抽得出要抽，抽不出也要抽。"

"你还是我的学生吗？你竟敢不服从我的命令！"

"现在共军已占领贵州，把我们的退路都截断了。重庆不保，成都也难保，我和宋希濂两大主力都要完蛋。校长，随你的便，我抽不出这第一军。"

"我命令你守成都，第一军马上出发来重庆，不服从命令，军法从事。"

最后，胡宗南答应调来两个团。

蒋介石在电话中骂过胡宗南后，刚刚放下电话，副官送来战报，形势迅速恶化。蒋急召毛人凤，要毛人凤赶快制订出破坏重庆的计划。

11 月 24 日，毛人凤送来了破坏计划，重点有：

第十、第二十、第二十一、第二十五、第三十一、第五十兵工厂，军械总库，大渡口钢铁厂，长寿水电厂，大溪沟电力厂，小龙坎广播电台，白市

驿、九龙坡、珊瑚坝三个机场。

蒋审阅后表示同意，但叮嘱他：

"白市驿机场要最后破坏。"还要毛人凤立即派人把綦江大桥炸掉。

布置完这一切之后，蒋介石当着毛人凤的面把毛送来的白公馆、渣滓洞集中营关押黑名单用笔一勾，丢给毛人凤。

"报告总裁，朱副院长来保周时均。"

"朱家骅要保周时均，为什么？"

"朱副院长说周时均是一个文人，他是个有名望的教授，只是说了几句错话。朱副院长向我担保，周时均不会是共产党。"

周时均原为同济大学校长，国内著名教授，因不满蒋介石的统治，在校内公开说蒋介石是倒行逆施。这在资本主义民主国家中，骂总统或国家其他什么人物，压根不算回事，可是在蒋介石统治下的中国，却构成大逆不道之罪，周时均因此被囚禁于重庆。

朱家骅和周在德国留学，有同窗之谊，为此曾向蒋求情，想保释，蒋不同意。11 月 19 日朱家骅找毛人凤说情，毛人凤不敢作主，又碍于朱家骅的情面，硬着头皮代朱家骅为周时均求情。蒋不允，毛也不敢再吭声。

11 月 28 日，解放大军直捣重庆。11 月 25 日，蒋指着黑名单对毛人凤说："全部立即密裁！"11 月 27 日，重庆发生了灭绝人性的大屠杀，除有三十四人越狱外，关押在白公馆和渣滓洞的三百多名共产党人、爱国民主人士全都罹难。

任何一个王朝，把屠刀指向革命者，都是它即将垮台的预兆。

杨森前来向蒋报告："泸州郭汝瑰倒戈投共！"

蒋黯然神伤。11 月 29 日，蒋在林园山洞召集顾祝同、杨森、钱大钧、王叔铭、肖毅肃、毛人凤、蒋经国等开会。蒋当众宣布：

"我现在决定撤出重庆退到成都，对重庆的大建筑物即予破坏。"会后爆炸声顿时震颤山城。

这时，阎锡山内阁的财政部长关吉玉跑来向蒋请示：

"总裁，还有十万银圆怎么运走？"

"你怎么早不安排好？现在只好把它交给经国了。"

蒋介石上了飞机，蒋经国指挥士兵往另一架飞机上装银圆。这时涌来一群宪兵，把小蒋围住喊道：

"要跑大家一起跑，要留大家一起留！"

"快发给我们遣散费，不发就不能上飞机。"

蒋经国只好交出几箱银圆，当众发放。小蒋此时感到意外收获不小，没带走的银圆，救了自己一命。

川滇义揭，蒋飞台

且说人民解放军自横渡长江之后，迅即向大西北、大西南、华东和华南进军，真是横扫千军如卷席，只迫得蒋介石问苍茫大地，何处是乐土？

1949 年 11 月 30 日，蒋介石和阎锡山、张群、顾祝同、俞济时、黄少谷、陶希圣，还有最后登上飞机的蒋经国，在仓皇中来到成都。

在成都，蒋介石也难找到乐土，因为刘文辉、邓锡侯等正准备起义。

刘、邓这两人起义之心，由来已久。

抗战开始，国共两党进行第二次合作。1938 年董必武、林伯渠等代表中共参加国民参政会时，刘文辉和董、林二老交谈过四川及全国形势的看法，从此后他们对中共有了一定的认识。伴随时间的推移、接触的增多，关系也愈益密切。

1942 年 2 月，周恩来在重庆秘密会见了刘文辉，周对刘说：

"自乾（刘文辉的号）先生，斗争是为团结，对蒋介石政府的一切反动政策，都必须给予坚决反击和有力抵制。共产党愿意同国民党民主派合作，尤其希望川康朋友用自身的团结去促进西南地方民主力量的团结。"

这一年 6 月，应刘文辉的要求，中共中央派王少春到雅安和刘文辉经常联系，又架设了一部秘密电台，和延安直接联络。

1943 年 11 月和 1944 年 6、7 月间，刘文辉又两次派代表去重庆和王若飞进行联系。

1945 年 2 月，中共中央派张友渔到成都帮助刘文辉进行政治理论学习。

1946 年 2、3 月间，旧政协闭会不久，周恩来通过民盟朋友转告刘文辉：

"把西康工作做好，以取得人民的支持。"

抗战时期，刘文辉在蒋介石的眼皮底下，时常遭到排挤、打击，而龙云、邓锡侯的处境和刘文辉相似，迫使川、滇、康三省暗中联合，商讨反蒋。

1945 年 10 月，蒋介石在解决龙云的前一天，悄悄来到西昌，离开后给刘文辉拍了一封电报，在电文中说：

"西昌风景优美，我兄政通人和，不胜欣羡……"

不是外国元首访华离境，何须拍这类电文？刘文辉很不理解。

10 月 3 日，蒋下令缴了龙云部队的械，消息传来，刘这才恍然大悟。原来蒋是效仿《三国演义》中，曹操致书孙权的故事。操在信中说："孤近承帝命，奉诏伐罪。旌麾南指，刘琮束手；荆襄之民，望风归顺。今统雄兵百万，上将千员，欲与将军会猎于江夏，共伐刘备，同分土地，永结盟好，幸勿观望，速赐回音。"曹操是要孙权投降；蒋是要刘文辉规矩些，不能声援龙云，今后也须一切小心从事，否则你的下场不问可知。

1949 年 1 月，蒋介石下野，为此刘文辉亲自去南京摸底。蒋亲自出面接见，并对刘说：

"四川是抗战的发祥地，中央很重视。有了四川，就有办法。……希望四川的朋友忠诚合作。"

刘对蒋满口答应，内心已猜准了蒋下一步要干什么，所以回川后加紧推动反蒋活动。

10 月，西北的银川、华南的广州相继解放后，周恩来给刘文辉拍去一封电报：

"大军行将西指，希望积极准备，相机配合，不宜过早行动，招致不必要损失……"

刘文辉本着这个精神，采取适当办法和蒋介石周旋。

蒋介石虽知刘不可靠，但不知刘与中共来往的底细，而且他觉得刘文辉说得不无道理：

"我刘文辉只能追随总裁，因为我是大地主、大军阀，是中共的革命对象。"张群也背着刘文辉,当着蒋的面担保刘不会出问题。

12月2日,张群来到刘宅,刘挂电话,将邓锡侯也请来,共同研究问题。张提出四个问题:

1. 蒋先生应不应恢复"总统"一职?

2. 撤王陵基后谁当四川省主席?

3. 川西会战如何部署?

4. 自乾(刘文辉)、鸣啻(邓锡侯)二兄在大会战中怎样与胡宗南配合?

刘文辉心想:前两个问题,没有任何实际意义,关键是后两个问题,既要回答,又不能让老蒋摸到底。于是刘发表意见说:

"我认为当前最要紧的是军事,仗打不赢,一切皆空。……今后打仗全靠胡宗南这张'王牌'了。"

"你们呢?"张群问。

"蒋先生过去对杂牌军的方针从来就是:打死敌军除外患,打死我军除内乱……"

没等刘说完,张忙摆手说:"这里面有误会。"

"不管什么情况,事实就是这么回事嘛。"刘没等张说完话,又顶了一句。

接下去刘文辉谈:"我的部队,散在康、宁、雅三处,纵横千里,徒步行军,非一两个月集中不起来。远水难救近火。"

刘、邓、张谈来谈去,谈不到正题,使张群不得要领而回。

第二天,张又来了,明确向刘提出两条意见:

1. 刘、邓与胡宗南合署办公,一起指挥作战。这一条说得好听,实际是把刘、邓二人看起来。

2. 为安全起见,把两位的家属送往台湾。这显然是要刘、邓家属作人质。

刘只好想各种理由往外支,什么太太有病,在老家来不了,把儿子送台湾,也要同本人商量等等。

这一席话又把张群对付走了，但刘文辉想，总这样也不是办法，还得拿高招。12月5日，刘在自家设宴，招待国民党要员，除蒋介石外，张群、顾祝同、胡宗南、萧毅肃、王陵基、王瓒绪、邓锡侯等全到了。

席间又是一番唇枪舌剑：

萧毅肃质问刘："你的部队为什么破坏邛崃大桥，不许胡宗南部队通过？"

刘回答说："请你们派人去调查，如果大桥被炸毁了，你们把我杀了，也死而无怨，现在愿为此事具结。"

刘确在计划炸桥，不过尚未动手，所以，刘的话说出来理直气壮，弄得萧哑口无言。

萧又拿出一张作战地图，指手画脚地议论着。这时顾祝同对刘说：

"自乾，你看这样行不行？"

"行是行，可惜我同邓晋康的部队过去大部分被整掉了，假使今天还和当年一样，这个重担，我们两人都还挑得起。"

"刘先生，你不要灰心，我的四十万部队交给你去指挥。"胡宗南说。

"胡先生，我们都是行家，你的部队我哪里指挥得动？我的部队你也指挥不了。"

有理有据的驳斥，使胡宗南无话可答。

最后，张群把问题挑明：

"自乾，你究竟作何打算？"

"这还用问吗？我是大军阀、大官僚、大地主、大资本家，样样都占全了，是共产党的革命对象。"

"自乾今晚说的是真心话。"张群拍着刘文辉肩膀说。

张又侧过身子对胡宗南说：

"这回你该放心了吧？"

话虽如此，实际上还是不放心。

12月6日晚，张群突然去刘文辉家，来之前不打电话，来到后又不要门卫通报，直接入内，分明是在作逼近侦察。

"自乾，我是来辞行的。"张群说。

"到哪里去？"刘问。

"去昆明。"接下去张又说：形势严重，希望刘、邓和蒋共撑危局等等。听来全是言不由衷的话。

听了张的一些话，刘反问道：

"岳军先生，胡宗南和王陵基对我和晋康的误解很深，你是我们的'护身符'，你走了，他们会不会对我们开刀？"

"哪里会有这种事？总裁对你们很关照。"

刘感到张群突然来临，其意不善，所以张走后，刘立刻盘算着如何脱身，离开成都。

不出刘所料，6日深夜，当年刘手下的一军士，现为王陵基部队之连长，给刘报信：胡宗南的部队要来接管成都，明晚6时移交，要赶快出城，否则就出不去了。

7日上午，俞济时打电话来：下午4时，请刘文辉、邓锡侯到北教场军校去，蒋要对二人谈话。

刘、邓二人知此去必遭软禁，之后送往台湾，遂设计逃出成都。

且说蒋在军校等了很久，不见刘、邓二人应召前来，情知诡计已被刘、邓识破，情况有变，埋怨张群误事，错估计了刘、邓二人，并急派王瓒绪去追。

王瓒绪开足吉普车的马力，费了九牛二虎的劲，追上刘、邓，劝二人回转成都。刘、邓二人婉言坚拒，因为刘、邓早已从胡汉民、李济深、张学良的遭遇中，料到蒋会如何对待自己。

刘、邓二人把蒋看穿了！

12月9日，刘文辉、邓锡侯、潘文华在彭县宣布起义。消息传来。蒋大骂"娘希匹"，随后又派兵将刘文辉在成都的公馆抄了，刘家中的金银珠宝全遭劫掠，之后用炸药将刘公馆夷为平地，蒋才感到略解心头之恨。

谁知福无双至，祸不单行，刘文辉走的那天，成都警备司令盛文弃官出逃，不知去向。

盛文的失踪，使蒋感到成都已住不下去了。他当机立断：不能在此久留！他指示俞济时，准备飞机，明天回台北。俞转身刚要出去，蒋又对俞说："叫陈克非来见我。"

陈克非来到后，蒋问陈：

"你有什么困难？"陈还未及回话，蒋又说："如有什么困难，可同我来说，我和你们一起战斗，死守成都！"

"是，是，我一定勉力为之，请校长不用操心。"

12月10日，蒋介石从广播中收听到卢汉在昆明起义的消息，同时得知张群和十多架飞机都被卢汉扣留。这消息使蒋又气又惊，顾不得骂人发脾气了，马上登上飞机飞往台湾。

且说那张群被扣后，卢汉曾派人劝说他，一道参加起义，可是张群说：

"……我也知道这是大势所趋，民心所向……蒋先生过去所作所为，连我也有不满意的地方。但是我一生都是一个国民党员，我和蒋先生私人关系你们也是知道的，我不能和你们一致行动。……要是你们让我走，我很感激。我今后也不再做什么事，到海外做个寓公算了。"

张群被扣消息传来，中共想以此人将张学良换回，岂料卢汉念旧情，12月11日，用英国航空公司飞机把张群送往香港。

12月24日，罗广文率十五兵团起义。罗在宣布起义的会上，本想讲话，结果泣不成声，后来改由别人代讲：

"……我们好比一个女人嫁了一个败家的丈夫，他又嫖又赌，长了一身杨梅大疮，本应该早日与他离婚，因为旧道德关系，没有提出来，最后弄得家破人亡。现在我们家破人亡了，重新嫁人是应该的，还有什么哭的呢？"

罗广文起义时，有人劝陈克非与罗采取一致行动，陈有些犹豫。他的部下却提醒他说："司令不该忘记，那位表示和我们一起战斗、死守成都的蒋校长，走时都不和你打招呼，你去向他汇报时，已经是人走楼空的情景吧？"正在彼此议论起义时，陈的老上司张钫前来拜访，劝陈起义。陈遂下了决心，与罗广文同时起义。

蒋家军在重庆、成都失守时旗倒兵散的情景，和八个月前南京、上海失守时的情景，何其相似。这些全归之于蒋介石的指挥无能，很难令人信服。这一幕幕逃亡惨状，是人民对腐败透顶的蒋政权唾弃的必然结果。贪污腐败的蒋政权，不仅失去了民心，也失去了军心，失去了将心，失去了海内外炎黄子孙的心。

这个政权垮台后，留给人们的是满目疮痍，是不堪回首的痛苦，还有后人可鉴的深深的覆辙。

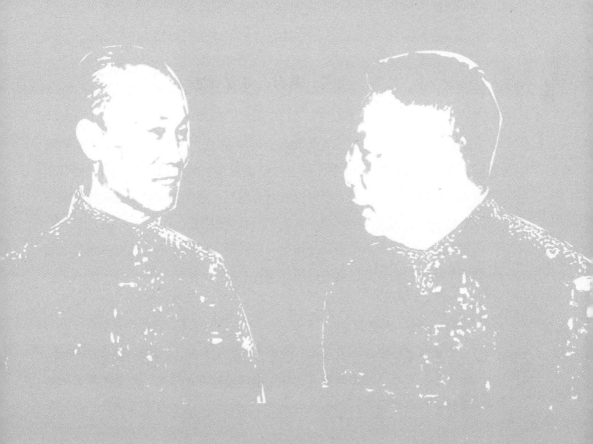

十　最后的争斗

飞美、逃台，寻安身处

李宗仁自重庆出走后，真的和蒋介石决裂了。11月12日，李宗仁到了香港，住进太和医院。12月5日，包泛美航空公司飞机飞往美国。12月7日抵纽约，住进哥伦比亚大学附设长老会医院。这个世界一流医院的名医，诊断李患十二指肠炎，迅即动手术，术后康复很快。

美国国务院对李宗仁治病的情况一清二楚。所以，不久他就接到美国国务卿艾奇逊的信函，艾奇逊的信是这样写的：

"总统"先生阁下：

欣闻贵体于动手术之后日趋康复，迅速复原，早庆勿药，实所至祷。如贵恙痊可后，有意来华府一行，余深盼能有此荣幸，为贵我两国之相互利益，拜晤阁下一叙也。

李宗仁请甘介侯代笔写了复函，表示一俟身体复原，即去华府拜候。

1950年1月，李宗仁身体恢复了，可是大陆除西藏外已全部解放了。在李出国后的不到两个月的短短时间内，十万桂军被歼，兵团司令张淦、鲁道源等全都被俘。白崇禧，这个与中共"汉曹不两立"的反共人物，只身飞往海南岛。白也曾想逃亡海外，经蒋介石的巧嘴说服，他去了台湾。

那位"蒋总裁"自12月10日从成都仓皇飞出后，直奔台湾。他在飞台的一路上想：在重庆、成都的几十万大军，何以如高山雪崩，如江河决堤，一发而不可收拾？1949年这一年真难熬，年初一发表求和声明，接着是引退，是中共提出的八项和平条件，要自己投降，随后就是剩下的半壁江山逐地失守，转瞬山河变红，已非我有。回想几个月前溪口家乡的长者问蒋："几时能回来？"

"三年吧！"

"三年，三年。"

中华人民共和国成立后，蒋介石父子在台湾眺望大陆良久……

蒋经国说："有生之年，誓当重返故土！"

但愿能有这一天，可是心中总是没底。正在胡思乱想时，飞机已在台北着陆。

1月5日晚，顾祝同带着刚从云南飞来的陆军总司令部参谋长汤尧、二十六军军长余程万和第八军军长李弥，到草山晋见蒋介石。

卢汉起义时，汤尧曾指挥所部进攻昆明，所以这次见面，蒋首先对汤慰勉有加，说："你的行动表明，你不愧为党国柱石。这次没有攻下昆明也好，留点人情，将来还可利用。"

听了蒋的一番夸奖，汤尧心里美滋滋的，自是不在话下，余程万、李弥的情绪也为之一振，似乎也沾了光。谁知蒋接下去冲着余程万、李弥大声说道：

"你们两个真混蛋！余程万，我问你，卢汉给了你多少钱？"

余程万被这冷不防的一问，有些发懵，来不及想下去，只得实说："四万银洋。"

蒋闻言冷笑一声说："好啊，我给了卢汉很多钱，他为什么只给你这么一点？我知道卢汉终究要谋反的，你多拿他几个钱也好。"

蒋的这些语言，使余程万咽不下吐不出，他口中不得不唯唯诺诺连声，

227

心却跳得如敲鼓。蒋也不敢过于深责，因为余程万还有军队在云南前线。逼紧了，怕为渊驱鱼。

蒋介石对部下恩威并用、有打有拉这一套，还是发挥了相当作用的。就在这次接见后不几天，李弥、余程万来到西昌，和胡宗南开会研究固守西昌问题（因为蒋命胡固守西昌三个月）。余程万、李弥二人在会上自告奋勇去滇西，本着以攻为守的精神去攻打卢汉。可是正当李弥、余程万、顾祝同、蒋经国四人要从蒙自机场登机去滇西时，胡宗南派人骑摩托急驰而来，送给李、余、顾、蒋一份电报，打开一看，电文上说："蒙自机场官兵已哗变投共……"

这四人真是倒吸一口凉气，异口同声地说："好险呀！"此刻他们只得改飞海口了。

从大陆飞台湾，又从台湾飞大陆，往返折腾，风尘仆仆的蒋介石，此刻不想再飞来飞去，因为大陆已无他安全驻足之处了。但，仍可在台湾偏安。偏安，则须名正言顺，因此应复职重当"总统"。而这就和蒋记"宪法"发生矛盾，和李宗仁发生争议。于是，李宗仁和蒋介石隔着太平洋发生了不该有的严重的复辟与反复辟的争执。

"复职"闹剧，蒋李争

蒋介石退守台湾，在台北草山官邸回顾1949年，虽饱尝颠沛流离之苦，但终是有惊无险，也算可以自我告慰的差强人意之处。然而，偏安台湾，展望未来，并不乐观。爱将胡宗南分析，看不出美国有打第三次世界大战的迹象，传入蒋耳中后，蒋心中虽不愉快，但也觉得不无道理。

然而，不管怎么说，不论前景如何，当前必须守住台湾，蒋介石必须从后台控制转到前台直接指挥。

1950年1月20日，台湾"监察院"致电李宗仁，催其返台，语多指责，实际上是对李宗仁意向的一次"火力侦察"。

李宗仁知对方来意不善，遂在九天之后，用"代总统"名义复电，说不能立即返台，因病体尚未康复。2月2日，再去一电，说"赴美就医未废政务，接洽美援，仍可遥领国是"。

对此，蒋介石岂能容忍？2月4日，台湾的《"中央"日报》《扫荡报》《中华日报》同时向李开火，要求"蒋总裁"复出，"绾领国事，统率三军"。李宗仁针对这一情况，以答复居正来信的形式揭露蒋介石。信中说：

"监察院"致李之贺电，醉翁之意路人皆知。他在国民党内的二十多年的政争中，早已领教过了。

李还说："我并无恋栈之意，因为在代总统任内，名为元首，实等傀儡，尸位素餐，如坐针毡，早拟引退以谢国人。"

那么，又何以不退呢？因为再三思维，弟若下野，依法由行政院长代行职权，为时仅限三月，今既无法召开国大，选举"总统"，则代理如逾三月法定期间，即为违宪。这段意思很明白，我李某引退，你蒋某也休想上台，上台即是违宪。既如此，"蒋公首倡制宪，安可自负违宪之责！"

信的最后告诉居正：现正与美国朝野接洽反共复国计划。盖美国虽对我政府现状、措施表示不满，然在其反苏政策下，并未放弃中国……宜以群策群力以图之。国家前途，尚大有可为也。

从这信中不难看出，李一不想交权，更不想向蒋交权；二想去台湾，但须待取得美援之后才能成行。李宗仁心里明白，现在如贸然回台，蒋的第一步必然迫使李"劝进"，待蒋"复正总统大位"之后，李很可能失去自由，那时欲为张学良第二也不可得，很可能步杨虎城之后尘。反之，李拿到美援，意味着取得美国的支持，蒋对李必有投鼠忌器之戒心。

但李宗仁的期盼落空了，原因是1950年2月下旬，李派甘介侯到华盛顿拜会艾奇逊，洽谈李宗仁与杜鲁门会面事宜，艾奇逊当即写了请柬，不过艾认为既是两国元首会见，应通过大使馆。甘介侯乃往访顾维钧，顾找托词说：现在正值林肯及华盛顿诞辰，美国各机关都很忙，会见时间似应晚些安排为宜。又过几天，顾以度假为名，飞往迈阿密去了。

蒋介石密切注视李宗仁在美活动的同时，加紧"复职"步伐。2月12日，台湾"监察院"指责李宗仁滞留美国，遥控台湾政局，为此向伪"国大"提出弹劾。2月13日，国民党非常委员会委员联名致电李宗仁，促其返台。次日，李宗仁复电,以医嘱不能远行,拒绝回台。2月15日,甘介侯到蒋驻美大使馆,对大使顾维钧说:"李宗仁对来自台湾的攻击十分恼怒,如台湾停止攻击,李可回台,商讨权力移交问题,否则李自有力予以回击。"

2月18日,李宗仁托孔祥熙转告蒋介石,希以和解方式移交"总统"职位,否则将公开反对蒋复职。2月21日,国民党中央非常委员会致电李宗仁,限李三日内返台,否则放弃"总统"职务,如不照办,则由蒋复职。同日李宗仁再电台北"总统府"秘书长邱昌渭,转告蒋不要做违宪之事。国事至此,不要自暴弱点以快敌人。

2月23日,国民党中央非常委员会决议,请蒋复职。2月28日,李宗仁以致蒋公开信的形式,揭露蒋复职之举是违宪,和蒋彻底摊牌。李在致蒋的信中说:

> 我正在准备回国时,得知您宣布将于3月1日恢复"总统"职务。您应该记得,您引退后,我即根据宪法规定,接管"总统"职务。您引退后,已成为一个普通公民,和"总统"职权没有任何关系。如不经过国民大会选举,您没有合法理由再次成为中国的"总统"。
>
> 您的巨大错误将极大地影响我国的命运。袁世凯的下场将是您的殷鉴。最后代表全体中国人民,向蒋提出严重警告:不要甘冒海外民主世界之大不韪。

李宗仁写完信之后,又作了几点补充说明:

> "总统"引退后不能复职,可由"行政院"代行"总统"职权,三个月后,重新选举"总统";
>
> 您唆使CC,利用我缺席进行攻击,阴谋夺权。
>
> 我国是内阁制,"总统"缺席,"行政院"和"立法院"可以照常发挥作用。
>
> 作为中国的合法的"国家元首",我有责任领导我国人民保卫我们的宪法。

不管李宗仁如何反对蒋介石复职，蒋的复职决心已定。1950年3月1日，蒋介石发表复职"文告"。当日下午，李宗仁在纽约举行记者招待会，发表声明：

> 蒋在引退时已声明，五年中，他将不使自己卷入政治，也将避开下届"总统"选举。
>
> 如今他自食其言，已是普通公民的蒋介石，竟宣布自己为"总统"，这就暴露了他的独裁者的面孔。
>
> 蒋介石引退时，我按宪法规定，被迫接受空缺。我"代总统"，是从上届代到下届总统选举时为止，不是代蒋（注：李宗仁的信和声明，均非原文）。

李宗仁和蒋介石在打舆论仗的同时，加紧和美国的联系，力图取得美方援助。不久，杜鲁门向李宗仁发出请柬，约李于3月2日到白宫午餐。躲到外地去旅游的大使顾维钧，按照李宗仁的意思也在被邀之列，而这也正是蒋所期盼、顾极力争取的。

蒋对李在美活动了如指掌，他深恐李宗仁真的将美援搞到手，破坏了他的"复职"计划。蒋遂抢先一步，于3月1日在台北正式"复职"。当晚给李宗仁发来电报，说由于环境的需要，已于今日复任"总统"，要李以"副总统"身份，作为蒋的专使，在美争取美援。

狡猾的杜鲁门，对蒋李双方都不得罪。杜给李的请柬，仍称"总统先生"。调皮的记者后来问杜为什么要这样称呼时，杜说："我以总统身份请他，我就应称呼他为总统。"

"如此说来你如何称呼蒋介石？"记者又问。

"我和蒋介石尚无往来！"

有趣的是3月2日的午宴上，顾维钧竟放弃度假赶来赴宴。顾秉承蒋的意旨，在李杜会面时，将李以"副总统"一词作介绍，不料却为美方司仪人员否定，致使顾不得不改用"代总统"为介绍词。席间，杜一反常态，请甘介侯当翻译，将顾维钧冷落在一边，终席未和顾交谈一句。

宴会结束时，美方故意搞了个小动作：杜鲁门请李宗仁到小客厅谈话，顾维钧本想跟进去，却被艾奇逊拉住。艾一面表示要和顾在大客厅谈话，一面又将甘介侯推进小客厅去当翻译。这使李宗仁、甘介侯颇感风光。

何以说美方故意搞小动作？因为在小客厅内，杜鲁门和李宗仁虽交谈很久，却只是说他一切都了解，来日方长，劝李务必忍耐，并和他经常保持接触。仔细想来，没有任何实际意义。

更何况在宴会前，美国国务院已向顾维钧打了招呼：宴请李宗仁，纯系交际，并非正式，无招待代理国家元首之表示。

李宗仁心里也明白美方之用意，但美方既搞了小动作，何不将计就计？于是在第二天李宗仁就给邱昌渭、居正、于右任、阎锡山、何应钦、张群、王宠惠、陈诚等人发去一封电报，电文说：

> 仁昨到华府。事前顾大使已奉台方令通知国务院，仁仅以"副总统"名义代表蒋先生往聘，但杜总统向记者宣称，仍以"代总统"地位对仁。招待午宴席间，与杜总统及国务卿、国防部长畅谈甚欢，举杯互祝，三人均称仁为"大总统"。餐后，杜单独与仁谈话，不令顾参加。内容未便于函电中奉告。

其实不用李宗仁奉告，3 月 2 日下午，白宫新闻发布官即声明说：国务院收到了蒋介石复职的正式通知，美国承认蒋是中国国家元首。又说：杜鲁门无意决定谁是中国"总统"这一重要的外交问题。

十一 泾渭寻余音

李德邻归根大陆

杜鲁门执行午宴过后，也就无声无息了。

宴后的李宗仁，回到新泽西州的思格沃德、克里弗斯家中，报载他家住的花园洋房，如何如何美丽优雅，其实百闻不如一见。

李宗仁病愈出院之初，先是在纽约市郊里弗德尔租房，后来嫌贵，才在新泽西买了一幢房子。这房原是一建筑工人自己画图、自建、自住的，这工人富裕后乔迁他处，卖掉此房给李宗仁了。有趣的是和李宗仁比邻而居的是克伦斯基。提起此人，学过世界现代史的都知道，他是俄国资产阶级政权的最后统治者，十月革命后，流亡到美国。上帝把这二人安排到一起了。

不过这两人无缘，他们相会不相逢，不说话，更不交往。

俗话说：穷居闹市无人问，富在深山有远亲。如今的李宗仁无权、无势、无钱，又住在乡间，异常冷清，自是不在话下。常来看他的主要是两个儿子，长子李幼邻和次子李志圣。李幼邻为元配夫人李秀文所生，早年定居美国，娶了美国人为妻，并有了孩子，在美国经商。次子李志圣，为夫人郭德洁抱养，在李宗仁身边长大。此子在美国一公司任职，娶华人之女为妻，也取得了绿卡。

甘介侯在哥伦比亚大学任教后，介绍一些中外教授来李家做客。由台湾去美国的人颇多，为了避嫌，很少有人敢去拜访。

当年李宗仁在第五战区当司令官，在北平行辕当主任，其后又是副总统、代总统，有机会结识不少美国上层人物、达官显宦，有的还过从甚密，如今这些人早已把李宗仁丢诸脑后。"友谊"值几文？

那么，李宗仁在美国生活靠什么？他当官时，没有像蒋介石那样搜刮民脂民膏，在北平行辕当主任时搞了些钱，又都丢在竞选副总统的泥坑里。他来美国的费用有两笔，一是黄旭初让广西财政厅厅长韦赘唐支付了一笔外汇；另一笔由财政部长刘航琛以"总统"李宗仁的名义向美国银行汇拨二十万美元。在美国那种环境，靠这点钱坐吃山空显然不行。由他儿子李幼邻代做两次生意：买股票、开旅馆，结果股票蚀本，旅馆被骗。

既无生财之道，就只有靠节俭度日，体验体验朱伯庐先生说的"一粥一饭当思来之不易"的生活。

当寓公是寂寞的，除了星期天儿孙们来看望时享天伦之乐外，平日只能靠读书看报打发日子。报纸也给他带来了意外好处。报纸报道大陆的建设，尤其是广西的矿山开发，使他感到"共产党真了不起"。1955年春在万隆召开的亚非会议上，周恩来于4月23日的八国首脑的午宴上关于台湾问题的声明说："台湾是中国的领土，中国人民解放台湾是中国的内政问题。中国人民同美国人民是友好的，中国人民不要同美国打仗。中国政府愿意同美国政府坐下来谈判，讨论和缓远东紧张局势的问题，特别是缓和台湾地区的紧张局势问题。"李宗仁对这一声明，深为振奋，他要远在香港的程思远为他准备一个文件，在适当时机发表。

不久，李宗仁的《对台湾问题的建议》提出来了，其《建议》的基本精神是：美国撤退第七舰队，恢复国共和谈，美国承认台湾是中国的一部分，台湾"目前暂时划为自治区"，随着时日推移，真正解决问题。

在《建议》中李还表示：个人恩怨，早已置之度外。惟愿中国日臻富强，世界永葆和平，别无所求。

这个《建议》引起的反响是强烈的，台湾骂他"为共匪张目"，曾和他共过事的在港某些人说他"年岁高而糊涂了"，周恩来说这是李宗仁在政治立场上的一个重大转变。

实践证明，周恩来的分析是睿智而正确的。

一年以后，即1956年4月，旅居香港的程思远先生，在他的朋友协助下，被邀到北京作了一次具有神秘色彩的访问。说他神秘是此行未去港英政府办签证，行踪绝对保密，而又来去自由。

在北京，原桂系人物刘仲容等人、老相识张治中等人，热情地接待了他。

5月12日中午，周恩来在中南海紫光阁设宴招待了他，而且请李济深、张治中、邵力子、黄绍竑、刘斐、屈武、余心清、刘仲容、刘仲华和李克农、罗青长等出席作陪，规格相当高。

接见和宴请时，记忆力超群的周恩来和程的谈话是亲切的。周还记得十八年前他们在武汉见过一次面。周还向刘斐、余心清、屈武等打招呼，请他们陪着程到北京附近去看看，和他谈谈祖国近几年的情况。

席间周恩来说："新中国成立以来，共产党人同国民党人有过三次接触：第一次是叶剑英在广东同前中国银行总裁张嘉璈；第二次是我（周）找龙绳武；第三次就是这次会见你了。"

程思远向周恩来表示："我是要为祖国做一些有益的事情，我听候总理的指示。"

午宴后，周恩来在客厅里同程交谈长达三个小时。周对程说："我们希望有第三次国共合作；希望海外华人多了解新中国；欢迎李宗仁先生在他认为方便的时候回来看看。"程当即表示愿为此而努力。

在北京受到热情接待的程思远，说来还颇有点来历。这位广西宾阳县的农家子弟，读过几年私塾，1926 年在家乡通过考试参加国民革命军第七军独立团，当了上士文书，时年十八岁。四年后，这位英俊青年，由于写一手好字，作得一手漂亮文章，为李宗仁发现，留在身边当秘书。1934 年又送他去意大利学政治经济，对他进行培养深造，抗战爆发后回国，在政坛上可谓春风得意，至 1947 年即已成为国民党中常委。程一直是李宗仁的亲信和智囊人物。

程在中华人民共和国成立后留在香港，不难推测其使命乃是作为李同祖国联系的桥梁。

程自大陆回到香港后，给李宗仁写了一封长信，谈他回国的经历、感受，和周恩来要他转达给李宗仁及海外人士的话。这封长信，分装几个信封给李寄去。

李宗仁回信虽批评程的大陆之行事关重大，事先应和李商量，但就李的内心而言，还是赞成他（程）的大陆之行的。这从以下几件事情中，可以得到验证：

程思远女儿、香港有名的"亚洲影后"林黛，在哥伦比亚大学留学时，每周必去李家做客。李为此去信对程说："一晤月如，如见亲人，一种思乡怀旧之情……久久不能平息。"还有，稍后李宗仁打算将手中收藏之当代画家徐悲鸿、齐白石以及前人文征明、郑板桥、何绍基等人的书画献给祖国。

　　周恩来很赞赏李宗仁的想法，后来李宗仁真的托人把他在纽约的藏画运回北京（后经专家鉴定，这批画多为赝品）。而中国政府体念李宗仁的爱国热忱，送他二十万美元，作为赴欧洲的旅费，以壮行色。

　　就这样，李宗仁身在异邦，心却日益与祖国贴近。

　　李宗仁心向祖国迈出的关键性一步，是1962年发生的中印边界自卫反击战。在这次边界纠纷中，哈佛大学教授张歆海写了一篇评论文章寄到《纽约时报》，不意被退了回来。因为这家世界闻名的报纸，也是"看人下菜碟"，很势利眼。张不服气，然对该报也奈何不得。其后他忽然想到，何不如此这般，遂找到李宗仁。李将张文看后，同意他的观点，于是署名。这样，名为《对中印边界问题的进一步探讨》的文章，洋洋洒洒，赫然载于《纽约时报》上。该文论述了三点：

　　1. 西藏自古以来就是中国领土不可分割的一部分；

　　2. 中印边界几个世纪以来从未划定，尼赫鲁挑起边界冲突，是为了解决国内困难，转移国内人民的视线，是为了争取美援；

　　3. 美国朝野抨击中国行使主权的言论，徒伤中国人的感情。

　　这篇文章又引起了一场小风波：亲台的《华美日报》骂李"为虎作伥"，对此，李不以为然。使他难过的是多年老战友白崇禧著文批他，但他也谅解白的文章是奉命之作，寄人篱下不得不发。

　　这场风波，意想不到地引来了意大利米兰《欧洲周报》女记者奥古斯托·玛赛丽的登门拜访。李、奥两人的谈话，很有趣味。这两人的谈话，并不顺利，因为李在一些问题上常闪烁其词，有的则根本不予回答。即便如此，由于记者的本领，终于使李谈了不少问题，听来使人感到真实。

　　话题首先是问他对蒋介石如何评论。李说："蒋是我的总司令。我曾经在他手下工作，我说他的坏话是绝对不礼貌的。"当记者问他是不是共产党时，李说："我不是共产党，我甚至也不喜欢共产党，但是我不能否认今天共产党为中国所做的事情。"他表示宁愿做可怜的政治家，也不能说谎。

　　记者问到他和蒋介石的区别时，他说："我和蒋都是失败者，唯一的区别是,我完全不把这件事放在心上。我不能因为我的失败而妨碍中国的前途和它的进步。"他还表示为自己的失败而高兴,"因为从我的错误中一个新中国正在诞生。"

促使李宗仁思想转变的是新中国的几件大事:其一,中国人民志愿军将美军从鸭绿江边赶回"三八"线,显示了中国军队的威力;其二,中印边界反击战中,把侵略者赶出边界,将所俘人枪退还给印度;其三,成功地爆炸了原子弹。

他说,我们统治中国多年,连一辆像样的自行车都造不出来,我们不得不服输。

1965年,李宗仁下决心要回国了。在他还未及成行时,白崇禧于3月18日从台湾给他发来电报,进行劝阻。电文中说:"德公钧鉴:南京一别,十有五年,音问久疏,殊以为欠"。然后说蒋介石"尝胆卧薪,生聚教训,正在待机执戈西指,完成反共复国大业"。指责李宗仁"旅居海外,迭发谬论,危及家邦,为亲痛仇快……"云云。李知这毛文为蒋之唆使,便一笑置之。

4月26日,李宗仁到纽约郊区华克城移民局申请办理出境旅游签证,去欧洲小住三个月,仅6天就把签证拿到手了,和1963年那次办旅欧签证相比顺利多了。这使他感到周恩来主意的高明。原来两年前周恩来托人捎信,要李在回国前先去欧洲旅游一次,并按期返回美国,他照办了,结果取得了美国华克城移民局的信任,才有这次的顺利办妥出境签证。

1965年6月13日,李宗仁飞往欧洲,留下郭德洁处理房产,卖掉之后再去欧洲会合。6月23日,郭德洁处理罢善后事宜,也飞抵瑞士。6月28日,程思远奉周恩来之命到苏黎世迎接李氏夫妇。

李宗仁在苏黎世,住在郊区,没有立即回国,他在等吴尚鹰和次子李志圣。两个星期过去了,还没有尚鹰和志圣的消息,却接到紧急通知,要李宗仁一行务必于7月13日下午2时前离开苏黎世。果然,在李宗仁一行离开苏黎世时,就有两位不速之客来到苏黎世,声称要将他们手中的白崇禧的电报交给李宗仁。惜哉!迟了一步。与此同时,郭德洁的妹夫,又携巨款到香港打听李宗仁在苏黎世的住址。

李宗仁一行已于7月13日飞抵卡拉奇,此地是与中国友好的邻国巴基斯坦的首都。中国驻巴基斯坦大使丁国钰，早已根据国内指示，做好了迎送李宗仁的一切准备。

李宗仁在大使馆住了几天，在这几天内，程思远给李起草了一份《归国声明》。

且说北京，7月已进入炎夏，国家的一些领导人和民主党派领导人等知名人士，往年都已照例到北戴河开会或避暑去了，今年却不同。张治中、傅作义、章士钊、邵力子、刘斐、屈武、黄绍竑、李蒸等，应邀到中南海紫光阁就餐。在进餐时周恩来宣布了李宗仁即将回来的消息，向他们通报了李宗仁回国，是经过长时间的酝酿，及所费之周折和李宗仁终于下决心，克服困难回国等情况。希望在座各位，能在李宗仁抵京之日到机场迎接。

为了李宗仁的成功归来，周恩来又费了很多心血，他要防止1955年克什米尔公主号飞机爆炸事件的重演，为此他要中国驻巴基斯坦大使取得巴方协助，做到万无一失。

当李宗仁的飞机抵达巴基斯坦时，友好的阿尤布·汗总统，出动了特殊警车进入停机坪，巴方军警进入机舱将李宗仁一行接入警车，送到中国使馆。

7月18日凌晨，周恩来、陈毅一直守候在电话机旁，直接指挥空军及有关部门，密切注意，保证安全。直至李宗仁一行的飞机进入我国领空，他们才休息。

李宗仁飞抵上海虹桥机场时，受到周恩来的热烈欢迎，李也十分激动，二人热烈拥抱。

陈毅、叶剑英、陈丕显、曹荻秋等也到机场迎接。之后下榻于锦江饭店，当晚周恩来在文化俱乐部设宴招待李宗仁夫妇。

7月19日，周恩来在文化俱乐部会见了李宗仁。会见时周首先说："我们赞赏李先生在台湾问题上的态度，中国的问题由中国人自己解决。"

李说："那是我在美国看到了总理在万隆会议上发表的关于台湾问题的声明，受到影响而表明的态度。"

周恩来告诉李宗仁：1955年，英国的艾登曾来电表示，愿为台湾问题在中美之间进行斡旋。中国当即表示，台湾是中国内政，不容外人插手，但欢迎他来中国看看。以后由英国疏通，中美开始了大使级谈判，但我们不拿原则做交易。1961年陈诚访美时，美国让陈看了中美会谈记录，陈反而很受感动。

会见时，周对李重申了"四大自由"原则，即：第一，可以回来在祖国定居；第二，可以回来，也可以再去美国；第三，可以在欧洲暂住一个时期再定行止；第四，回来以后可以再出去，如果愿意回来，可以再回来。总之，来去自由。这话是1963年周恩来通过程思远转告给李宗仁的。

7月20日，周恩来与李宗仁夫妇一同去虹桥机场，在机场周对李说："我先走二十分钟，我在北京欢迎你们。"

当李宗仁飞抵北京，走下舷梯时，巨大、热烈的欢迎场面，使李宗仁深受感动。总理周恩来，北京市长彭真，副总理贺龙、陈毅、罗瑞卿，人大常委会副委员长郭沫若，政协副主席徐冰、高崇民、李四光、沈雁冰、许德珩，国防委员会副主席叶剑英、傅作义、蔡廷锴，人民解放军副总参谋长王新亭及三军将领都来迎接。

李宗仁的老相识：王昆仑、朱蕴山、卢汉、刘仲容、邵力子、黄绍竑、刘斐、屈武，还有原国民党高级将领杜聿明、宋希濂、范汉杰、廖耀湘等也来迎接。

在机场上李宗仁和爱新觉罗·溥仪也见了面，末代皇帝和末代总统从此相识，紧紧握手。

李宗仁在机场大厅欢迎仪式上宣读了《归国声明》：

我以海外待罪之身，感于我国在中国共产党和毛主席英明领导之下，国家蒸蒸日上，尤其两颗原子弹爆炸成功，凡是在海外的中国人，……都深深为此感到荣幸。我本人尤为兴奋，毅然从海外回到国内……参加社会主义建设，并欲对一切有关爱国反帝事业有所贡献。今后自誓有生之日，即是报效祖国之年，耿耿此心，天日可表……

声明"亟聘海外友好乘时奋起，拥护祖国，幡然归来，犹未为晚"。

7月26日，毛泽东对李宗仁的接见，是饶有兴趣的。这天上午，李正在参观坐落在北京东郊的国棉二厂时，突然接到毛泽东接见的通知。从与毛泽东会见过的一些国家元首、政府首脑的有关文章、回忆来看，毛会见外宾，也都是突然通知。过去西方记者说是由于毛泽东的健康状况影响，须打针挺起精神才能会见，但此时的毛泽东，无论什么场合，他都"神采奕奕""迈着矫健的步伐"，哪里会是病态呢？

毛泽东和李宗仁的会见是热烈的，谈话是亲切、友好且富有幽默感的。

毛泽东对李宗仁说："德邻先生，你这一次归国，是误上贼船了。台湾当局口口声声叫我们做'匪'，还叫祖国大陆做'匪区'，你不是误上贼船是什么呢！"

程思远忙搭言说："我们搭上这条船已登彼岸。"

李宗仁对毛泽东说，他这次回国受到政府和人民的热烈欢迎，对毛主席表示由衷的感谢，他对祖国的日益强大感到十分高兴。

毛泽东说："祖国比过去强大了一些，但还不很强大，我们至少要再建设二三十年，才能真正强大起来。"

当李谈到海外许多华人怀念伟大的社会主义祖国，渴望回国时。毛泽东说："跑到海外的，凡是愿意回来的，我们都欢迎，我们都以礼相待。"

当李对台湾问题久悬不决感到忧虑时，毛泽东说："李德邻先生，台湾总有一天会回到祖国来的，这是不可逆转的历史潮流。"

后来毛泽东又问程思远："你的名字为什么叫程思远？"程说："因为对自己的前程总应当想得远一点，所以才回来跟毛主席、共产党。"

毛泽东又问："你还有别的字吗？"

"没有。"

"我来给你取个别字，叫近之，远近的近，之乎者也的之。之者，共产党也。近之，从今而后靠近中国共产党。你看如何？"

"这是主席给我最大的光荣。"

谈话后设盛宴招待。

李宗仁回国后，从沈醉口中得知蒋介石曾要暗杀他，这是他从未料到的。而李宗仁在记者招待会上披露美国曾策动李宗仁倒蒋，也使蒋大为吃惊。事情经过是这样：1955 年，美国共和党某要人对李说："华盛顿当局很愿与阁下合作，你曾当过代总统，又率领过军队，现在台湾必有一些潜势力，如能策动台湾陆、海、空军一部分或少数地方部队兵变，美国即借口蒋先生不能维持秩序而派兵登陆控制台湾，把蒋推倒，由你登台主政。"

李宗仁说："我不愿当外国人的傀儡。"当即严词拒绝了。

蒋介石听到李宗仁的这番话，为不让这消息传播出去，当日入台的港报全部检扣，不能擅作评论。

美国听了也很着急，前总统艾森豪威尔极力否认。

李宗仁在全国政协礼堂三楼举行的记者招待会上，对记者提出的种种问题，回答得非常得体，看得出这位活跃在中国政坛多年人物的功底。

李宗仁回国刚刚半年多，夫人郭德洁在同他参观南宁的西津水电站时，乳腺癌复发，急送北京抢救无效，于 1966 年 3 月 21 日去世，时年 60 岁。

郭德洁逝世消息见报后，有不少女人写信给李宗仁，毛遂自荐愿以终身相许。最后经著名翻译家张成仁介绍，李宗仁和阜外医院护士胡友松结为伉俪。他们于 7 月 26 日结婚，李的老朋友都来登门祝贺。婚后，周恩来安排专列送李宗仁夫妇去北戴河度蜜月。

李宗仁回国不到一年，中华大地掀起了"文革"动乱。李的一些老友，有的罹难，有的被剃了鬼头关进牛棚。李宗仁被送进三零一总医院保护起来。李没有因"文革"而后悔，但他的想回国的老友因"文革"而搁浅。李说："他们幸好没有回来，不然在这场大难中，一定在劫难逃，我将无颜以对老友。"

1966 年国庆节时，李宗仁登上天安门城楼，遇到了林彪和江青。事后他对程思远说："林彪和江青勾结在一起，什么事情都干得出来，这断非国家之福！"

白崇禧魂落松山

1966 年 12 月，李宗仁听说老友白崇禧死于台北松山。

白崇禧是 1949 年 12 月 30 日由蒋介石派人，从海口接到台北的。到了台湾后他发现再也离不开台湾了。他明知中计，但也无可奈何，只好以打猎寻求乐趣，求终天年。其后不知蒋介石从哪里得到这样一个情报：白崇禧意

1952年，台北阅兵台上的何应钦、白崇禧、孙立人、陈诚。（自左至右）

图发展客家组织，再造势力。在这台湾小岛上，同样是"天无二日，民无二主"，岂能容白某东山再起。于是蒋介石立即召见毛人凤，对毛说："老妹子（白崇禧代号）可能谋反，要立即查办。"毛得令后，积极筹划暗杀，其原则是绝不留下半点痕迹。

侦防组先收买了白的贴身副官。不久这位副官提供了消息："先生（身边随从对白崇禧的称呼）和花莲县寿丰乡乡长林意双约好近日去寿丰山打猎。"

毛人凤立即派人勘查现场环境，勘查者发现，有两条通狩猎区的路。一条是只能步行登山的羊肠小道，一条是可乘人力轨道车登山的路。特务判断，年事已高的白崇禧，只能以车代步，只要白登上轨道车，就难逃一死。于是特务们算准时间，将轨道车必经路上的木桥桥墩螺丝一一松开，特务们躲在近处树丛中，静观白崇禧猎后下山。时间不长，从高山背后涌出两辆轨道车，林意双乡长父子所乘的车在前，行至桥面时，坠入五十米深的谷底，只听惨叫一声，便呜呼哀哉了。白和两名副官乘车在后，眼见前车有失，急刹后车已来不及，说时迟那时决，在这刹那间，副官用力将白推下车。白崇禧虽跌在地上，终于逃得了性命。白俯看谷底冤尸，望望四周山野，脸上浮现一丝苦笑，他顿时明白了这眼前的一切。

苦了毛人凤，无法向蒋介石交差。蒋没有苛责他，只说："再从长计议吧。"

此后白崇禧学乖了，他深居简出，特务们绞尽脑汁也无从下手。后来想了一个"毒杀计划"。利用白崇禧女友（社民党主席傅荣之妻）和白有三十五万元债务纠葛，要傅妻向白投毒，精明的傅太太没干，保密局也不同意这个办法。后来侦防组获悉，白常去中医协会理事长赖少魂家买补药，特务们便立即给赖挂电话，对赖说："蒋'总统'要你多'照顾'白将军，不管什么病，都得下重剂量药。"

"明白，明白。"赖少魂在电话中连声不迭地说。

几个月后，白崇禧从药中得到补益，有返老还青春之错感，和照顾他的护士张小姐热恋起来，使白在身体方面入不敷出。

1966年12月1日，张小姐又宿于白宅。第二天，日上三竿，副官不见白起床，在室外连唤数声，不见回音，进去一看，张小姐早已离去。白赤身裸体俯卧在床，已气绝身亡。

这种杀人办法堪称高明，名副其实是杀人不见血，使死者亲朋有冤无处诉，法律也无从干涉，因为形式上看是性过度，脱阳致死。

至此，白崇禧与蒋介石几十年的恩恩怨怨，总算了断。

倒是白崇禧的女儿白先慧"冒险"回了大陆一次。那还是她听说大陆正在拍摄故事片《血战台儿庄》时，她动了思乡之情，不顾在台亲友之劝告来到桂林，悄悄地住在李宗仁元配夫人李秀文家。她再三叮嘱李夫人及其家人，万万不可走漏消息，她不敢出门。是李夫人劝她打消顾虑，到街上去观光一番。她终于在夜间走上大街，市面上的一切，都使她产生了兴趣，也没谁去干涉她。第二天，她胆子大了，儿时的旧居，童年时的学校，亲友们的私邸，她都找到了，看似陌生，心实亲切，像似遥远，确在眼前。她越逛越大胆，竟然拿起相机，到处拍照，她要让海外的乡亲好友，观赏一下今日桂林风光。

将要离开桂林的前几天，她居然住进饭店。而且饭店对她很热情，当她上飞机前结账时，服务员微笑着对她说："经理已经关照过了，知您是白崇禧将军的女儿，不收您的费用，今后欢迎您和家人常来旅游和长住。"

她到机场，过磅员问她沉重的行李中装的是什么时，她说是桂林山上和漓江水中的石头。过磅员说："好吧，是纪念物，那就免费了。"

她，怀着一颗激动的心登上飞机，她要告诉亲朋好友她在大陆遇到的难忘的一切。

陈诚死于台北

陈诚在台湾，任国民党"副总裁"和"副总统"，又兼"行政院长"。在国民党历史上，只有他一人登上如此高位。

陈诚，字辞修，浙江青田人，1897年出生在一个小学校长的家庭里。1917年，21岁的陈诚毕业于省立体育专科学校，接着考入保定军官学校，成为军校八期炮科学员。1922年毕业，第二年2月，他南下参军任连长，以后又担任孙中山大元帅府的警卫。蒋介石当上黄埔军校校长以后，陈诚随军校筹备委员会委员李济深来到军校，从此追随蒋介石长达40年。20世纪30年代，陈诚在蒋介石指挥下，参加新军阀混战、"围剿"苏区的反共战。1937年"八一三"抗战，任第三战区总指挥，指挥对日寇的武汉会战。1943年出任中国远征军司令长官。1946年出任参谋总长兼海军司令。1947年到东北与中共领导的东北民主联军对阵，连吃败仗。1948年10月到台湾，为蒋介石安排退路。

在陈诚的身上，他参加正义的战争，和中国共产党人合作，为中华民族奋战时就打胜仗；他参加反共反人民的非正义战争，为倒退腐朽的政权卖命时就失败，这就是军事上的辩证法。国民党的许多军事将领如白崇禧、顾祝同、薛岳、黄杰等都离不开这个规律。

陈诚的势力本来很大，到了台湾更加膨胀。败退到台湾的其他派系都残缺不全，于是陈诚这一派显得一枝独秀。

陈诚原有重症胃病。1963年秋，他感到疲倦难支，满脸

1953年的陈诚和蒋经国

病态，无法主持日常工作，在医务人员百般劝阻下，不得已辞去国民党政权的"行政院长"，留任国民党"副总裁"和"副总统"。第二年8月他腹泻不止，两腿抽筋，病情急剧恶化，确诊为肝癌晚期。当即请来美国和台湾、香港的名医会诊，均认为无法挽救，决定停止类似治疗方法，只是让他活得舒适一点，尽可能延长其安适而无痛楚的生命。到1965年2月，陈诚的肝癌扩散，下身浮肿，皮下出血，已经无法下床。3月4日中午，蒋介石和宋美龄赶来看他，坐了30分钟，要陈诚静心养病，这是蒋介石给陈诚的特殊荣誉。第二天陈诚进入昏迷状态，下午7时5分陈诚辞世，遗体由两个儿子护送到台北市殡仪馆。陈诚的妻子、谭延闿的三女儿谭祥哭祭说："伤心成独活，哪堪白首不同归。"

陈诚在台湾曾任两届国民党政权的"副总统"，两任"行政院长"，连任过国民党的"副总统"。蒋介石为陈诚举行的葬礼异常隆重，亲自到灵前献花，指令张群、何应钦、顾祝同、周至柔、薛岳、谷正纲等元老和"五院院长"诸位大员组成治丧委员会，"以示优隆，而昭崇报"，并按国民党国丧的最高级别，发布丧礼细则。在陈诚的丧礼中，国民党的军政大员全部出动，为陈守灵。

陈诚的葬仪，完全按中国民间古老习俗。出殡之日，送殡之冠盖形成长长队伍，路两边也有不少人，且有路祭。唯一的遗憾是他一生，没有和广大人民同路，所以叶落不能归根。

于右任望大陆

1949年春天，是人民的春天，全国人民翘首期盼人民的共和国早日从地平线升起。

这个春天，也是南京国民政府文武百官忙着各奔东西，寻求安身立足求生的春天。担任国民党监察院院长的于右任老先生，也不能不考虑自己的去向。去向定下后，在走之前他要去见蒋介石，想劝蒋介石释放杨虎城将军。见蒋介石之前，于右任先生与朱家骅、冯友兰等约好，一同乘飞机去香港。

但在见面时，蒋介石却不让于右任先生与众人同走，说已另外给他安排了飞机。岂知于右任先生见蒋后赶到机场时，那架飞机已被蒋介石打发走了。于右任先生被甩在机场，只好上另一架飞机，结果劝说蒋介石释放杨虎城的目的没达到，自己却到了台湾。

到台湾以后，他名义上虽仍是国民党"监察院院长"，但心中经常思念大陆，怀念故旧，郁郁寡欢。

1961年，大陆正处三年经济困难时期，台湾当局乘势叫嚷"反攻大陆"。在这种形势下，于右任先生通过在香港的朋友，向在北京的章士钊透露了一桩心事——"今年是我妻的八十寿辰，可惜我不在大陆，今年她的生日一定会很冷落，想到这里，我十分伤心！"章士钊立即给周恩来总理写了一封信，说明了这一情况。周恩来见信后，马上转告屈武，要他以女婿的身份，到西安为于夫人做八十大寿。屈武是在1921年与于右任先生的爱女于之秀结婚的，当时岳父曾以诗陪嫁，现在去为岳母做寿，又是奉总理之命，他当即专程到西安为于夫人祝寿，并邀请在西安的于先生的亲朋故旧参加了祝寿活动，场面很热闹。事后，屈武将祝寿的照片，连同送给于先生的礼物，辗转带给了于右任先生，并在信中说明了这次祝寿活动始终是在周总理的关照下进行的。于右任先生收到信、照片和礼物后很高兴，让屈武向周总理转达他诚挚的谢意。周总理听了回应说："只要于先生高兴，我们也就安心了！"

被骗到台湾的于右任虽身为"高官"，薪水却很低，竟因经济拮据，看不起医生。1964年，85岁高龄的于右任先生患牙痛病，医生让他换口假牙。可是一算账，换6颗牙需交台币8000余元（当时合人民币300多元），当时他一个月薪水才5000多元，因为手中无钱，只好作罢。到了当年9月3日，病重了，不得不再进荣民医院，又不得不拔牙。岂料牙虽拔了，却引起了高烧，转成肺炎。一日病况突然恶化，于1964年11月10日20时8分在台北逝世，终年85岁。

于右任先生在台湾的生活，他的随从人员提起来都感到辛酸。辞世前几年，盼望祖国统一的心情越来越迫切，对台湾当局有些人的倒行逆施越来越不满。他在一首诗里说："逆风而走复盘旋，卷起长鬃飞过肩。一怒能安天下否？风云会合待何年。"在另一首诗里他又说："不信青春换不回，不容青史尽成灰。"

望大陆

葬我于高山之上兮，

望我故乡。

故乡不可见兮，

永不能忘！

葬我于高山之上兮，

望我大陆。

大陆不可见兮，

只有痛哭！

……

于右任写于 1962 年元月的这首遗诗，必将为悲歌流传给后人。

十二　蒋李有遗篇

碣石说二蒋

1949年底,蒋介石终于在台北草山(后改为阳明山)落脚,不再飞来飞去,因他在大陆实难找到立锥之地。不过,此时3.6万平方公里的宝岛台湾,军人、文教界及难在大陆立足人士,都抢滩登岛,致使岛上物价飞涨。更重要的是人心浮动:解放军将要攻取台湾的消息不时传来。其实谁都明白,这宝岛虽好,终非久居之地。不信你看:出国很久的宋美龄不见"凤还巢"。蒋介石较为亲信的徐永昌,瞧准时机,腰缠九千万美金,溜到日本去做寓公。阎锡山也想走,动作稍迟,被蒋介石强行留下。

值此难题一堆,二蒋愁眉不展之际,大洋彼岸又传来杜鲁门的不祥声音:不再保护蒋介石政权,由它"自生自灭"。

二蒋此时心里明白,别人都能走,唯独他们爷俩走不了。环顾地球,找不到一块建立流亡政府之地,更何况这宝岛还有令他们恋栈之处。

宝岛,宝岛!人人都说台湾是宝岛,这"宝"字有何内涵?行文至此,笔者愿在此赘言几句,以飨读者。

我国固有领土台湾省,共有大小岛屿86个。台湾岛南北长394公里,东西宽142公里,环岛周长1139公里,面积约3.6万平方公里,可耕地约占总面积的25.55%。内中由大陆移居者为400万人(有200万人是1949年蒋介石逃往台湾时被挟持去的),其余为高山族人。高山族人定居在平原者,称为平埔族,住在山区者共有9个族群,每个族群的语言各不相同。

台湾自古以来就是中国的领土。据我国《临海水土志》载:三国时代,孙权曾派诸葛直率军经营台湾;隋朝大业三年,炀帝派朱宽去"抚慰",大业六年派张镇周率军万人去经营台湾。《隋书》"陈棱传"中对这一切都有较详细之记载。此后,南宋、元、明等历代都不断派人去台湾。

我国对台湾的经营,史载1171年,即南宋乾道七年,泉州知府汪大猷遣军民屯戍澎湖;1225年(南宋宝庆元年)隶晋江县;1335年至1340年元朝在此设巡检司;1620年(明万历朝)在正式公文上用"台湾"之名称;

1683年（清康熙二十二年）大书特书于清版图，翌年正式设台湾府。

台湾是块宝地，自16世纪以来不断为外国侵略者觊觎、侵略。1544年（明朝嘉靖二十三年）葡萄牙人航行至台湾近海，称之为福摩萨（20世纪50年代美国想赖在台湾时，曾沿用此名）。其后，西班牙、日本、荷兰等国相继骚扰、入侵此地。1642年沦为荷兰殖民地。1662年为民族英雄郑成功收复。

台湾人民一向热爱祖国。1894年清政府战败后，将台湾割让给日本侵略者，消息传来，举国哗然。广大人民包围巡抚衙门，誓愿与日寇决一死战。在北京赶考的台湾举子，联名上书都察院表示："数千万生灵，皆北向恸哭，闾巷妇孺，莫不欲食倭人肉，各怀不共戴天之仇，谁肯甘心降敌？！""以全台之地使之战而陷，全台之民使之战而亡……虽肝脑涂地而无所悔。"与此同时台湾的爱国者邱逢甲等人，推举巡抚唐景崧、将军刘永福率众抗日。1895年6月6日，基隆失守，唐景崧逃回厦门。其后，刘永福率黑旗军与台湾人民和敌寇血战于彰化、云林、嘉义一带。10月19日，打狗（今之高雄）、凤山、台南等失守，刘永福所部终因强弱悬殊，退回厦门，日军以死亡5千人之代价，进踞台湾。此后至1944年，台湾人民通过各种形式进行的抗日活动，从未中断。

1945年8月，第二次世界大战结束，日本败降。依据《开罗宣言》《波茨坦公告》，台湾回归祖国。10月25日，在台北公会堂（后改为中山堂）举行受降仪式。

这一天全省人民祭告祖先，通宵畅饮。

1946年1月23日，国民党政府正式发表文告，宣布台湾回归祖国。

台湾是我们的祖产，是扼住海路的咽喉要道。

面对此情此景的蒋经国，在没办法中，想出一条笨办法，派人去大陆走后门。派谁去？他脑海中闪现出一个人：李次白。此人毕业于黄埔，由于他与个别中共高层人士有亲属关系，长时间受猜忌，不得重用。而李次白也很知趣，躲到台湾高雄，以开设势歌归饭店谋生。不料1950年5月，竟来了三位不速之客，为首的名叫胡伟克。相见之后，免去寒暄，开门见山。胡某说："实不相瞒，目前党国处境非常困难，前不久美国总统杜鲁门又说什么不予蒋政府保护，任其自生自灭。这使早已惶惶的人心，更加不安。所以请李兄去大陆，与你的至亲陈毅深谈，最低限度希望不进攻台湾。"

次白听了这话，心里明白，这任务是块烫手山芋。既而又想，去大陆看看也好，或许能找到一个新的安身之处。李次白答应了对方的要求，于6月1日乘船先到香港，再转往上海。抵达上海后，先到陈毅兄长陈孟熙家。

陈孟熙是陈毅胞兄，解放战争时期，陈孟熙任国民党军川西师管区副司令，少将军衔。1949年12月，他在四川省乐山县（今乐山市）率部起义。随后，作为起义将领被安排在上海工作。1949年，上海解放，陈毅担任首任市长。

1950年6月初，陈孟熙打电话对陈毅说："我的妻兄李次白今日从台湾绕道香港到上海来了，他想去你那里拜访。"

两天后的晚上，陈孟熙带着李次白来到陈毅的住所。面对远道而来的客人，陈毅热情欢迎。一番家常话之后，陈孟熙首先点出了正题："次白这次来，是有任务的。"

此话令陈毅感到意外："什么任务？"李次白坦言："台湾方面委托我跟你谈谈国共两党合作的事情，希望国共双方能够以美国两党治政的方式来共处，最低限度是中共方面不进攻台湾。如果可能，请陈毅先生将此意转中共中央。"

陈毅回答说："国共合作的话题现在谈为时尚早，以后会有机会的。"

接下来，陈毅为两人讲了台湾海峡局势，并且向他们介绍刚刚建立的新中国在一穷二白的烂摊子上，使经济得到了很大恢复与发展的情况。最后，他起身送客人时说："孟熙兄和次白兄应当进革命大学学习，明天就去。至于台湾嘛，让它烂下去！"

陈毅的态度基本代表了当时中共高层领导对此问题的立场。随后，李次白按照事先预定的联系方式发信到香港，将此信息转告给了胡伟克。随后，这个信息很快被传送到蒋经国那里。

李次白的使命无法完成。

蒋经国得此消息，并不感到意外，只是不得不反复思索如何摆脱当前危机，整日愁肠百结。岂知世事难料，形势的变化出人意料：6月25日，朝鲜战争爆发，6月27日，美国第七舰队闯进台湾海峡，台湾方面感到有了靠山。从此，台湾不再理会这位派到大陆的秘密使者，也不再给他家属发放生活费。而李次白则留在大陆。1980 年 9 月，李次白被批准去香港定居。后本人要求回台湾和久别的妻子团聚，遭到台方拒绝。蒋经国说："李次白在大陆多年，一言一行均有统战意识，何况还主张与共产党第三次合作，来台根本不行。"

在蒋经国派李次白这件事的五年后，蒋介石又派宋宜山来大陆，事情经过是这样的：

1956 年 1 月，毛泽东、周恩来宣布"国共已经合作了两次，我们还准备进行第三次合作"。4 月，毛泽东提出，我们跟台湾要"和为贵"，爱国一家。6 月，周恩来在第一届全国人民代表大会第三次会议的报告中，代表党和政府正式宣布："我们愿意同台湾当局协商和平解放台湾的具体步骤和条件，并且希望台湾当局在他们认为适当的时机，派遣代表到北京或者其他适当的地点，同我们开始这种商谈。"7 月，周恩来在接见原"中央通讯社"记者曹聚仁时，进一步提出国共之间第三次合作问题。中共中央还通过在香港的章士钊转信给蒋介石，在表明我党对台政策的同时，还传达"奉化之墓庐依然，溪口之花草无恙"的信息。蒋介石获悉后于 1957 年春，决定派"立法委员"宋宜山到北京实地了解有关情况。

在蒋介石的心目中，宋宜山对国民党的忠贞，已经经过长期考验，是蒋介石的学生，还是台湾"立法委员"，又是国民党候补中央委员，身份比较灵活，官式意味较轻，而且，宋的兄弟宋希濂为国民党名将，当时正关在大陆的战犯管理所改造。万一宋的大陆之行被人发现，可以说是探亲。另外，宋为湖南人，而当时的中共统战部长李维汉也是湖南人，便于以同乡名义接触。所以，派宋宜山到大陆是很合适的人选。

宋宜山于 1957 年 4 月抵达北京。当天，宋宜山受到他所熟悉的唐生明的热情接待。第三天，周恩来在北京有名的饭店东兴楼以在饭店不期而遇的形式热情"宴请"，双方亲切地谈话后，具体事宜，则由李维汉出面。

李维汉与宋宜山进行了多次长谈，宋从中国共产党方面得到的主要提议是：国共两党通过对等谈判，实现和平统一。台湾成为中国政府统辖的自治区，实行高度自治。

台湾政务仍由蒋介石先生领导，共产党不派人前去干预。而国民党可派人到北京参加全国政务的领导。但外国军事力量一定要撤离台湾和台湾海峡。

宋宜山在北京停留近两周，中共中央统战部安排他参观石景山钢铁厂、四季青高级农业生产合作社，游览了故宫、颐和园等名胜，还特别安排他到功德林一号战犯管理所探访了他的弟弟宋希濂。

当时，大陆正广泛宣传"百花齐放、百家争鸣"的方针，又加上号召和平统一祖国，整个政治气氛和社会面貌很有生气，给宋宜山以欣欣向荣的印象。

5 月份，宋宜山回到香港。根据自己大陆之行的印象，写了一份 1.5 多万字的书面报告，由许孝炎转呈蒋介石。在这份报告中，除叙述了与周恩来、李维汉见面、商谈的详情及中共提议外，还描写了沿途及北京各种见闻，包括农村平畴绿野、丰收在望的景象和工业生产蓬勃发展、市场供应丰富的情况，把共产党治理下的中国大陆写得很有一番新气象。他还说："我以为，中共意图尚属诚恳，应当响应。大陆从工厂到农村，所到之处，但见政通人和，百业俱兴，民众安居乐业，与中共鱼水相依，以前提的'反共复国'，似已无望。"

蒋介石对这份报告，越看越生气，使劲将"报告"一摔，骂道："娘希匹，他把共产党说得那么好，半个月就被赤化了。"气得他吩咐手下人："告诉宋宜山：不必回台湾了，就留在香港吧。他的薪水，每月寄去。"宋宜山为中国统一，不计后果讲真话，其精神可嘉，其后果却出人意料。

别看蒋介石大骂宋宜山，但他在有生之年，与大陆间的信使来往，不曾中断。但这时他们的主要精力，放在经营台湾。为此，陈诚竟然效仿中共，在台湾农村实行二五减租，遗憾的是晚了三春，后悔无及矣。

蒋介石之死

1949 年 12 月 7 日，眼看着蒋家王朝在几乎响彻中国大陆的隆隆炮声中土崩瓦解，蒋介石不得不愁眉苦脸地在四川成都宣布："中华民国"政府"迁都"台湾省台北市。从此，蒋介石踏上了他的末路岁月。

　　1950年3月1日，蒋介石在台湾宣布恢复"中华民国总统"职务。同年底，他给自己选择了新窝，地址在台北市郊的草山。草山距台北市约十三公里，山上有台湾糖业公司建的一座招待所，蒋介石把这个招待所加以修理、装饰，就成为"总统"官邸了。他将草山更名为阳明山，首要原因是蒋介石忌讳"草山"二字有"落草为寇"之嫌；其次是，他一生尊崇王守仁（阳明）的"心明即是天理"，否认心外有理、有事、有物的所谓哲理，草山从此有了美名。

　　1950年3月，草山下又修了座"总统"官邸，称为"士林官邸"。士林官邸建成后，原草山官邸也不愿放弃，蒋介石便将它作为自己的避暑别墅。

　　蒋介石知道，在他的士林官邸，有里三层外三层的警卫，晚上睡觉是比较放心的。但是只要他外出睡在别处，就疑神疑鬼，忧心忡忡。睡觉前一定会里里外外检查一遍所有门窗，看是否关好。并且还要查问侍卫人员是否关好了门窗，是否都在各处岗位上确保他的安全，并会令他们再巡视一遍才敢睡下。

　　1972年2月，台湾每6年召开一次的"国大"举行第五届会议，选举"总统"。3月21日，蒋介石再次当选为"总统"，严家淦当选为"副总统"。

蒋介石在台北的住所——士林官邸

5 月 20 日，蒋介石、严家淦宣誓就任。仪式后两人到"总统府"阳台上接受 20 万人群的欢呼。在转播欢呼画面时，居然在荧幕下端出现了莫名其妙的汉字对白字幕"大哥不好了……"这样一句话，好像是谁在诅咒"总统"似的。后由蒋孝武亲自查明，是电视台职员工作上的纰漏。但此事却在迷信的人们，包括"党国大佬"的心目中，都留下了不祥之兆。有人还低声以当年宣统皇上登基时，摄政王载淳边哄小皇帝边说"快了，快了，快完了"做比喻。蒋介石表面不在意，内心实忌讳。

20 世纪 70 年代初，蒋政权代表被逐出联合国。紧接着，美国政府又宣布尼克松总统将访问中华人民共和国。这犹如五雷轰顶的消息，令蒋氏难以招架。

1972 年春天，蒋介石和宋美龄在日月潭涵碧楼疗养。这年蒋介石已是 85 岁高龄的老人。一天，蒋介石刚走进宋美龄的书房，突然跌倒在地。这以后，蒋介石就经常出现走路跌倒的现象。也正是在这一年，尼克松总统访问北京，会见了毛泽东，并与周恩来在上海发表了联合公报。

这一年，蒋介石以老迈之躯，又被"选为"台湾第五任"总统"。这时他连站都站不稳了，怎么出席宣誓典礼呢？

孔祥熙的第二个女儿孔令俊想出个所谓高招，在蒋介石站起的地方，摆上一排沙发靠背椅，让他站起来的时候，手可以扶着前面椅子的靠背，再让宋美龄寸步不离蒋介石左右，必要时可以扶他一把。

这之后，蒋介石因心脏病长期住院，外面也因此传出蒋介石已死的消息。宋美龄为平息谣传，在蒋的病情稍有好转时，就安排蒋公开露面。

蒋介石在病中的第四次露面，是 1974 年 3 月 25 日，美国驻台湾"大使"马康卫即将离任回国。这时的蒋介石，心脏病已十分严重，经常出现停止心跳的现象，所以他一刻也离不开心电图监视器，但又不敢不接见美国"大使"。于是，蒋介石长袍马褂，正襟危坐在会客厅中。宋美龄同往常一样，坐在他身边担任翻译。医疗小组携带着各种急救器械、药品；全体侍卫副官，都埋伏在会客厅两侧。蒋介石一旦停止了心跳，所有埋伏者立刻冲出来抢救。

1975 年 3 月 29 日，当蒋介石又一次被抢救过来之后，他叫来了国民党中央委员会副秘书长秦孝仪给他作笔录，进行口授遗嘱。

清明节这天，蒋介石的情绪似乎比以前更加烦躁，他不停地起来又躺下，躺下又起来，这样反反复复好几次。医护人员劝说他躺定休息，他根本不听，脸上露出不高兴的表情。

不祥之兆真的出现了：这年7月蒋介石患重感冒住院。8月6日，病情得已控制，遂移往荣民医院。在去往该院途中，一个少将的车疾驰而来，险些撞上蒋介石的卧车。这一惊非同小可，蒋介石从此精神不振，不能会客。进入1975年，肺炎复发，还并发心脏病，病情恶化。蒋经国在日记中说："父亲之病，仍无好转……儿心忧苦。"

4月5日是清明节，民间相传：有病之人，这一天最忌病情转重。而偏在这一天，蒋的病情转重。

早晨，蒋经国来病床前请安时，见蒋介石已起坐于轮椅上，而且面露久已不见的笑容，蒋经国、宋美龄等家人也感到欣慰。蒋介石还向蒋经国问及清明及张伯苓先生百岁诞辰之事。当蒋经国走时，听见父嘱其"你应好好多休息"一语，心中忽有说不出的感触，整日心中烦躁，坐立不宁。

待到晚上8时半，蒋经国第三次来到病床前探望时，见其父病已开始恶化。到11时20分，心脏开始衰竭。虽经名医全力急救，终无回天之术，11时50分，停止呼吸，没有迈过清明节这个夜晚，终年88岁。

蒋介石死前留下了遗嘱，由秦孝仪记录，宋美龄、严家淦、蒋经国、倪文亚、田炯锦、杨亮功、余俊贤共同签署。其在遗嘱中仍不忘"以复国为共同目标""光复大陆国土，复兴民族文化，坚守民主阵容"云云。

蒋介石去世时，蒋经国就地跪哭，痛不欲生。宋美龄与蒋介石生活半个世纪之久，今日丧夫之痛令她痛彻五内。当时蒋纬国正在台湾中部参加军事演习，基于军人"军令第一"的天职，未克赶返送终。4月6日写了一篇"祭父丧祷词"，表达出内心的悲切。

后事的安排是：4月6日，严家淦宣誓就任"总统"。7日，国民党中常会决议，将蒋的灵柩暂厝慈湖，待"光复"后奉安大陆。16日，由严家淦主持，举行大殓仪式。28日，国民党中央委员会修改党章，规定国民党最高领导人称呼改用"主席"，"总裁"的称呼，永远保留给蒋介石，如同"总理"的称呼，永远留给孙中山一样。会议还推举蒋经国担任国民党中央

蒋介石的灵堂

主席并兼中常会主席。

蒋介石的灵柩停放在"慈湖行馆"。蒋介石的遗体经防腐处理，身着长袍马褂，胸前佩戴勋章，装在一具黑色大理石棺椁中，安放在正厅。连接正厅的厢房，保持着蒋介石生前卧室的原样，供人凭吊。卧室的茶几上放着一张便条信纸，上面是蒋介石生前用红铅笔写的四个行书体大字：能屈能伸。

蒋死后，人们又想起了一件事：

蒋退到台湾的早期，痛定思痛。他明确提出的政治主张是：立足台湾、韬光养晦、反攻大陆。而且每年蒋都要去金门岛上面向大陆喊一通"反攻大陆"，但也只限于空喊，取得心理上的安慰而已。

蒋介石离溪口前对家乡父老说"三年可以回来"，"三年，三年。"说得很肯定。

历史证明蒋介石完全说错了，但他当年对陈洁如许下的日后违约"放逐海外，永不回来"的誓言却应验了。

蒋经国说他"有生之年，誓返故乡"！看来其壮志也未得酬。

蒋介石的继承者们设计这个情节，想要告诉人们什么呢？这只能待他日解析。

历史资料随着时间的推移而丰富，从而开阔了人们的视野，促进了人们的思索——思索历史事件和历史人物。

中国革命军事博物馆，1985年纪念抗日战争胜利40周年之际，有三幅放大的蒋介石照片。第一幅照片正面写着：1937年7月7日，"蒋委员长"在庐山向中外宣告"牺牲不到最后关头，决不轻言牺牲，牺牲已到最后关头，决不惜一切牺牲"。这一席话道出中国人民坚决抗战的心声。

第二幅照片，是 1938 年 11 月蒋介石在南岳会议部署保卫武汉。

第三幅是太平洋战争爆发后，蒋介石任中国战区统帅部总司令的照片。

《瞭望》海外版，1986 年回答台湾读者问大陆对蒋介石的评价时说："蒋介石先生是中国现代史上一位重要人物。他在早年北伐时期和后来抗日战争时期同中国共产党合作。抗战胜利之后，他曾与中共中央主席毛泽东达成双十协定，接受中国共产党提出的和平、民主建国纲领。这一切对国家有重大意义。遗憾的是，蒋先生未能坚持善始善终。他相信军事解决问题，结果败退到台湾。但蒋先生在担任'总统'的 27 年，他始终坚持'一个中国'的民族主义立场，台湾始终没有落入外人之手，这是国人有目共睹的；他反对'台湾独立'，是明智的。他还反复说过，有人妄图制造'两个中国'，这是中国人民'最大最深的隐忧，是绝对不能接受'的。"

如今，蒋介石虽听不到人们对他的新的评价，但当载入史册时，将是人尽皆知的。

蒋经国逝世

1988 年 1 月 13 日，蒋经国逝世。这位国民党主席，多年来一直患有糖尿病。1 月 13 日病情转重。至 15 时 50 分心跳停止，瞳孔散大，而告崩逝，享年 78 岁。

当晚 19 时，国民党召开临时中常会，做出两项决议：一、转请政府指派大员处理国丧事宜；二、对常务委员李登辉，根据"宪法"第 49 条规定继任"中华民国总统"职位。

蒋经国生前自知再高明的医生也无力回天，乃于 1 月 5 日立下遗嘱。由"总统府"机要室主任兼机要秘书王家骅记述，由"副总统"李登辉、"行政院院长"俞国华、"立法院院长"倪文亚、"司法院院长"林洋港、"考试院院长"孔德成、"监察院院长"黄尊秋，还有蒋经国的小儿子蒋孝勇付署。遗嘱的全文是：

经国受全国国民之付托，相与努力于以三民主义统一中国大业，为共同奋斗之目标。万一余为天年所限，务望我政府与民众坚守"反共复国"决策，并"国父"三民主义与"总统"遗训指引之下，务须团结一致，奋斗到底，加速光复大陆，完成以三民主义统一中国之大业，是所切嘱。

翌日，国民党中央通过广播向大陆同胞通告蒋经国逝世，名为"敬告大陆同胞书"。1月14日，中共中央致电国民党中央，吊唁蒋经国逝世。电文是：

惊悉中国国民党主席蒋经国先生不幸逝世，深表哀悼，并向蒋经国先生的亲属表示诚挚的慰问。

同日，中共中央领导人发表谈话，对蒋经国不幸逝世表示悼念，重申和平统一祖国的方针不变，全文是：

中国国民党主席蒋经国先生不幸逝世，我们深表哀悼。蒋经国先生坚持一个中国，反对"台湾独立"，主张国家统一，表示要向历史作出交待，并为两岸关系的缓和作了一定的努力。

当此国民党领导人更替之际，我们重申，我党和平统一祖国的方针和政策是不会改变的。我们希望新的国民党领导人，从中华民族根本利益出发，审时度势，顺应民心，把海峡两岸关系上开始出现的良好势头推向前进，为早日结束我们国家分裂局面、实现和平统一作出积极贡献。

台湾人民有着爱国的光荣传统，盼望统一，反对分裂，近年来同港澳同胞、海外侨胞一起，为推动和平统一，促进国共两党和谈作出了努力。我们愿与台湾各界人士共商国是，完成统一祖国、振兴中华的大业。

我们由衷地期望台湾局势稳定、社会安宁，经济继续发展，人民安居乐业。

260

此外，中国新华社驻香港分社社长还以中共中央顾问委员会委员的名义，在香港派员向设在珠海书院的蒋经国灵堂送了花圈。

中共中央的唁电和中共中央领导人的谈话发表后，立即在台湾和国际上产生强烈反响。台湾大报《中国时报》说中共中央唁电："电文简单仅有39个字，但被视为是近40年来，两岸隔绝敌对下，共产党对国民党首次有较平和的直接反应，也是党与党之间对等地位做出反应。"中共中央领导人的谈话"表现了中共对台湾的态度颇为缓和"。路透社报道说："唁电没有提及蒋经国总统的职务，只称他为中国国民党主席，因为北京不承认台北政府。"共同社认为中共这一做法灵活、实际，并将中共对蒋介石、蒋经国去世所采取的态度作了比较。蒋介石去世时新华社发表的消息是："国民党反动头子、中国人民的公敌蒋介石死了"，而这次发唁电态度友好，与上次的态度形成了鲜明的对比。

四大家族及其后人

为祸中国多年的四大家族，1949年被赶出大陆后逃亡。大发国难财的孔祥熙，腰缠数以十亿计的金银财宝，去了美国。"国舅"宋子文也飞往美国。此人虽也贪污巨款，但与孔家不同。国人没有忘记他在1945年拒签不平等的《中苏同盟条约》。陈立夫去了台湾，但因陈诚深恶其人，于是蒋介石下令，要陈立夫于24小时内离台。因此他也去了美国，养鸡卖蛋。

如今，四大家族第一代，全都归西。他们的后代如何？

先是蒋家：第二代蒋经国、蒋纬国二人共生六男一女。蒋经国的长子蒋孝文、次子蒋孝武、三子蒋孝勇、女儿蒋孝章，都是他的苏联夫人蒋方良所生。另外他主政江西时，情人章亚若为他生了双生子，在认祖归宗前叫章孝严、章孝慈。

蒋纬国只有一独苗，叫蒋孝刚，是他的第二任夫人邱爱伦所生。

蒋经国长子蒋孝文，留学美国，放荡不羁，被逐出境。回台后劣性不改，染上花柳病，同时患上喉癌后去世，终年54岁。

二公子蒋孝武，从小就长得俊美可爱，被老蒋夫妇视为掌上明珠。特别是孝文不成器后，蒋家把继承江山的希望都寄托到这位二公子身上。但是，1984年蒋孝武涉嫌杀害《蒋经国传》作者江南一案，闹得全台湾沸沸扬扬。为平息这场风波，蒋经国派他到新加坡任"商务副代表"。1991年7月1日，蒋孝武因患急性心衰一睡不起，年仅46岁。

老三蒋孝勇，无意政界，投身实业，一直是台湾工商界的活跃人物。夫人方智怡是前台湾"高速公路局"局长方思绪之女。蒋孝勇打着蒋家的旗号，在台湾工商界无处不赚，大发其财。但是，蒋经国一死，失去了保护神，过去倚仗权势所搞的特权承包以及贪污受贿、走私、炒汇等种种劣迹，纷纷被新闻界披露出来。一时间，蒋孝勇被看成是岛内头号"官倒"，成为政界、民间反蒋、倒蒋的主要靶子。

蒋孝刚是蒋纬国的独苗，因为与其他兄长年龄相差悬殊，所以来往并不密切，倒是与年龄仅差两岁的侄女蒋友梅的感情彼此融洽。1980年底，他们叔侄二人同赴英国剑桥大学留学，蒋友梅主攻艺术，他主修法律。在剑桥几年，他不闻窗外事，专心学业，很少在公开场合露面，在商业法和国际法方面造诣颇深。如今，他已是美国纽约的著名大律师。由于他是不靠权势而自我奋斗成功的蒋家后代中的佼佼者，蒋纬国得意地说："有儿在精不在多。"

蒋家的第四代也已经长大成人了。排行老大的蒋友梅，是蒋经国生前最疼爱的孙辈、蒋孝文的独女。她在英国剑桥大学读完艺术专业后，一直在英国工作。此外蒋孝武的儿子蒋友松、女儿蒋友兰，蒋孝勇的儿子蒋友柏、蒋友常，蒋孝严的儿子蒋万安，女儿蒋惠兰、蒋惠筠，蒋孝慈的儿子蒋劲松、女儿蒋友菊，或经商，或读书，一个个都远离政治，开始走一条迥异于父辈祖辈的人生路。蒋友松在回答记者提问时表示："我想从商，大学要念经济。"妹妹有兰，"跟我一样，学经济"。当记者问道"是不是蒋家第四代要完全脱离政治"时，蒋友松以很坚定的语气回答："我希望如此，我希望如此！"民间对他们祖辈的评价，在他们头脑中五味杂陈，难以言表，所以都想远离政治，摆脱过去的阴影。

宋家6个兄弟姐妹中，六弟宋子安1969年死于香港，是宋家年龄最小而又最早去世的人，终年 63 岁；宋子文于 1971 年 4 月因鸡骨卡在喉咙中，死在旧金山，终年 77 岁；宋霭龄于 1973 年病逝纽约，终年 83 岁；宋子良在 20 世纪中叶死于纽约，终年 84 岁。宋家掌门人宋子文的夫人张乐怡，1988 年病逝纽约，终年 81 岁。宋子文没有儿子，生有三个女儿：长女宋琼颐，嫁给冯颜达；次女宋曼颐，嫁给余经鹏；小女宋瑞颐，嫁与杨成竹，或从政，或从商，现都定居美国。

大发国难财的孔祥熙，1967 年死于美国纽约，终年 86 岁，他骨朽人间骂未消。孔祥熙与宋霭龄共生有二子二女。长子孔令侃，1992 年 8 月死于纽约，终年 75 岁；次子孔令杰，中华人民共和国成立后，携其父亲几十年所搜刮的民脂民膏，在美国任意挥霍。这个"官二代"，为中美人民所不齿。孔令杰做过台湾驻美"大使馆"武官，平时趾高气扬，仗势小姨妈宋美龄的庇护，目空一切。其后在国民党驻美使馆工作，后不得不离开使馆，从事炒股票、倒卖石油等营生，而且还不断地与他的夫人、好莱坞二流女星黛布拉·佩吉特（演过《折箭为盟》《大神秘》等剧）卖弄风骚。

孔家长女孔令仪，曾就读于上海沪江大学，1943 年与国民党中央银行业务局副局长陈纪思结婚。当时宋霭龄为女儿准备了八大箱的嫁妆，飞机在重庆机场起飞后失事，嫁妆随风散去，遭百姓痛骂。

孔家最出名的是二小姐孔令伟，她一生女扮男装，为人凶悍、跋扈，嗜烟爱酒，生活淫乱，以霸占有妇之夫玩弄他人老婆为乐趣，但颇得宋美龄之钟爱，宋美龄晚年生活也都由她打理。

1950 年，蒋介石强令陈立夫离开台湾，时间近二十年。在这期间，陈立夫先后办过报纸，经营过农庄，养鸡、卖蛋。1969 年，在蒋介石的多次相邀下，陈立夫才打消了和儿女们定居美国的念头，回到台湾安度晚年。

回到台湾后，陈立夫开始远离政治，醉心于他在美国时就已经从事的《周易》和中医的研究，系统弘扬中国古代传统文化，先后出版了《我是中国人》《我的信仰和希望》等十余种专著；主持翻译了英国著名科学史家李约瑟博士的鸿篇巨著《中国的科学与文明》。

陈立夫有三子一女，都有高学历、高学衔，现都定居在美国。

作为炎黄子孙，陈立夫心系大陆，多次表示，希望在有生之年能够回到阔别四十多年的祖国看看。1993 年 10 月，中国东方文化研究会主办的大型综合性思想文化学术刊物《东方》杂志在北京创刊。93 岁高龄的陈立夫先生应邀欣然为该杂志题词："弘扬中华文化，促进两岸统一"。1993 年 11 月，中国友谊出版公司出版发行了陈立夫先生的代表作《四书道贯》。陈立夫先生为了表示支持大陆正在实施的"希望工程"，将其所得稿费 3000 元人民币全部捐助大陆教育事业。当陈先生得知捐款已用于"希望工程"后，高兴地说："能有机会捐助'希望工程'，是最合乎我的希望，也最具有教育意义的。"同时，据报道，中国友谊出版公司已受托将陈先生的另一部分稿费寄赠浙江湖州英士高级中学。

他的行动告诉人们：陈立夫已"觉今是而昨非"，虽然仅仅是开始，总比大发国难财的孔祥熙好多了。

李宗仁颐养天年

话说李宗仁夫妇和程思远夫妇回国后，在北戴河休养了 10 来天，便到东北参观访问了鞍钢、大庆油田、长春第一汽车制造厂、长春电影制片厂等地方。9 月 26 日李宗仁在全国政协礼堂举行了盛大的中外记者招待会，介绍了所见所闻。他说新中国在经济方面所取得的伟大成就，超过了他在美国时所想象的百倍。16 年便有如此巨大成就，是世界罕见的奇迹。

从 1966 年 1 月 7 日起，李宗仁夫妇和程思远又参观访问了广东和广西。但这时郭德洁的乳腺癌开始恶化，迅速从中途返回北京。可是由于早在回国前癌细胞就已扩散，虽经国家全力抢救，仍未能挽救这位对新中国无限眷恋的女士的生命。3 月 21 日零时 30 分，郭德洁女士溘然长逝，享年 60 岁。

郭德洁女士去世突然，香港和台湾一些反动报纸乘机制造谣言，蛊惑人心。在国内甚至还出现了一个流毒甚广的所谓"梅花党"的故事，这是胡编乱造的。夫人的去世，李宗仁触目伤怀，不能自已。在周总理的关怀下，李宗仁偕同旧友刘斐、黄绍竑和程思远，前往华东游览，借此转移环境，休养身心。具有丰富生活常识的人都深知：老年人愈老身边愈应有个伴侣，只要客观条件允许。李宗仁的老友，有鉴及此，给他介绍一位小伴侣。此人虽不见经传，但她母亲却是20世纪大名鼎鼎红遍全国的影后胡蝶。北平解放前夕，胡蝶独自一人飞往国外，将小女托付给张夫人。这位胡小姐当时正是幼冲时的顽童，常惹张夫人生气，甚至一度被赶出家门。其后随着年龄的增长，不仅智、体方面都好，且出落得亭亭玉立，气质很像其母，后当上一名护士。世上无巧不成书，时值郭德洁去世，于是一些好心人想到这位护士胡小姐。经众多月下老一齐努力，居然美事天成，促使这一老一少走到一起。

李宗仁老年有此少妻，对她呵护备至，每晚都蹑手蹑脚，进胡小姐卧室给她盖被，怕她感冒，老夫少妻相当和美。

1966年8月下旬，李宗仁从外地返京。其时，史无前例的一场"文化大革命"正在推向高潮，席卷全国。可是李宗仁却像以往一样，大宴宾客，党中央和国务院对他采取了妥善的保护措施。9月15日深夜，周总理派人把李宗仁送到一家陆军医院里保护起来，未受红卫兵的冲击。

不过李宗仁对"史无前例"的马列主义"新篇章"，也有这样两句微词：

1. 我本想给海外老友写信，动员他们回国，幸亏这信没有发出！
2. 宠任这样的女人（指江青）断非国家之福（大意，非原话）。

话虽不多，却看出此人的政治功底！

国庆节晚上，在天安门城楼上，毛主席对李宗仁说："这一次'文化大革命'是整党内走资本主义道路的当权派，今后党的统一战线工作还需加强。"事后李宗仁追述此事，认为毛主席所以有此表示，是要自己安心。事实确实如此。

1968年4月，李宗仁患了肺炎。住院期间，发现大便出血，未留意。直到8月份，出血量增大，才重新入院检查，发现是直肠癌，进行了手术治疗，很成功。

可是后来李宗仁身体日益虚弱，由于晚年长期患肺气肿，支气管的功能完全丧失，从而时时刻刻与氧气筒为伍；又由于肺气下垂，心肌也呈老年衰竭征象。这样，虽然国家组织最好的医生、专家和采用最先进的医疗设备，进行竭力治疗，仍未能成功。李宗仁先生于 1969 年 1 月 30 日午夜 24 时，在医院逝世，享年 78 岁。

李宗仁至此魂归故土，有了正果。